벌거벗은 세계사

벌거벗은 세계사 - 과학편

초판 1쇄 발행 2025년 4월 25일
초판 2쇄 발행 2025년 5월 15일

지은이 tvN 〈벌거벗은 세계사〉 제작팀
　　　　 구지훈, 김응빈, 남성현, 맹성렬, 박민아, 박진영, 염운옥, 윤성효, 이두갑, 홍성욱
펴낸이 허정도
편집장 임세미
책임편집 정혜림　**디자인** 박지은
마케팅 신대섭 배태욱 김수연 김하은 이영조　**제작** 조화연

펴낸곳 주식회사 교보문고
등록 제406-2008-000090호(2008년 12월 5일)
주소 경기도 파주시 문발로 249
전화 대표전화 1544-1900　**주문** 02)3156-3665　**팩스** 0502)987-5725

ISBN　979-11-7061-247-6 (03900)
책값은 표지에 있습니다.

벗겼다, 세상을 바꾼 위대한 발견!

벌거벗은 세계사

tvN 〈벌거벗은 세계사〉 제작팀 지음 **과학편**

교보문고

목차

벌거벗은
세계사
과학편

벌거벗은 공룡의 비밀

당신이 알고 있던 공룡은 모두 틀렸다?

박진영

● 공룡은 지구 역사에서 가장 거대했던 육상동물이자, 1억 6,000만 년 동안 지구를 지배했던 생명체입니다. 하지만 이들은 갑작스럽게 6,600만 년 전 지구에서 자취를 감췄습니다. 이후 오랜 시간에 걸쳐 공룡 화석이 전 세계 곳곳에서 발견되면서 공룡의 생김새와 습성 등 우리가 몰랐던 사실들이 조금씩 드러나고 있습니다. 공룡 화석의 발굴은 현재 많은 발전을 거듭해 오고 있지만, 여전히 풀리지 않는 의문점들이 많습니다. 그래서 공룡은 지난 수천 년간 인간에게 가장 미스터리하고 비밀스러운 존재로 남아 있습니다.

그렇다면 많은 사람이 큰 관심을 가지고 있는 공룡 연구는 대체 언제 어떻게 시작하게 된 걸까요? 초기의 공룡 연구는 종교적으로 해석되는 경우가 많아서 좀처럼 속도를 내지 못했습니다. 하지만 과학이 발전하면서 우리가 몰랐던 새로운 사실들이 속속들이 밝혀지게 되었습니다. 과연 과학기술은 공룡의 모습을 어떻게 바꿔놓았을까요? 그리고 공룡에 관한 미스터리는 어디까지 풀렸을까요? 지금부터 지구상에서 가장 강력했던 지배자의 비밀을 공룡 연구의 역사와 화석을 통해 벌거벗겨 보겠습니다.

소행성 충돌과 공룡의 멸종

지구의 역사는 약 46억 년입니다. 기나긴 역사 속에서 공룡이 등장한 시기는 지금으로부터 약 2억 4,000만 년 전입니다. 지구의 역사는 크게 선캄브리아 시대와 고생대, 중생대, 그리고 신생대까지 네 개의 시대로 나누어집니다. 가장 처음에 해당하는 선캄브리아 시대는 약 46억 년 전 시작돼 지구 역사의 약 90%인 40억 년을 차지할 만큼 오랜 시간 동안 지속됐습니다. 이 시기 지구에 처음으로 단세포 생물이 등장했습니다. 이 생물들은 5억 3,800만 년 전에 시작된 고생대에 와서 원시 척추동물과 양서류, 파충류 같은 다양한 동물로 진화했습니다. 하지만 고생대가 끝날 무렵 지구온난화로 인해 당시 생물의 약 95%가 멸종하고 말았습니다.

지질 연대표

46억 년 전	5억 3,800만 년 전	2억 5,100만 년 전	6,600만 년 전	현재
선캄브리아 시대	고생대	중생대	신생대	

이후 2억 5,100만 년 전에 시작된 중생대는 크게 트라이아스기, 쥐라기, 백악기로 나뉩니다. 그리고 이 시기에 등장한 지배자가 바로 공룡입니다. 공룡은 다양한 크기와 형태로 진화하며 전 세계에 걸쳐 생존했습니다. 심지어는 북극 일대와 남극 대륙에서도 발견되기도 했죠. 당시 공룡 중에는 식물을 뜯어 먹는 초식공룡과 이들을 잡아먹는 육식공룡이 있었습니다. 지금까지 화석으로 알려진 공룡 종만 해도 무려 1,400여 종에 달합니다. 이처럼 수많은 공룡이 살았던 중생대를 '파충류의 시대'라고도 부릅니다. 그러나 번성했던 공룡은 중생대가 끝남과 동시에 사라지고 말았습니다. 약 6,600만 년 전 지구에 소행성이 충돌했기 때문입니다.

소행성은 지름이 약 10km로 에베레스트산만 한 크기의 돌덩이였습니다. 이렇게 큰 소행성이 지구에 충돌하면서 발생한 엄청난 양의 돌가루와 먼지가 대기를 가려 햇빛이 차단되었습니다. 이때 최대 20년간 지구의 기온이 15℃까지 떨어졌을 것으로 보고 있습니다. 그 결과 식물이 사라졌고 먹이가 부족한 초식동물과 이들을 먹이로 하는 육식공룡까지 멸종해 버렸습니다. 공룡이 살아가기에는 너무 혹독한 환경이었던 것이죠.

소행성 충돌 이후 공룡을 본 사람은 아무도 없습니다. 그런데 어떻게 인간은 처음 공룡의 존재를 알게 된 것일까요? 공룡의 멸종과 함께 신생대가 시작되었고 약 280만 년 전 드디어 인류의 조상이 등장했습니다. 그리고 이들은 공룡의 존재를 추측할 만한 단서들을 찾게 되는데, 그게 바로 화석입니다. 생물이 화석이 되려면 죽은 후에 모래나 진흙에 묻혀야 합니다. 그렇게 시간이 지나면서 연한 살은 없어지고 단단한 뼈만 남게 되죠. 이후 오랜 세월이 흐르면 모래와 진흙은 단단한 암석이 되고, 뼈는 화석이 됩니다. 다만 공룡이 죽어서 땅에 묻힌다고 해서 모두 화석이 되는 것은 아닙니다. 화석이 되려면 먼저 빠르게 모래나 진흙에 묻혀야 합니다. 죽은 뒤 다른 동물에게 먹히거나 분해되면 화석이 될 가능성이 줄어들기 때문입니다. 그래서 모래나 진흙이 빠른 속도로 쌓일 수 있는 강 주변에서 공룡 뼈 화석이

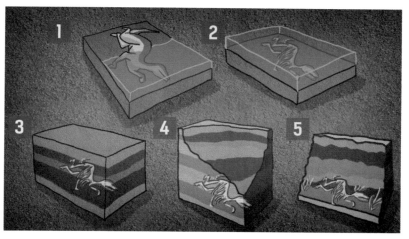

화석이 만들어지는 과정

보존될 확률이 높습니다.

공룡 화석은 훗날 풍화와 침식 작용을 통해 지층이 깎여 나가야 모습을 드러냅니다. 화석을 발견한 옛날 사람들은 처음에는 동물의 알이나 식물의 씨앗이 암석 안에 들어가서 자랐다고 생각했습니다. 또는 초자연적인 현상으로 믿는 사람도 많았습니다. 하나님이 창조에 실패한 흔적, 악마의 창조물, 용의 뼈 등 종교적이거나 주술적 의미로 해석하기도 했죠.

'공룡'이라는 이름의 탄생

18세기에 접어들면서 화석에 대한 인식이 달라지기 시작했습니다. 신이 중심인 종교적 세계관에서 벗어나 과학과 이성 중심으로 사고하자는 계몽주의가 주류로 자리 잡은 덕분입니다. 이후 '화석은 오래전 지구상에 살았던 생물의 흔적'이라는 주장에 힘이 실렸고, 19세기 초 영국에서 이 신비로운 생물의 존재를 짐작할 만한 화석들이 잇따라 발견되었습니다.

사진은 1824년에 영국 지질학회지에 보고된 화석입니다. 아래턱의 끝부분으로 날카로운 이빨이 뒤쪽으로 향해 있어 갈고리처럼 발달한 모양입니다. 당시 이 화석을 연구한 학자는 오늘날 살아있는 다른 동물들의 뼈와 이것을 비교해 봤습니다. 그 결과 이 화석의 이빨이 오늘날의 도마뱀이나 악어와 같은 파충류의 것과 유사

메갈로사우루스의 아래턱 화석

하다는 사실을 발견했습니다. 뒤쪽으로 휘어진 이빨은 발버둥 치는 먹잇감을 붙잡기에 적합한 형태였죠.

이 화석은 몸길이 약 9m, 몸무게 1톤에 달하는 커다란 동물의 것으로, 만일 사람이 같은 시대에 살았다면 이 동물의 다리만 한 높이였을 것입니다. 이 동물에게는 '거대한 도마뱀'이라는 뜻의 '메갈로사우루스*Megalosaurus*'라는 이름이 붙여졌습니다. 학계에서 처음으로 이름이 붙여진 공룡인 메갈로사우루스의 화석은 이빨과 아래턱 일부, 골반, 척추뼈 몇 개, 다리뼈 일부가 전부였습니다. 이것만으로는 메갈로사우루스가 어떤 생김새를 가진 동물인지 전혀 짐작할 수가 없었습니다.

1년 후 새로운 동물 화석이 학계에 보고됐습니다. 이번에도 학자들은 현존하는 동물과 화석을 비교했고 이빨이 남미의 초식성 도마뱀인 이구아나의 것과 비슷하다는 사실을 알게 됐습니다. 그래서 '이구아나의 이빨'이라는 뜻의 '이구아노돈*Iguanodon*'이라는 이름을 붙였습니다. 다만 이구아나보다 몇 배나 더 큰 이빨을 가진 이구아노돈의 몸길이는 최대 11m에

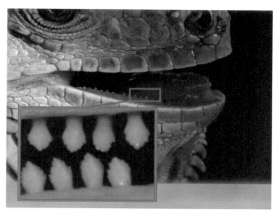

이구아노돈 이빨 화석과 이구아나 이빨

달했습니다. 이구아노돈은 학계에 최초로 보고된 초식공룡이기도 합니다.

세 번째로 보고된 동물 화석은 숲에서 발견돼 '삼림지대의 도마뱀'이라는 이름이 붙은 '힐라이오사우루스*Hylaeosaurus*'입니다. 머리 일부분과 목뼈, 등뼈, 어깨뼈, 골반뼈 등이 숲속의 지층에서 발견됐습니다. 목과 옆구리에 돋아난, 뼈로 된 단단한 가시들도 함께 발견됐죠. 당시 학자들은 뼈로 된 가시들을 보며 악어와 닮았다고 생각했습니다. 따라서 이 동물 역시 파충류로 분류되었습니다.

지금까지 발견된 세 가지 동물 화석의 연구 결과에는 '파충류'라는 공통점이 있었습니다. 당시 학자들은 세 동물을 모두 고대 파충류로 생각한 것입니다. 그런데 이 표본들에서 그 누구도 발견하지 못한 특이점을 찾아낸 인물이 등장했습니다. 바로 19세기 영국의 생물학자이자 비교해부학자인 리처드 오언Richard Owen입니다. 그는 1840년경 메갈로사우루스와 이구아노돈, 힐라이오사우루스의 화석에서 공통으로 발견된 골반 부위와 다리뼈

힐라이오사우루스 화석

를 토대로 하반신을 연구 중이었습니다. 그런데 한 가지 이상한 점을 발견했습니다. 세 동물 모두 다리 구조가 현존하는 파충류와 달리 포유류처럼 아래로 곧게 뻗은 것이었습니다.

일반적으로 파충류는 다리가 옆으로 벌어져 온몸을 지그재그로 비틀며 비효율적으로 걷습니다. 이런 움직임은 힘이 많이 들고 폐가 동시에 팽창하는 것을 방해합니다. 그래서 대부분의 파충류는 걷거나 뛸 때 숨을 쉬지 않습니다. 반면 다리가 아래로 뻗어있는 동물은 몸을 비틀 필요 없이 다리만 움직여도 걸을 수 있습니다. 또 골반이 몸무게를 지탱해서 몸집을 크게 키울 수 있고, 걸으면서 숨도 잘 쉴 수 있죠. 이에 오언은 앞서 발견된 세 동물은 완전히 새로운 무리의 파충류라고 결론지었고, 이들을 묶어 새로운 이름을 붙여야 한다고 생각했습니다.

그는 '무서울 정도로 크다'라는 뜻의 그리스어 '데이노스(deinos)'와 '도마뱀'이라는 뜻의 '사우로스(sauros)'를 합쳐 '디노사우르(dinosaur)'라는 세상에 없는 새로운 이름을 지어주었습니다. 무서울 정도로 큰 도마뱀, 즉 '공룡'이라는 이름이 처음으로 탄생한 것입니다.

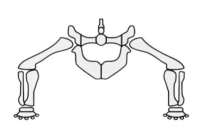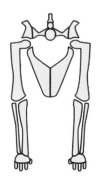

일반적인 파충류의 다리 구조(왼쪽)와 공룡의 다리 구조(오른쪽)

이후 영국은 공룡 연구의 성과를 널리 알리기 위해 1854년 런던 수정궁에 공룡 모형을 전시하기로 했습니다. 오언의 연구를 반영해 최초의 공룡 모형들을 만든 것이죠. 오른쪽 그림은 최초의 공룡 모형이 전시된 수정궁 정원을 묘사한 것입니다. 당시 수정궁에는 메갈로사우루스 한 마리와 이구아노돈 두 마리, 힐라이오사우루스 한 마리가 전시됐습니다. 이곳의 공룡은 모두 네 발로 보행하는 커다란 파충류의 모습으로 복원되었습니다. 당시 학자들이 알고 있는 덩치 큰 동물인 코끼리나 하마처럼 공룡도 당연히 네 발로 걸을 것으로 생각한 결과입니다.

1854년 1월 7일 자 신문에는 '수정궁의 이구아노돈 모형에서의 저녁 식사'라는 기사와 그림이 실렸습니다. 과학자들이 이구아노돈의 모형 안에서 신년 파티 겸 저녁 식사를 즐기는 모습이었죠. 이들은 영국 고생물학의 진보를 자축했습니다.

그렇다면 수정궁의 전시를 본 대중들의 반응은 어떠했을까요? 사람들은 공룡 모형들을 보고 충격받았습니다. 이렇게 거대한 생명체가 지구에 살았다는 사실이 믿을 수 없이 신선했고 새로웠으며, 혁명적이라고 생각한 것입니다. 수정궁에 이제껏 본 적 없는 거대한 동물 모형들이 있다는 소식은 빠르게 퍼졌고 전시는 영국의 특별한 볼거리로 떠올랐습니다. 그 결과 매년 평균 200만 명의 관람객이 수정궁을 찾았죠. 아직도 수정궁에는 어설픈 모습을 한 공룡 정원이 남아 있습니다. 하지만 170여 년 전 사람들의 눈에는 무시무시한 모형이 압도적이었을 것입니다. 이처럼 수정궁 전시를 통해 대중은 지구상에 존재했던 거대한 공룡의 존재를 실감하게 됐습니다.

공룡이 전시된 수정궁 정원

1854년 1월 7일 신문 기사

공룡 화석 발굴과 복원 과정

공룡이 인기를 끌자, 공룡 연구의 기초가 되는 화석 발굴도 박차를 가했습니다. 현재 공룡 화석의 약 90%는 미국과 캐나다, 아르헨티나, 중국, 몽골에서 발굴됩니다. 요즘에는 공룡 연구자와 고식물학자, 지질학자 등 여러 분야의 전문가들이 10명 내외로 팀을 꾸려서 화석지로 향하며 지층이 무너진 곳 주변을 탐색합니다. 여기서 작은 뼛조각이나 이빨들이 보이면 그 주변을 탐색해 본격적으로 화석을 발굴하는 것입니다. 작은 화석이 있는 곳에 다른 큰 화석이 있을 확률이 높기 때문이죠. 사진은 제가 2013년 몽골 고비사막에서 공룡 화석을 발굴했던 모습입니다. 그곳에서 목이 긴 초식공룡의 왼쪽 허벅지 뼈를 발견했는데 사람 몸통만 했습니다.

발굴지에 따라 화석을 발굴할 때 사용하는 도구도 다양합니다. 내륙에 있는 몽골은 지각 변동이 거의 없어 땅이 부드러워 얼음송곳으로도 암석을 뚫을 수 있습니다. 그래서 이곳에서는 붓과 끌을 사용합니다. 하지만 한국은 판의 경계 부근에 있어 지각 변동을 많이 받아 암석이 단단하므로 잭 해머나 드릴, 다이아몬드로 코팅한 톱 같은 도구를 사용합니다. 이렇게 발굴한 화석은 보통 주변을 덮은 암석까지 통째로 파내 연구실로 옮긴 다음 치과용 도구를 이용해 화석을 청소합니다. 이때 실수로 화석이 부러질 수 있

화석 발굴 현장

으므로 매우 조심스럽게 작업해야 하죠. 목이 긴 거대한 공룡 골격 하나를 청소하는 데 무려 10년이 걸릴 때도 있습니다.

　뼈 화석 청소가 끝나면 살아있을 때의 골격 모양을 복원해 골격도를 제작합니다. 18쪽의 그림은 제가 연구하고 이름 붙인 갑옷공룡 타르키아 투마노바이*Tarchia tumanovae*의 골격도와 복원도입니다. 위의 골격도를 보면 (a)와 (b) 그림에서 흰색으로 표시한 부분이 발견된 뼈 부위이며, 짙은 회색으로 표시한 부분은 다른 공룡의 골격을 참고해 복원한 부위입니다. 이를 토대로 완성한 전신 골격도가 (c) 그림입니다. 이런 데이터를 가지고 공룡 전문 화가가 복원도를 만드는 것입니다. 타르키아 투마노바이는 네 발로 걷는 초식동물로 피부에 뼈로 된 돌기들이 솟아 있어 가시로 무장한 갑옷을 입은 것 같다고 해서 갑옷공룡이라고 부릅니다. 꼬리 끝에는 뼈 뭉치가 있는데 발굴 당시에는 이 부분이 훼손되고 옆구리 뼈들이 골절된 상태였습니다. 이러한 증거들을 바탕으로 타르키아 투마노바이가 마음에 드는 암컷을 두고 싸울 때 꼬리를 사용한 것으로 추론했습니다.

　이렇게 발굴부터 복원까지 공룡 연구가 체계를 갖춰가던 1858년, 유럽의 공룡 연구 열풍이 미국으로 넘어가게 됐습니다. 그 계기는 미국 최초의 공룡 하드로사우루스*Hadrosaurus*의 발견이었습니다. '튼튼한 도마뱀'이라는 뜻의 하드로사우루스는 그때까지 발견된 공룡 중 보존율이 가장 높았습니다. 특히 처음으로 앞다리와 뒷다리가 모두 발견돼 공룡 중에서 두 발로 걸을 수도 있는 종이 있다는 사실을 밝히는 데 중요한 역할을 했습니다.

　1868년, 미국은 하드로사우루스의 뼈를 활용해 세계 최초로 공룡의 전신 골격을 전시했습니다. 당시에는 주로 화석 표본을 늘어놓거나 화석이 묻힌 암석을 통째로 전시하곤 했는데, 하드로사우루스는 진짜 공룡 뼈를 가

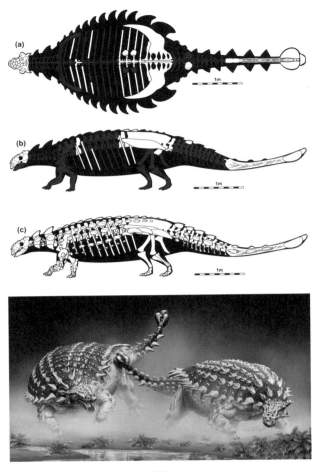

타르키아 투마노바이 골격도와 복원도

지고 살아있는 모습에 가깝게 조립한 골격을 전시한 것입니다. 이 모습을 보려는 사람들이 몰려 입장객 수를 제한하고 입장료도 부과했지만 전 세계에서 찾아오는 방문객이 끊이지 않았다고 합니다. 미국은 이 전시를 통해 영국을 꺾고 공룡 연구의 선진국으로 새롭게 자리매김했습니다.

미국의 공룡 열풍에 불을 붙인 건 이뿐만이 아니었습니다. 미국 서부에서 금광이 발견된 후, 미국 정부는 동부와 서부를 잇는 대륙횡단철도를 설치했습니다. 그러면서 금을 찾기 위해 혈안이 된 사람들이 서부 땅을 파헤쳤습니다. 이때 금뿐만 아니라 공룡 뼈 화석도 대거 발견된 것입니다. 당시만 해도 미국 서부는 사람의 손을 많이 타지 않은 데다 건조한 기후 덕분에 수억 년에 걸쳐 묻혀 있던 화석을 쉽게 찾을 수 있었습니다. 이렇게 발견된 화석들은 대륙횡단철도에 실려 빠르게 옮겨졌습니다.

하드로사우루스 골격 전시물

전 재산을 건 두 천재의 대결, 뼈 전쟁

하드로사우루스와 서부 개척 사업을 계기로 미국의 공룡 연구는 1870년대 들어서면서 폭발적으로 확대되었습니다. 이 시기 일명 '뼈 전쟁'이라 불리는 세기의 대결이 벌어지며 연구는 절정을 이뤘습니다. 이 대결의 중심에는 고생물학자 오스니얼 마시Othniel Marsh와 에드워드 코프Edward Cope가 있었습니다. 부유한 고생물학자였던 두 사람은 화석 발굴에 아낌없이 투자했습니다. 이들은 같은 학문을 연구한다는 공통점 덕분에 금세 친해졌고 신종 화석에 서로의 이름을 붙여줄 만큼 각별한 우정을 나눴습니다.

하지만 1868년 어느 날 코프가 자신의 연구 지역인 뉴저지 해든필드 화석 채석장에 마시를 데려가면서 두 사람의 우정이 흔들리기 시작했습니다. 미국 최초의 공룡인 하드로사우루스가 발견된 이 채석장에서 코프도 새로운 공룡 종을 발견하며 이곳은 유망한 화석 발굴지로 떠올랐습니다. 그런데 마시가 다녀간 뒤부터 코프는 채석장에서 발굴된 화석을 더 이상 받지 못했습니다. 알고 보니 마시가 코프의 채석장 인부들을 매수해 새로 발굴한 화석들을 자신이 있는 예일 대학교로 보낸 것입니다.

코프를 향한 마시의 견제는 여기서 끝나지 않았습니다. 백악기 때 바다에 살았던 고대 파충류인 수장룡 엘라스모사우루스*Elasmosaurus*를 코프가 학계에 발표하면서 두 사람의 갈등은 깊어졌습니다. 사실 코프의 논문에는 오류가 있었는데, 엘라스모사우루스의 머리뼈를 꼬리에 붙인 것입니다. 골격도와 복원도에서 보듯이 엘라스모사우루스는 머리가 매우 작고 목이 긴 동물입니다. 지느러미 같은 네 개의 발로 헤엄쳤으며 짧은 꼬리도 갖고 있었죠. 총길이는 12m 정도로 현존하는 동물에게서 찾기 힘들 만큼의 긴 목을 가졌습니다. 하지만 당시에는 표본이 많지 않았고, 코프는 생물의 목이 이렇게 길 수는 없다고 생각해 두개골을 꼬리에 붙였습니다. 나중에야 자신이 틀렸다는 것을 깨달은 코프는 실수를 알리고 싶지 않아 논문을 회수하기 시작했습니다. 이때 코프의 논문을 돌려주지 않은 학자가 있었는데 바로 마시였습니다. 이렇게 두 사람의 우정은 완전히 깨졌습니다.

이후 마시와 코프가 서로를 견제하며 '뼈 전쟁'이 시작됐습니다. 두 사람은 수많은 공룡 화석을 상대보다 더 빨리, 더 많이 발굴하기 위해 앞장섰습니다. 마시는 백만장자 삼촌의 유산으로 인부들을 고용해 코프가 화석을 갖지 못하도록 방해했습니다. 스파이를 보내 코프의 화석 발굴을 추적

엘라스모사우루스 골격도와 복원도

하기도 했죠. 코프도 마시와 다를 바 없었습니다. 이렇게 서로를 염탐하던 두 사람은 점차 그 강도를 높였는데, 마시의 인부들은 코프의 화석지에 몰래 들어가 화석을 발굴하기도 했습니다. 코프도 반대로 마시의 화석지에 몰래 사람들을 보냈습니다. 이들은 상대의 발굴을 방해하기 위해 **뼈**를 훔치거나 가짜 화석을 묻어두는가 하면 화석을 발굴하지 못하도록 흙과 바위를 메워두기까지 했죠. 심지어는 자신이 먼저 발굴한 현장에 상대가 접근하지 못하도록 다이너마이트까지 설치했습니다. 당시 두 사람의 싸움 때문에 수많은 화석이 폭발로 파괴되었다고 합니다. 도를 넘은 경쟁에 화석 발굴을 포기하는 고생물학자들이 생겨날 정도였죠.

마시와 코프가 이렇게까지 경쟁적으로 화석을 모은 이유는 새로 발견된 종의 이름은 먼저 보고한 사람이 지은 이름으로 정한다는 '선취권의 법칙' 때문이었습니다. 두 사람은 자신이 연구 중인 공룡을 상대가 먼저 발표할까 봐 항상 마음을 졸여야 했습니다. 그래서 화석이 발굴되면 서둘러 전보로 논문을 발표했습니다. 문제는 그러다 보니 오류가 많을 수밖에 없다는 것입니다. 한 번은 다른 사람이 발표한 논문을 살피지도 않고 신종 발표만 서두른 나머지, 이미 다른 학자가 보고한 동물에 새로운 이름을 붙이기도 했습니다. 더욱 큰 문제는 마시와 코프가 발견된 뼈들을 무턱대고 조립해서 새로운 종이라고 발표하는 바람에 어디에서 발굴된 화석인지, 화석이 어떻게 보존되어 있었는지와 같은 중요한 정보들이 제대로 기록되지 않았다는 것입니다. 코프의 경우 그가 발견한 표본 56종 가운데 유효한 종은 단 9종뿐이었다고 합니다.

'지붕 도마뱀'이라고 불리는 스테고사우루스*Stegosaurus*는 마시와 코프의 경쟁에 피해를 입은 공룡입니다. 스테고사우루스는 몸길이 9m, 무게는 4톤 정도의 커다란 초식공룡으로 등에 달린 독특한 골판이 특징입니다. 이는 이성을 유혹하는 용도로 사용됐죠. 꼬리에 있는 뾰족한 가시 같은 것은 싸울 때나 방어할 때 휘둘렀다고 합니다. 스테고사우루스는 1877년에 마시가 신종으로 보고했습니다. 하지만 당시 마시가 상상한 스테고사우루스의 모습은 지금 우리가 알고 있는 모습과 조금 달랐습니다.

마시가 그린 스테고사우루스의 골격도는 골판이 일렬로 되어있었는데, 문제는 이것이 의도된 오류라는 것입니다. 코프와의 경쟁에 초조해진 마시가 스테고사우루스의 표본을 빨리 발표하기 위해 발견된 골판 일부를 생략하고 모양을 바꾼 것입니다. 꼬리도 뒤의 골침이 원래는 두 쌍인데 4개로 만들었습니다. 이렇게 인위적으로 조작한 스테고사우루스의 복원은 마시가 사망한 뒤 후배 학자에 의해 밝혀졌고, 이후 연구를 거쳐 골판을 두 줄로 배열했고 골침도 두 쌍으로 복원했습니다.

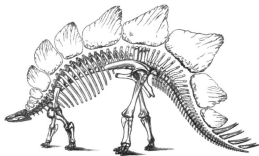

스테고사우루스   1891년 마시의 스테고사우루스 골격도

마시로 인한 스테고사우루스의 수난은 아직 끝나지 않았습니다. 스테고사우루스는 몸집에 비해 머리가 매우 작은 편입니다. 당시에는 뇌의 크기를 지능의 척도로 여겨졌기 때문에 마시는 이렇게 작은 뇌로는 스테고사우루스가 커다란 몸을 움직일 수 없다고 생각했습니다. 그래서 이 공룡은 엉덩이에 두 번째 뇌가 있었다고 주장했습니다. 스테고사우루스의 골반 안쪽에는 빈 공간이 있는데 이곳에 뇌가 있었다는 것입니다. 마시 때문에 스테고사우루스는 뇌가 한 개라고 밝혀지기 전까지 엉덩이로 생각하는 공룡으로 알려져야 했습니다. 훗날 밝혀진 바에 따르면, 골반의 빈 공간은 신경 세포가 사용할 에너지를 저장하는 역할을 했다고 합니다.

이렇게 반복되는 실수들은 서로를 비난하는 데 좋은 구실이 됐습니다. 다음은 마시와 코프가 서로를 비난하며 남긴 말입니다.

"마시의 논문은 온갖 오류투성이에 해부학에 대한 무지의 역대급 총집합체다."

"코프는 과학사에서도 유례를 찾아볼 수 없는 여러 실수를 저질렀다. (중략) 그렇지만 코프는 여전히 회개하지 않은 채 멀쩡히 살아있다."

두 사람의 뼈 전쟁은 보고된 공룡의 종수를 기준으로 마시의 승리라고 할 수 있습니다. 코프는 56종을 보고했고, 마시는 80종을 보고했죠. 대신 코프는 공룡 외에도 다양한 포유류와 파충류, 물고기 화석을 연구하며 훨씬 많은 논문을 남겼습니다. 마시가 약 400편의 논문을 쓴 반면 코프는 무려 1,400편의 논문을 썼습니다. 논문 수를 기준으로 한다면 코프의 승리죠. 문제는 지금까지 인정받는 유효한 공룡 종이 코프는 9종, 마시는 20종밖에 되지 않는다는 것입니다. 이후 두 사람의 만행이 대중에게 알려지면서 이들은 돈과 명예를 모두 잃었고 뼈 전쟁은 허무하게 끝났습니다. 두 사람 모두 전쟁에서 진 셈입니다. 마시와 코프가 열심히 모은 화석은 워싱턴 D.C.의 스미스소니언 자연사 박물관과 뉴욕의 미국 자연사 박물관에 환수되거나 헐값에 팔려 갔습니다.

뼈 전쟁의 반사이익, 공룡의 다양성 발견

마시와 코프의 치열했던 뼈 전쟁은 과거에 공룡이 얼마나 다양했는지를 알려주었습니다. 뼈 전쟁 이전까지 발견된 공룡은 9종에 불과했습니다. 하지만 뼈 전쟁을 치르는 30년간 두 사람은 136종의 신종 공룡을 보고했습니다. 이들이 발견한 공룡 가운데 유명한 것이 트리케라톱스*Triceratops*입니다. 트리케라톱스는 백악기 후기 북아메리카 대륙에 살았던 초식공룡입니다. 눈 위에 1m나 되는 두 개의 큰 뿔과 코 위에 하나의 작은 뿔, 그리고 커다랗고 얇은 볏을 가진 독특한 생김새를 하고 있습니다. 트리케라톱스는

트리케라톱스

'세 개의 뿔을 가진 얼굴'이라는 뜻으로 트리는 숫자 3, 케라는 뿔, 톱스는 얼굴을 의미합니다.

과거에 학자들은 트리케라톱스의 뿔을 육식공룡에 맞서 싸우기 위해 진화한 것으로 여겼습니다. 특히 천적이었던 티라노사우루스의 공격으로부터 자신을 지키기에 적합해 보였죠. 앞으로 뻗어 있는 트리케라톱스의 뿔은 티라노사우루스의 가슴을 찌를 수 있는 위치에 있었습니다. 또 트리케라톱스는 몸길이 약 9m, 몸무게 7톤에 이르는 거대한 덩치를 가졌는데, 이 정도 크기의 공룡이 엄청난 뿔을 앞세워 달려온다면 포식자인 티라노사우루스도 쉽게 사냥할 엄두를 내지 못했을 것입니다. 하지만 최신 연구 결과는 트리케라톱스의 뿔이 공격용이 아닌 짝짓기철 때 힘겨루기용이었을 가능성을 제시했습니다.

트리케라톱스는 덩치만큼 많이 먹는 것으로 알려졌는데, 한 마리가 하루에 먹는 채소량이 약 68kg~136kg이었을 것으로 추정합니다. 이는 당근 3,000~6,000개 사이의 양이며 이렇게 많이 먹는 습성 때문에 무리 지어 다니기 힘들었다고 합니다.

쥐라기 때 북아메리카 대륙의 최상위 포식자였던 육식공룡도 뼈 전쟁 시기에 발견됐습니다. 당시 발견된 다른 공룡보다 가벼운 척추를 가지고 있어 '이상한 도마뱀'이라는 이름이 붙은 알로사우루스Allosaurus입니다. 몸길이 8.5m에 무게는 2~3톤 정도로 두 발로 걷는 공룡이었습니다. 알로사우루스는 가볍고 민첩한 몸과 강력한 앞발톱이 특징이며 날카로운 이빨도 갖고 있었습니다. 주둥이는 약 80도나 벌어지는 데다, 살점을 자르기 좋게 작은 톱날 모양이 새겨진 이빨이 무려 70여 개나 있었죠. 이런 날카로운 이빨을 이용해 덩치가 큰 초식동물, 특히 목이 긴 공룡을 사냥했습니다. 일부 학자들은 알로사우루스가 사냥감을 죽이지 않고 한 입만 베어 먹고 자리를 떠났을 것으로 생각하기도 합니다.

그리고 1878년에는 당시 알려진 공룡 가운데 가장 몸이 긴 초식공룡인 디플로도쿠스Diplodocus가 발견됐습니다. 몸길이가 무려 26~30m로 버스세 대에 맞먹는 길이를 가진 거대한 공룡입니다. 목과 꼬리가 전체 몸길이의 반을 차지하는 디플로도쿠스는 목을 위아래, 좌우로 움직이며 가만히

알로사우루스

입 벌린 알로사우루스

디플로도쿠스

선 채로 주위의 다양한 식물을 훑어 먹으며 살았습니다. 또한 큰 몸에 비해 머리는 약 45cm 정도로 작았고, 채찍처럼 생긴 기다랗고 얇은 꼬리를 방어용 무기로 사용했습니다.

거대 공룡 시대를 연 후원자, 카네기

마시와 코프의 뼈 전쟁이 디플로도쿠스를 최초로 발견했지만, 대중에게 이 공룡을 알린 인물은 미국의 철강 재벌인 앤드루 카네기Andrew Carnegie 였습니다. 당시 철강 산업으로 성공한 카네기의 남다른 취미는 공룡 화석 수집이었습니다. 그는 1899년에 카네기 자연사 박물관에 거액을 후원하며 박물관 최초로 공룡 탐사대를 조직하는 데 큰 역할을 했습니다. 탐사대는 곧 미국의 와이오밍주로 떠났고, 탐사 두 달 만에 디플로도쿠스의 완전한 골격을 발견했죠. 이때 발견한 디플로도쿠스는 몸길이 약 26m로, 당시까지 발견된 공룡 중 가장 큰 공룡 화석이었습니다. 박물관 학자들은 거대 공룡 발견에 기여한 카네기의 공로를 인정해 이 공룡에 '디플로도쿠스 카네기 *Diplodocus carnegii*'라는 이름을 붙여주었습니다.

원래 디플로도쿠스는 카네기가 후원한 박물관에 전시하려 했으나 너무 커서 전시할 공간이 없었습니다. 그러자 카네기는 박물관을 새로 짓기로 했습니다. 오직 디플로도쿠스 전시를 위한 대규모 확장 공사를 진행한 것이죠. 확장 비용은 500만 달러 이상으로, 현재 가치로 환산하면 약 49억 원이 들었다고 합니다. 이렇게 확장한 박물관을 두고 사람들은 '디플로도쿠스가 지어준 집'이라고 불렀습니다.

미국이 세계 최대 크기의 공룡 화석을 전시하자 다른 나라들은 미국의 공룡 연구가 일궈낸 성과에 많은 관심과 부러움을 보였습니다. 특히 1903년에 카네기의 집에 방문한 영국의 왕 에드워드 7세Edward VII는 디플로도쿠스 화석에 큰 관심을 보였습니다. 그러자 카네기는 고민 끝에 이탈리아의

박물관 확장 후 전시된 디플로도쿠스 화석

기술자들을 고용해 디플로도쿠스 화석의 복제품을 만들기 시작했습니다. 약 2년의 작업 끝에 완성된 복제품이 영국에 전달됐습니다. 1905년, 드디어 영국 자연사 박물관이 디플로도쿠스 화석을 공개했습니다.

화석을 본 영국인들은 거대한 공룡의 모습에 위압감을 느꼈습니다. 다음은 당시 기록입니다.

"이 괴물들이 오래전에 멸종했다는 사실은 인류에게 다행스러운 일이다. (중략) 에드워드 폐하의 눈썰미에 영국인들은 감사해야 한다."

디플로도쿠스 화석을 본 영국인들은 감탄을 그치지 못했고, 전시는 성공적으로 끝났습니다. 이후 카네기는 몇 개의 복제품을 더 만들어서 프랑스, 독일, 오스트리아 등 전 세계 자연사 박물관에 전달했습니다. 오늘날 중국이 판다로 외교를 하는 것처럼 카네기도 디플로도쿠스 화석 복제품을

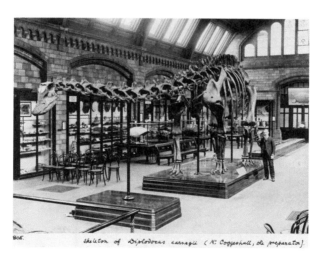

영국 자연사 박물관에 전시된 디플로도쿠스 복제품

파키케팔로사우루스

성장하면서 부풀어 오른 두개골

선물하며 공룡 외교를 한 것입니다.

디플로도쿠스처럼 미국에서 발견해 유명해진 또 다른 공룡으로는 파키케팔로사우루스*Pachycephalosaurus*가 있습니다. 초식공룡인 파키케팔로사우루스는 머리에 뼈로 된 커다란 돔을 가진 돌머리 덕분에 '박치기 공룡'으로 유명합니다. 이 돔의 두께는 최대 25cm로 짝짓기철에 서로 박치기를 하여 힘겨루기를 했을 것으로 여겨집니다. 태어날 때는 머리가 납작하지만 성체가 되면서 부풀어 오른다고 합니다.

공룡의 왕, 티라노사우루스 등장

새로운 공룡이 끊임없이 발견되면서 대중의 관심도 점점 커졌습니다. 이때 지금까지 소개한 공룡 가운데 가장 강력한 존재감을 내뿜는 공룡이 등장했습니다. 육식공룡의 최강자로 불리는 티라노사우루스*Tyrannosaurus*입니다. 이 공룡의 화석은 19세기 말부터 보고되기 시작했지만 모두 작은 뼛조각뿐이어서 제대로 연구할 수 없었습니다. 그러던 중 1908년 미국 몬태나주에서 온전한 골격의 티라노사우루스 화석을 발견했습니다.

32쪽 사진 왼쪽은 등뼈에서부터 골반뼈, 꼬리뼈로 이어지는 부분이며 오른쪽은 티라노사우루스의 머리뼈입니다. 화석을 발굴한 미국 자연사 박물관의 한 큐레이터는 땅 위로 노출된 이 뼈들을 보자마자 지금까지 알려지지 않은 새로운 종류의 거대한 육식공룡임을 확신했습니다. 크기가 엄청났기 때문이죠. 티라노사우루스의 몸길이는 최대 13m로, 지금 우리가 타고 다니는 시내버스와 비슷합니다. 높이는 최대 6m로, 2층 버스 정도입니다. 몸무게도 만만치 않았습니다. 일반적인 육식공룡의 몸무게는 오늘날의 코뿔소와 비슷한 2~3톤 정도인데, 티라노사우루스는 그보다 약 3배 많은 9톤에 달했습니다. 이는 당시 육식공룡 중에서도 가장 크고 무거운 수치였

티라노사우루스

죠. 물론 이후에 스피노사우루스*Spinosaurus*, 기가노토사우루스*Giganoto-saurus* 등 이보다 큰 육식공룡이 발견됐고 지금은 티라노사우루스를 가장 큰 육식공룡이라고 할 수는 없습니다.

처음 티라노사우루스를 발견했을 때만 해도 거대 공룡을 발견했다는 기쁨이 컸습니다. 하지만 이것도 잠시뿐 화석이 너무 커서 땅에서 꺼내는 데 큰 고생을 했습니다. 발굴된 뼈는 하나당 100kg에 육박했는데, 당시에는 굴착기나 전기 드릴이 없던 시절이어서 오직 삽으로만 발굴했기 때문입니다. 꼬박 3개월을 파서 발굴한 티라노사우루스의 뼈들은 곧장 마차에 실어 대륙을 횡단해 뉴욕의 자연사 박물관으로 옮겼습니다. 당시 박물관장이었던 헨리 오즈번Henry Osborn은 거대한 화석 더미를 본 뒤 쾌재를 불렀다고 합니다. 이 공룡의 골격을 전시하면 대성황을 이루리라 짐작한 것이죠.

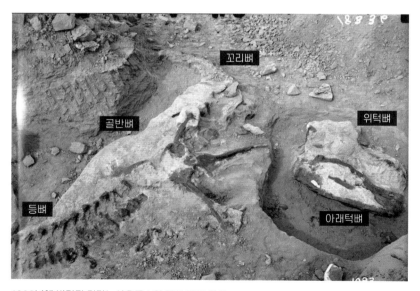

1908년에 발견된 티라노사우루스의 전신 골격 화석

오즈번은 전시를 위해 대대적인 홍보를 준비했는데 우선 멋진 이름을 지었습니다. 그렇게 탄생한 것이 '폭군 도마뱀의 왕'이라는 의미의 '티라노사우루스 렉스'입니다. 티라노사우루스는 마침내 오즈번 관장에 의해 학계에 최초로 보고되었습니다. 당시 신문은 '가장 강력한 싸움꾼', '동물의 왕국을 지배한 왕 중의 왕', '지구상의 절대적인 전쟁 군주' 등의 수식어를 붙여 티라노사우루스를 소개했습니다. 오늘날까지 최강의 공룡으로 부동의 1위를 차지하고 있는 티라노사우루스의 이미지는 이 시기에 지어진 이름과 마케팅의 효과를 톡톡히 본 결과라고도 할 수 있죠.

티라노사우루스가 거대한 몸집 외에도 공룡의 최강자로 꼽히는 독보적인 특징은 이빨입니다. 대부분의 육식공룡과 달리 머리뼈 길이만 약 1.5m가 될 정도 머리가 크고 단단했는데 그만큼 이빨도 거대했습니다. 약 30cm에 달하는 티라노사우루스의 이빨은 다른 육식공룡 사이에서도 압도적인 크기를 자랑하며 양옆에는 날카로운 톱날이 자리합니다. 앞서 등장한 알로사우루스의 이빨과 비교하면 티라노사우루스의 것이 훨씬 크고 두껍습니다. 이런 이빨을 가진 티라노사우루스의 무는 힘은 약 5,700kg으로 추정합니다. 이는 길 가던 자동차를 물면 두 동강이 날 정도의 힘이라고 합니다. 강한 턱 힘을 자랑하는 악어의 무는 힘이 약 2,000kg, 거북이계의 최강자로 꼽히는 악어거북의 무는 힘이 약 450kg, 바닷속 최강의 포식자로 알려진 백상아리의 무는 힘이 약 300kg이라고 하니 강력함은 타의 추종을 뛰어넘습니다.

대부분의 육식공룡이 얇은 이빨로 고기만 뜯어 먹었다면 티라노사우루스는 크고 단단한 이빨로 먹잇감을 뼈째 씹어먹었다고 합니다. 이 사실은 6,600만 년 전의 것으로 추정되는 티라노사우루스의 배설물 화석에서 확

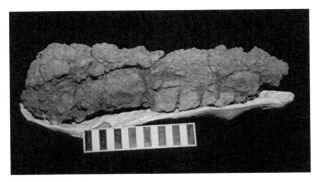
티라노사우루스 배설물 화석

인할 수 있습니다. 여기에는 초식공룡의 뼛조각이 군데군데 박혀 있습니다. 더욱 놀라운 사실은 파키케팔로사우루스의 머리뼈 조각들도 발견됐다는 것입니다. 이처럼 배설물 화석을 통해 당시 공룡들이 초식인지 육식인지, 무엇을 어떻게 먹었는지, 그리고 주변 환경은 어떠했는지 등을 짐작해 볼 수 있습니다.

티라노사우루스가 공룡계의 최강자로 군림할 수 있었던 마지막 특징은 눈입니다. 일반적인 육식공룡은 알로사우루스처럼 머리가 납작하고 양옆에 눈이 달려 있습니다. 그래서 사물을 넓게 볼 수 있지만 앞은 잘 볼 수가 없었죠. 그런데 티라노사우루스의 두 눈은 정면을 바라보고 있습니다. 사물을 보다 입체적으로 볼 수 있었죠. 게다가 시력까지 좋았는데 사람의 약 13배가량 좋았을 것으로 추정합니다. 이처럼 거대한 몸집과 날카로운 이빨, 사냥하기 좋은 눈의 구조를 가진 덕분에 티라노사우루스는 최상위 포식자로 자리 잡을 수 있었습니다.

그런데 당시 뉴욕의 자연사 박물관에 전시된 티라노사우루스의 화석에는 오류가 있었습니다. 이 시기 많은 고생물학자가 공룡 복원에 있어 포기

알로사우루스(왼쪽)와 티라노사우루스(오른쪽)의 머리뼈를 앞에서 바라본 모습

하지 못한 것이 하나 있는데, 바로 공룡은 꼬리를 들지 않고 끌고 다녔다는 주장입니다. 이때만 해도 공룡은 이구아나, 악어처럼 꼬리를 끄는 굼뜬 동물이라는 생각이 강했습니다. 그래서 전시된 티라노사우루스의 골격 화석 또한 꼬리가 바닥에 닿은 채였습니다.

이 시기 꼬리에 대한 고정관념은 1892년 고생물학자인 루이 돌로Louis Dollo가 이구아나돈의 전신 골격 화석을 복원하던 중 벌인 일을 보면 알 수 있습니다. 돌로는 곧게 뻗은 꼬리뼈가 구부러지지 않는다는 걸 알면서도 캥거루처럼 꼬리를 끌고 다니는 자세로 복원하기 위해 억지로 꼬리뼈를 꺾거나 부러뜨렸다고 합니다. 이제껏 발견된 수많은 공룡 발자국 화석에서도 공룡이 꼬리를 끌었던 흔적은 없었습니다. 꼬리를 끌었다면 왼쪽 발자국과 오른쪽 발자국 사이에 꼬리를 끈 흔적이 남아 있었을 것입니다. 학자들은 20세기 말이 되어서야 꼬리를 끌지 않는 티라노사우루스의 새로운 모습을 제안했고, 그 결과 꼬리를 위로 들면서 등을 수평으로 눕힌 역동적인 자세로 복원했습니다. 이후 다른 공룡들도 새롭게 복원됐죠. 또한 예전에는 바닥을 향해 있던 티라노사우루스 앞발 발바닥이 연구 끝에 손뼉 치듯 마주보고 있었다는 사실이 밝혀지기도 했습니다.

지금까지 볼 수 없었던 거대하고 강력한 생물체로서 사람들의 호기심을 자극한 티라노사우루스는 여러 영화에 등장하면서 대중적인 인기를 얻었습니다. 1918년 〈슬럼버 마운틴의 유령〉을 시작으로 1925년 〈잃어버린 세계〉, 1933년 〈킹콩〉 등에 등장한 것입니다. 이처럼 티라노사우루스의 발견은 오스번 관장의 예상대로 온 세상을 떠들썩하게 만들었습니다.

하지만 공룡의 인기는 오히려 과학자들에게 독이 됐습니다. 어느새 공룡 연구가 과학이 아닌 전시를 위한 돈벌이, 어린이들의 즐거움을 위한 유치한 작업으로 여겨진 것입니다. 게다가 과학자들 사이에서도 '공룡은 열등해서 멸종했다', '진화의 실패작이다'라는 인식이 만연해지면서 점차 연구를 기피하기 시작했고, 공룡 고생물학은 과학으로서의 위상을 점점 잃었습니다.

미국 자연사 박물관의 티라노사우루스 변천사

엎친 데 덮친 격으로 20세기에 두 차례의 세계대전과 경제 대공황을 겪으며 공룡 발굴 작업은 대부분 중단되었죠. 이런 이유로 한동안 공룡 연구는 오랜 침체기를 맞이했습니다.

공룡 르네상스 ① 공룡은 새의 조상이다?

다행히 1970년대에 들어서면서 공룡 연구는 변곡점을 맞이했습니다. 공룡에 관한 기존 정보가 완전히 무너지고 새로운 진실이 밝혀지게 된 것입니다. 이는 1964년 미국 예일 대학교의 존 오스트롬John Ostrom 교수가 어느 공룡 화석을 발견하면서 시작됐습니다. 당시 공룡 연구에 다시 불을 지핀 것은 데이노니쿠스Deinonychus라는 공룡의 화석이었습니다. 이름은 낯설지 몰라도 이 공룡은 우리에게 매우 익숙합니다. 영화 〈쥬라기 공원〉의 대표 빌런이었던 랩터의 실제 모델이기 때문입니다. 랩터는 영화에서 덩치는 작지만 민첩하고 무리 사냥을 하는 영리한 공룡으로 묘사되면서 티라노사우루스 못지않게 강렬한 인상을 남겼습니다.

오스트롬 교수는 데이노니쿠스 화석을 보며 오늘날의 새와 닮았다고 주장했습니다. 여기서 우리가 몰랐던 공룡에 대한 첫 번째 진실이 공개됩니다. 바로 육식공룡이 새의 조상이라는 사실입니다. 데이노니쿠스 화석을 유심히 관찰하던 오스트롬 교수는 공룡의 골격 구조가 새와 유사하다는 것을 발견했습니다. 이는 곧 오늘날의 새가 일부 공룡의 후손이라는 뜻이기도 하죠.

오스트롬 교수는 데이노니쿠스의 발이 새와 비슷하다고 주장했습니다.

당시 새의 조상으로 알려져 있던 시조새의 발과 비교해 보면 그림에서 화살표로 표시한 것처럼 양쪽 모두 반달 모양의 특수한 발목뼈를 가진 것을 알 수 있습니다. 이 뼈 덕분에 발을 좌우로 움직이거나 몸쪽으로 접을 수 있죠. 이 외에도 척추, 꼬리, 발바닥 등 유사한 점이 많이 발견됐습니다.

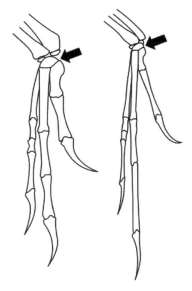

데이노니쿠스(왼쪽)와 시조새(오른쪽) 발의 유사성

이 주장은 당시 많은 논란을 일으켰으나 여러 연구를 통해 점점 힘이 실렸고, 마침내 데이노니쿠스의 모습이 새롭게 복원됐습니다. 과거에는 데이노니쿠스의 피부가 악어나 도마뱀처럼 비늘로 덮여 있다고 생각했습니다. 하지만 실제로는 복원도처럼 온몸이 깃털로 덮인 모습이었죠. 물론 모든 공룡이 새와 같은 모습은 아니지만, 몸이 작은 몇몇 공룡들은 새와 비슷한 모습이었을 것으로 추정합니다. 이렇게 데이노니쿠스의 발견으로 공룡에 대한 인식이 새롭게 바뀜으로써 과학계에는 작은 혁명이 일어났습니다. 이를 '공룡 르네상스'라고 합니다.

육식공룡이 새의 조상이라는 사실이 보고된 후 오랜 기간 공룡의 깃털 화석은 발견되지 않았습니다. 하지만 20년이 지난 1996년, 드디어 중국 랴오닝성에서 한 농부에 의해 최초의 깃털 공룡 화석이 발견됐습니다. 39쪽 아래 사진은 고양이만 한 크기의 육식공룡 화석입니다. 놀랍게도 목과 등을 따라 꼬리 끝까지 솜털 같은 원시 깃털이 덮여 있습니다. 이 화석은 곧

데이노니쿠스 최신 복원도

바로 중국 지질박물관으로 옮겨졌고 '중국에서 발견된 용의 날개'라는 뜻의
시노사우롭테릭스*Sinosauropteryx*라는 이름이 붙었습니다. 시노사우롭테릭
스의 발견은 일부 공룡이 새의 조상이라는 주장을 입증하는 결정적인 증거
가 됐고, 이로써 공룡 진화의 역사가 완전히 뒤바뀌었습니다.

중국에서 최초로 발견된 깃털 공룡 화석

공룡 르네상스 ② 공룡의 슬기로운 가정생활

새가 일부 공룡에서 기원했다는 주장은 오늘날까지 별다른 이견 없이 정설로 받아들여지고 있습니다. 그렇다면 공룡은 새와 비슷한 습성을 가지고 있었을까요? 이 궁금증을 풀기 위해 이제껏 어디에서도 들어본 적 없는 공룡의 가정생활에 관해 이야기하려 합니다. 최근 연구에 따르면 공룡이 새처럼 알을 품고 돌봤다는 증거가 많이 나오고 있습니다. 2021년에는 중국 장시성에서 부화 직전 알을 품은 채 죽은 공룡 화석이 발견되기도 했죠.

사진은 오비랍토로사우루스류Oviraptorosauria라는 공룡의 화석으로 그 아래 줄지어 가지런히 놓인 것들이 공룡알입니다. 그 위에는 알을 품은 듯한 자세의 오비랍토로사우루스류의 골격 화석이 있습니다. 복원도는 오비랍토로사우루스류가 화석이 되기 전의 상황을 상상한 그림입니다. 필사적으로 둥지를 지키다가 죽음을 맞이한 모습이죠. 새와 비슷한 습성입니다.

공룡 크기에 따라 차이는 있으나 큰 공룡은 보통 15~20개의 알을, 작은

대퇴골(허벅지뼈)
골반뼈
꼬리뼈
대퇴골(허벅지뼈)
공룡알
10 cm

부화 직전 알과 함께 발견된 오비랍토로사우루스류의 화석과 복원도

공룡은 4~6개 정도의 알을 낳았다고 합니다. 알의 크기도 메추리알만 한 것이 있는가 하면, 타조알같이 큰 것도 있죠. 알이 부화하는 데는 최소 3개월에서 길게는 6개월이 걸린다고 알려져 있습니다.

그렇다면 알을 낳고 품는 공룡들은 어떻게 육아를 할까요? 중생대 백악기에 살았던 잡식공룡인 트로오돈*Troodon*의 알둥지 화석은 공룡의 육아생활을 짐작게 합니다. 수컷 한 마리가 구애를 하면 암컷 무리가 와서 한꺼번에 짝짓기를 하는 트로오돈은 한 둥지에 각각 4~6개의 알을 몰아서 낳았습니다. 그러다 보니 사진처럼 많은 알이 모여 있게 된 것입니다. 알둥지를 공유하는 모습은 타조에게서도 볼 수 있는 습성입니다. 물론 아직 명확히 밝혀진 바는 없어서 한 마리의 암컷만 남고 수컷과 함께 둘이서 육아를 했거나, 수컷 혼자 육아를 했을 거란 추측도 제기되고 있습니다. 지금까지 발견된 알을 품고 있는 공룡 화석은 모두 수컷이었기 때문입니다.

멸종한 공룡들의 짝짓기에 대해서는 알려진 바가 거의 없지만, 일부 공룡은 구애를 위해서 춤을 췄을 것이란 이야기가 있습니다. 미국 콜로라도

트로오돈의 알둥지

공룡의 구애 흔적

구애춤을 추는 공룡들

주에서 발견된 대형 육식공룡의 발자국을 보면 같은 곳이 여러 번 밟힌 것을 확인할 수 있습니다. 이를 짝짓기를 위한 구애춤을 춘 흔적으로 추정하는 것이죠. 오늘날 바닷새들도 암컷을 유혹하기 위해 수컷이 필사의 구애춤을 추는 경우가 많은데 비슷한 습성인 셈입니다.

이 외에도 공룡의 짝짓기와 번식에 관한 다양한 연구가 진행되고 있지만 아직 해결해야 할 과제가 많습니다. 먼저 공룡의 암수 구별이 매우 어려운데, 뼈 화석만 보고 구분하려면 그만큼 개체 수가 많아야 합니다. 아니면 운 좋게 산란기에 근접해서 죽은 암컷의 화석을 발견해야 하죠.

공룡 르네상스 ③ 첨단 기술이 밝힌 공룡의 실체

우리가 지금껏 잘못 알고 있었던 공룡에 관한 세 번째 진실은 첨단 기술로 밝혀진 공룡의 실체입니다. 최근 CT, 로봇, 컴퓨터 시뮬레이션 등 최신 기술이 공룡 연구에 다양하게 활용되고 있습니다. 이를 통해 공룡의 진짜 모습이 하나씩 밝혀지는 중인데 대표적인 것이 공룡의 색깔을 알 수 있게 된 일입니다. 사실 지금까지 영화나 그림에서 봐왔던 공룡의 색깔은 모두 상상입니다. 뼈는 화석으로 남지만 피부색은 보존되지 않기 때문에 여러 과학적 추론을 더해 상상으로 색을 만든 것입니다. 예를 들어 도마뱀 같은 파충류나 코끼리와 같은 대형 포유류들을 참고한다거나, 공룡이 발견된 지역의 주변 환경을 분석해서 색깔을 만든 것이죠.

하지만 이제는 첨단 기술을 활용해 수억 년 전에 멸종된 공룡의 화석에서 색깔을 확인할 수 있습니다. 전자 현미경을 통해 색소를 만드는 기관인 멜라노솜을 찾아낸 것입니다. 이 멜라노솜을 분석한 결과 몇몇 공룡의 색깔을 알아내는 데 성공했습니다. 사진은 프시타코사우루스*Psittacosaurus*라는 공룡으로 어두운 갈색에 옅은 색의 배를 가지고 있습니다. 이 색깔은 오늘날 노루가 빛이 많이 들지 않는 숲에서 사는 것처럼 어두운 숲에서 살기에 적합합니다. 따라서 프시타코사우루스는 어두운 숲에서 살았을 가능성이 큽니다. 이런 식으로 색깔은 공룡들의 생태를 파악하는 데 큰 힌트

프시타코사우루스

가 되기도 하죠.

이외에도 회색 몸통에 붉은색 볏을
가진 안키오르니스*Anchiornis*, 갈색 몸
통에 흰색 줄무늬 꼬리를 가진 후아다
노사우루스*Huadanosaurus*, 그리고 갑
옷공룡 중 하나인 적갈색의 보레알로
펠타*Borealopelta* 등의 색깔이 밝혀졌
습니다. 아쉽게도 티라노사우루스나
트리케라톱스는 피부 화석이 아직 발
견되지 않아 색을 알아내지 못했지만
공룡의 색 복원 기술이 점차 발전하
는 만큼 곧 밝혀질 거라 기대합니다.

안키오르니스

후아다노사우루스

과학자들은 공룡의 색깔뿐 아니라
소리도 궁금해했습니다. 우리는 영화
나 만화에서 공룡이 울부짖는 소리를
들었는데 이 역시 상상으로 만든 것입

보레알로펠타

니다. 소리는 남은 흔적이 없어 복원하는 것이 불가능했는데, 최근에 컴퓨
터 모의실험을 통해 유일하게 소리를 복원한 공룡이 있습니다. 파라사우롤
로푸스*Parasaurolophus*라는 공룡으로 머리 뒤쪽에 기다란 볏이 달린 특징을
가졌습니다. 이 볏은 놀랍게도 코입니다. 코가 뒤까지 길게 연결된 것이죠.
콧구멍으로 들어온 공기는 이 관을 통해 뒤로 한 번 돌았다가 다시 몸으로
들어가는데 이때 소리가 나는 것입니다. 과학자들이 컴퓨터 모의실험을 통
해 코에 공기를 통과시키자 나팔 소리가 났습니다. 아마도 파라사우롤로푸

스는 이 소리로 다른 공룡과 의사소통하거나 위험 신호를 보냈을 것으로 추측합니다.

기술의 발전은 공룡의 나이까지 짐작게 합니다. 20년 전까지만 해도 고생물학자들은 공룡을 장수 동물로 추정했습니다. 오늘날 도마뱀이나 거

파라사우롤로푸스

북이처럼 천천히 자라고 오래 살 것으로 생각한 것이죠. 하지만 공룡 뼈의 성장선을 연구하는 고생물학자들은 공룡이 오래 살지 못한 것으로 보고 있습니다. 현재까지 나이가 측정된 공룡 중 40대를 넘긴 공룡이 거의 없기 때문입니다. 대부분의 공룡은 20세를 넘기지 못했습니다. 오늘날 가장 몸집이 큰 육상동물인 코끼리가 평균 70세까지 사는 것과 비교하면 공룡은 단명하는 동물인 셈입니다.

공룡의 나이는 뼈를 보면 알 수 있습니다. 사진은 티라노사우루스의 정강이뼈 화석을 감자칩처럼 얇게 썰어서 현미경으로 관찰한 것입니다. 화살표로 표시한 나이테 같은 무늬는 성장선으로 1년에 하나씩 선이 생기는 특징이 있습니다. 이 성장선을 세어보면 공룡의 나이를 알 수 있죠. 지금까지 성장선으로 확인한 최고령 티라노사우루스의 나이는 33세입니다.

이렇듯 우리는 실제로 공룡을 보지 못해도 화석으로부터 공룡에 관한 다양한 사실을 발견해 냈습니다.

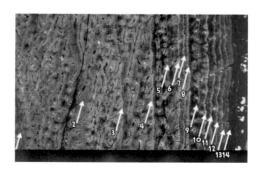

공룡의 성장선

특히 새가 작은 육식공룡에서 기원했다는 사실은 아직 공룡이 멸종하지 않았음을 의미합니다. 공룡학자들은 새를 공룡의 한 무리로 분류하며, 아직 공룡이 멸종하지 않았다고 정의합니다. 이는 곧 우리가 현재 공룡과 함께 살고 있다는 뜻이기도 합니다.

최근 진행 중인 '치키노사우루스Chickenosaurus 프로젝트'는 그 연장선이라 할 수 있는 실험입니다. 육식공룡이 새의 조상이라면 반대로 새를 가지고 우리가 원하는 공룡의 모습을 만들어낼 수 있다는 생각에 과학적으로 접근한 것입니다. 이 실험은 닭의 오래된 유전자를 발현시켜 공룡을 만드는 것인데 꽤 성과가 나오고 있습니다. 사진은 '공룡의 얼굴을 가진 닭'을 만들기 위한 실험입니다. 왼쪽은 닭의 골격이고, 오른쪽은 수각류 공룡의 주둥이와 유사한 악어 골격입니다. 그리고 가운데는 닭 배아의 부리를 공룡과 유사한 형태의 주둥이로 만드는 데 성공한 모습입니다. 그리고 닭은 이빨 유전자가 비활성화되면서 지금은 이빨이 없습니다. 이 정지된 유전자

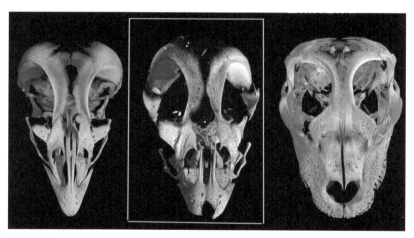

공룡 얼굴을 가진 닭

치키노사우루스의 상상도

를 활성화해 공룡처럼 이빨을 만드는 실험도 성공했습니다. 꼬리와 발가락 유전자도 공룡처럼 만든 치키노사우루스는 과연 어떤 모습일까요?

　사진에서 보는 것처럼 유전자 변형을 거친 치키노사우루스는 공룡처럼 뾰족한 이빨과 긴 꼬리, 그리고 3개의 앞 발가락을 가졌습니다. 현재 치키노사우루스 프로젝트는 법적, 생명 윤리적 문제들이 맞닿아 조심스러운 부분도 있습니다. 하지만 그만큼 공룡 연구는 다방면으로 진행 중입니다.

　2024년, 최초의 공룡인 메갈로사우루스가 학계에 보고된 지 200주년이 되었습니다. 오랜 기간 지구의 지배자였던 공룡도 외부의 충격과 변화된 환경에 적응하지 못해 사라져 버렸지만, 우리는 화석을 통해 오늘날 공룡을 만나고 있습니다. 이처럼 화석 연구는 과거와 오늘을 연결해 나가는 작업이자 미래를 예측하고 대비하는 일이기도 합니다. 앞으로 더 많은 공룡의 비밀이 밝혀지길 바랍니다.

벌거벗은 화산 폭발

인류사를 뒤흔든 화산과 백두산 괴담

윤성효

● 만약 인류가 멸망한다면 그 원인은 무엇일까요?

핵무기? A.I의 공격? 치명적 바이러스의 전파? 기후 위기?

여러 전문가가 인류의 멸망 시나리오를 이야기할 때 절대 빠지지 않는 것이 있습니다. 우리가 흔히 화산 폭발이라고 말하는 화산 분화입니다. 실제로 화산 분화는 경우에 따라 최대 히로시마에 떨어진 원자폭탄의 16만 배에 이르는 폭발력을 가지고 있습니다. 그런데 최근 세계 곳곳에서 심상치 않은 화산 분화의 징조가 일어나고 있습니다.

2023년 5월, 유럽에서 가장 높은 화산인 에트나 화산이 분화했습니다. 다행히 인명 피해는 없었지만 비행기 활주로에 화산재가 쌓이면서 항공 운항이 중단되기도 했습니다. 일본은 지진 피해가 많은 나라로 알려져 있는데 화산 분화도 일본의 대표적인 자연재해입니다. 일본에는 현재 111개의 화산이 활동 중이며 후지산도 활화산입니다. 2023년 6월 사쿠라지마에서 화산이 분화했고, 2021년 8월에는 오가사와라라는 해저화산이 분화해 야구장 80개를 채울 면적의 화산석이 오키나와 바다를 가득 뒤덮기도 했죠. 우리나라의 제주도나 울릉도 같은 섬이 화산 분화로 만들어진 걸 보면, 그만큼 화산 분화의 영향력이 크다는 사실을 실감할 수 있습니다.

최근 오래전 분화를 멈춘 화산들이 분화하거나 분화 징조를 보인다는 뉴스들이 연이어 전해지고 있습니다. 2022년 1월에 발생한 통가의 폭발성 분화는 위성에서도 생생히 보였으며, 1천 년에 한 번 있을 법한 규모였다고 합니다. 이때 화산 분화로 여의도 면적에 육박하는 땅이 소멸하고 말았죠. 놀라운 것은 이 화산 폭발이 화산 분화가 가진 위력의 일부에 불과하다는 사실입니다. 현재 지구상에서 분화 위험이 있는 활화산은 무려 1,264개나 됩니다. 과연 우리는 안전하다고 할 수 있을까요?

활화산 가운데 전 세계의 이목을 끌고 있는 것이 한반도의 백두산입니다. 화산 분화는 규모에 따라 세계사에 지대한 영향을 미치는 것은 물론 인류를 멸망에 이르게도 할 수 있습니다. 지금부터 인류사를 뒤집은 화산 폭발과 백두산 괴담의 진실에 관해 벌거벗겨 보겠습니다.

로마제국에서 가장 번성했던 도시, 폼페이

여기 처절해 보이는 사람의 사진이 있습니다. 이 사람을 고통에 빠트린 원인은 화산 분화의 역사를 이야기할 때 절대 빼놓을 수 없는 사건입니다. 79년, 나폴리 인근에서 화산이 폭발했습니다. 이 분화로 한 도시가 잿더미 속에 가라앉았고 흔적조차 찾을 수 없었습니다. 역사 속에서 홀연히 사라져 버린 도시는 고대 로마제국의 폼페이입니다. 대체 왜 이런 비극이 일어난 것일까요?

의문을 해결하기 위해서는 먼저 폼페이의 위치를 확인해야 합니다. 나폴리만 연안에 있던 고대 도시 폼페이는 지금은 내륙지역이지만 당시에는 사르누스강과 바다가 인접한 항구도시였습니다. 봄여름이 긴 온화하고 쾌적한 기후와 비옥한 땅 덕분에 로마제

화산 분화로 고통받는 사람

폼페이 위치

국에서도 손꼽히는 곡창지대를 가진 풍요로운 도시였죠. 해안가의 아름다운 경치에 반한 귀족들이 이곳에 많은 별장을 지었다고도 합니다. 일조량이 풍부해 포도 생산량이 많아 로마 곳곳에서 폼페이산 와인이 팔리기도 했습니다.

폼페이는 천혜의 자연환경뿐 아니라 화려한 문명을 자랑하던 도시이기도 했습니다. 폼페이 외곽에는 약 2만 명을 수용하는 원형 경기장이 있었고, 레슬링이나 수영 등을 할 수 있는 복합 스포츠 시설까지 갖췄죠. 게다가 대중목욕탕까지 있었습니다. 52쪽 사진에서 목욕탕 천장이 뚫려 있는 것은 여기에 유리를 끼워 태양열 난방을 이용했기 때문입니다. 이 시기 목욕탕은 운동 공간과 탈의실 등을 갖춘 복합 문화공간이었습니다. 스포츠

폼페이의 목욕탕

를 즐겨하던 폼페이 사람들이 운동을 마친 후 냉탕과 온탕, 사우나, 식당까
지 갖춘 목욕탕에서 몸을 씻는 것은 일종의 코스였습니다.

폼페이 최후의 날과 부활

하지만 이 아름다운 도시에서 약 10km 떨어진 곳에는 베수비오(또는 베
수비우스)산이라는 큰 위험이 도사리고 있었습니다. 베수비오산은 언제 터
져도 이상하지 않은 활동 중인 화산이었죠. 기원전 6세기에 분화해서 로마
사람들은 베수비오산을 로마 신화 속 불의 신인 '불카누스Vulcanus의 집'이

라고 부르기도 했습니다. 이후에도 화산 분화의 전조 현상인 지진이 여러 번 발생하는 등 베수비오산이 살아있는 화산임을 증명하는 일들이 벌어졌습니다.

그리고 79년 8월 24일, 폼페이의 운명을 뒤바꾼 강력한 화산 분화가 폼페이를 덮쳤습니다. 폼페이 최후의 날에는 뜨거운 마그마에 녹아 반액체로 변한 고온의 바위와 화산재 등이 초당 150만 톤씩 솟구쳤습니다. 하늘에서 쏟아져 내리는 엄청난 양의 흙과 돌은 순식간에 폼페이를 뒤덮어버렸죠. 사람들은 지상을 뒤덮은 고온 가스와 열 구름에 질식하거나 뜨거운 열에 타죽고 말았습니다. 그도 그럴 것이 당시 분화한 베수비오산은 1945년 히로시마와 나가사키에 투하한 원자폭탄의 10만 배가 넘는 열에너지를 가지고 있었습니다. 다음은 고대 로마 학자 영거 플리니우스Pliny the Younger가 남긴 폼페이 최후의 날의 기록입니다.

> "여자들의 날카로운 비명, 목 놓아 우는 아기들의 울음, 그리고 남자들이 지르는 고함이 들린다. 이 남자 중 몇몇은 부모와 자녀들을, 다른 몇몇은 아내와 아이를 불렀는데 사람들은 자신이나 친척의 불운에 애통해했고, 다른 사람들은 죽음의 공포에 마주하며 차라리 죽게 해달라고 기도하는 사람들도 있었다."

이렇게 폼페이를 덮친 베수비오산의 거대한 분화는 순식간에 화려했던 도시 전체를 집어삼켰습니다. 폼페이는 3m나 되는 화산재로 뒤덮였고, 폼페이 시민은 최소 6,400명에서 최대 2만 명이 잿더미에 묻혀 죽은 것으로 추정합니다.

베수비오산

　그런데 영거 플리니우스는 베수비오산이 분화하기 전 이 화산의 움직임이 심상치 않다는 사실을 감지하고 있었습니다. 당시 그는 베수비오산에서 30km 정도 떨어진 나폴리만 입구의 미세눔 지역에 머물고 있었는데, 베수비오산 주변의 이상한 광경을 목격하고 그 사실을 역사학자 타키투스Tacitus에게 편지로 알렸습니다. 영거 플리니우스는 어떤 광경을 목격한 것일까요?

　　"이전 며칠 동안 약간의 지진 충격이 있었지만, 캄파니아 지역에서는 흔한 일이었기 때문에 특별히 놀라운 것은 아니었다."
　　"8월 24일 약 7시(현대 시간 오후 1시)쯤 되는 때에 어머니가 범상치 않은 크기와 모양을 가진 구름이 나타났다고 주의를 끌었다. (중략) 당시에 보기에는 그 형태가 그 어떤 것보다 소나무에 가까운 모양으로 보였었고, 몸체가 거대한 길이와 높이를 한 채 여러 개의 가지로 계속해서 뻗어가는 것처럼 보였다."

그가 남긴 편지에서 베수비오산이 분화하기 전에 전조 현상인 지진이 여러 차례 발생했음을 알 수 있습니다. 그리고 소나무 모양에 가까운 거대한 구름이 나타났다는 묘사를 통해 화산이 분화할 때 만들어지는 기둥 모양의 구름이 형성된 사실도 확인할 수 있죠. 이 기록은 역사상 최초로 화산 분화와 화산 재해를 설명하는 중요한 사료로 평가받습니다.

그런데 사라진 줄 알았던 폼페이가 발굴 사업을 시작하며 1,500년 만에 모습을 드러내기 시작했습니다. 이 과정에서 원인을 알 수 없는 빈 공간이 곳곳에서 발견됐는데, 그 정체는 놀랍게도 사람들이 죽어 있던 자리였습니다. 화산 분화 때 높은 온도의 뜨거운 화산재가 죽은 이들의 피부를 완전히 덮었고, 오랜 시간이 흐르자 화산재는 굳어버렸습니다. 그런데 화산재 내부의 시체가 높은 열로 증발하면서 공간이 생겨난 것입니다. 발굴팀이 이곳에 석고를 붓고 굳힌 다음 주변의 흙을 긁어내자 폼페이 최후의 날에 죽어간 사람들의 모습이 고스란히 드러났습니다.

56쪽의 사진은 베수비오산의 분화로 손써볼 새도 없이 고통 속에 죽어간 폼페이 사람들의 모습입니다. 어린아이도 이 재앙을 피해 갈 수는 없었죠. 수천 년이 지났음에도 사람들이 이런 모습으로 남아 있는 것은 폼페이를 멸망에까지 이르게 했던 엄청난 양의 화산재 덕분입니다. 18~20시간 동안 화산재가 멈추지 않고 분출됐고, 그 온도는 약 300℃에 달했습니다. 당시 폼페이의 화산재는 장소에 따라 최소 1m에서 최대 7m가 넘도록 쌓였

폼페이 최후의 날 고통스럽게 죽어간 사람들

는데, 아이러니하게도 엄청난 두께의 화산재로 인해 폼페이 사람들의 모습이 그대로 보존될 수 있었던 것입니다. 사람뿐 아니라 몸부림치다가 그대로 굳어버린 동물들의 모습도 발견됐습니다. 폼페이의 처참한 모습은 우리에게 화산 분화가 한 도시의 문명을 순식간에 멸망에 이르게 할 만큼 강렬한 힘을 가졌다는 사실을 보여줬습니다.

화산 분화로 죽어간 동물들(개, 말, 돼지)

화산은 왜, 어떻게 분화하는 것일까?

그렇다면 엄청난 파괴력을 가진 화산 분화는 어떻게, 왜 일어나는 것일까요? 우리가 사는 지구의 표면, 즉 지각은 서서히 움직이는 10여 개의 거대한 조각으로 이루어져 있습니다. 이를 판 또는 암석권이라고 합니다. 화산은 일반적으로 이 판의 경계 부분에서 볼 수 있습니다. 두 판이 만나는 곳에서 판들의 상호작용으로 지진과 화산 활동이 일어나기 때문입니다.

각각의 판은 인간이 느끼지 못하는 속도로 끊임없이 움직이고 있습니다. 그러다가 해양판과 대륙판이 충돌하게 되면 상대적으로 밀도가 높은 해양판이 대륙판 아래로 깔려 내려가게 됩니다. 이때 해양판이 지하 100km 부근까지 내려가게 되면 점차 그 상부의 암석이 누르는 압력이 증가하고 온도도 차츰 상승합니다. 그러면서 판 상부의 암석이 녹아버리고

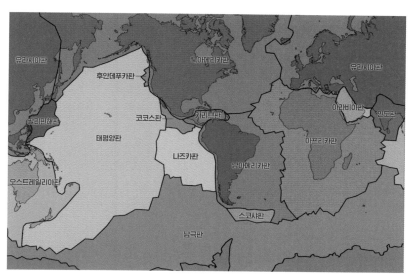

지각을 구성하는 판들

말죠. 이때 만들어지는 것이 마그마입니다.

마그마가 생성되는 방식은 모두 세 가지입니다. 첫 번째는 지각 하부나 맨틀 상부에서 집중적으로 방사성 동위원소가 붕괴해 온도가 높아지거나, 맨틀 깊은 곳으로부터 열이 전달되어 온도가 높아지는 것입니다. 두 번째는 맨틀 깊은 곳에서 높은 압력을 받던 물질이 맨틀 상부나 지각이 얇은 곳으로 올라오면 물질이 받던 압력이 줄어들어 용융(녹아서 섞임)되고 마그마가 만들어집니다. 세 번째는 온도 압력이 일정할 때는 맨틀 상부 연약권에 물이 첨가되면 암석 자체의 용융 온도를 낮춰 물질이 녹아 마그마가 생성될 수 있습니다.

이렇게 땅속 깊은 곳에서 만들어진 마그마가 받는 압력이 높아지면 지표면을 뚫고 분출하는데, 그것이 화산 분화입니다. 폼페이의 베수비오산은 유라시아판(대륙판)과 아프리카판의 해양판 부분이 충돌하면서 유라시아판 아래 아프리카판이 깔려 내려가면서 분화한 것입니다.

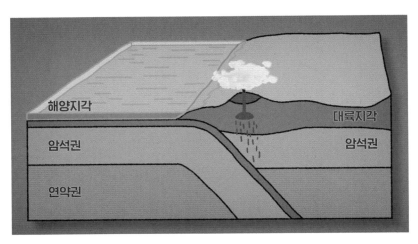

마그마 생성 과정

그렇다면 지구상의 모든 화산은 언젠가 다 폭발하는 걸까요? 화산은 활동성 유무에 따라 활화산과 사화산으로 구분합니다. 활화산은 현재 활동하거나 과거 1만 년 이내 활동한 경험을 가진 화산을 말하며, 활동이 완전히 끝나서 앞으로 화산 활동이 일어나지 않을 죽은 화산을 사화산이라고 합니다. 예전에는 활동 이력이 있었지만 지금은 활동을 멈춘 화산을 뜻하는 휴화산이라는 용어도 있었습니다. 하지만 휴화산이 갑자기 깨어나 활동하기도 하고, 이론적으로 활화산과 휴화산의 명확한 구분이 어려워서 이제는 휴화산이라는 용어를 사용하지 않습니다.

베수비오산은 현재 활화산입니다. 1880년에 영국의 사업가 토머스 쿡Thomas Cook은 베수비오산에 케이블카를 설치해 관광사업을 추진했습니다. 그러나 언제 터질지 모르는 활화산의 케이블카를 타려는 사람은 별로 없었죠. 이때 토머스 쿡이 사업을 홍보하기 위해 만든 노래가 〈푸니쿨리, 푸니쿨라Funiculi-funiculá〉입니다. '새빨간 불을 뿜는 저기 저 산에 올라가자!' 라며 사람들의 도전 욕구를 자극하는 가사로 그의 사업은 크게 성공했습니다. 하지만 계속된 지각 불안정으로 인명 사고가 발생하면서 1943년에 푸니쿨라는 사라졌습니다.

제2차 세계대전이 벌어지던 1944년 3월, 미군은 나폴리에 주둔했습니다. 이때 베수비오산이 분화하면서 미군 시설과 장비가 피해를 입었습니다. 다행히 인명 피해는 없었죠. 재미있는 사실은 당시 군인들이 베거비오산에서 나오는 열기에 식빵을 구

베수비오산 푸니쿨라

식빵 구워 먹는 군인들

워 먹었다는 것입니다.

그렇다면 폼페이를 쑥대밭으로 만들고 멸망에 이르게 한 베수비오산 분화의 위력을 현대의 화산폭발지수에 대입하면 어떤 결과가 나올까요? 화산 분화는 크기나 속도, 지속 시간의 범위가 매우 넓어 크기를 분류하기 위한 척도가 필요합니다. 학계에서는 1982년부터 VEI(Volcanic Explosivity Index)라는 화산폭발지수를 사용하고 있습니다. 폭발성, 화산재의 부피와 분화구 위 화산재 기둥의 높이에 따라 0단계부터 8단계까지 분류한 것입니다. 등급이 하나씩 올라갈 때마다 폭발력은 10배씩 커진다고 보면 됩니다. 이 기준에 베수비오산의 분화를 대입하면 폼페이 최후의 날의 화산폭발지수는 5단계였던 것으로 추정합니다.

화산폭발지수

20세기 최악의 화산 분화

　통상적인 화산 분화는 0~3단계입니다. 따라서 화산폭발지수가 5단계라면 도시 전체를 날려버릴 수도 있죠. 하지만 베수비오산 분화는 화산의 위력을 보여주는 시작에 불과합니다. 1991년 6월, 20세기 인류에게 닥친 최악의 재앙이라고 불릴만한 강력한 화산 폭발이 일어났습니다. 화산폭발지수 6단계를 기록한 필리핀의 피나투보산 분화입니다. 이는 화산 분화의 후폭풍이 전 지구적으로 이어질 수 있음을 보여준 충격적인 사건이었습니다.

　필리핀 북부 루손섬의 남서부에 위치한 피나투보산은 지금도 잦은 폭발을 하는 활화산입니다. 유라시아판과 필리핀해판이 충돌하면서 필리핀해판이 유라시아판 아래로 깔려 내려가 만들어진 화산인데, 이곳에는 중요한 특징이 있습니다. 62쪽의 지도에서 보듯이 칠레와 미국의 서쪽, 러시아 캄차카반도, 일본 열도 등 태평양을 둘러싼 약 4만km 길이의 환태평양 조산대가 형성된 것입니다. 이 지역은 판의 경계들이 모여 이루어진 곳으로, 판의 경계들이 모여 있다 보니 판이 서로 충돌하며 한쪽이 다른 쪽 밑으로 들어가는 잦은 '섭입' 현상이 일어나 전 세계 화산 분화의 약 80%가 이 지역에 집중돼 있습니다. 때문에 '불의 고리'라고도 불립니다. 피나투보산이 위치한 필리핀도 분화 가능성이 큰 환태평양 조산대에 속해 있습니다.

1991년 6월 12일, 대재앙을 예고하는 피나투보산의 분화가 시작됐습니다. 당시 큰 피해를 가져온 것은 화쇄류였습니다. 화산 가스, 화산재, 연기, 암석 등이 뒤섞인 구름이 빠른 속도로 주변을 덮치는 현상을 화성쇄설밀도류, 즉 화쇄류라고 합니다. 화쇄류는 평지에서는 시속 130~180km, 산의 경사진 곳에서는 시속 400km로 빠르게 이동하며 최대 700℃의 고열로 일

불의 고리

대를 초토화합니다. 피나투보산의 경우 분화 첫째 날 대규모 화산재 기둥이 24km 이상 치솟았고, 솟구쳐 오르는 화산재 기둥의 마찰로 화산 번개가 일어났습니다. 다음 날부터 본격적인 대규모 분화가 시작돼 화산재가 지면을 따라 퍼지면서 화쇄류 퇴적층이 만들어졌습니다. 그날 쌓인 퇴적층 면적은 무려 12만 5,000km²로 서울의 200배가 넘는 넓이입니다. 화쇄류 퇴적층이 전역을 덮으면서 피나투보산 인근의 루손섬은 36시간 동안 완전한 암흑에 휩싸였습니다.

이보다 며칠 앞선 1991년 6월 3일, 일본에서도 나가사키현 운젠산이 분화하며 200~700℃에 이르는 화쇄류의 분출로 43명이 순식간에 목숨을 잃었습니다. 당시만 해도 화쇄류가 얼마나 위험한지 몰랐기 때문에 운젠산을 취재하려는 사람들이 몰리면서 16명의 취재진이 사망했다고 합니다. 그 취재진을 제재하려던 경찰과 소방관도 숨지면서 운젠산 분화는 화쇄류로 인한 비극으로 기록됐습니다.

피나투보산 분화에 따른 화쇄류 급습 가운데 특히 큰 피해를 가져온 것은 화산재였습니다. 화산이 분화할 때 화성쇄설물이라는 것이 분출됩니다. 이는 마그마가 화산 분출물의 통로를 따라 올라오면서 부서져서 조각조각난 물질을 말합니다. 그 화성쇄설물 중에서 지름이 2mm보다 작은 것을 화산재라고 합니다. 한마디로 화산재는 화산 분화로 분출된 마그마가 잘게 부서지고 식어서 굳은 것을 말하는데, 재라고 하지만 실제로는 날카로운 유리질 암석입니다. 그래서 화산재는 적은 양으로도 우리에게 큰 피해를 입힙니다. 화산재가 지면으로 떨어져서 단 1mm만 쌓여도 호흡기 질환을 유발하고, 항공기에 손상을 가져와 공항이 폐쇄되기도 합니다. 화산재의 두께가 1㎝에 이르면 초목과 키 작은 식물이 화산재에 묻히고, 5㎝ 이상의 화산재가 쌓이면 대부분의 식물은 죽습니다. 10㎝가 쌓이면 지붕 구조물이 붕괴할 수 있죠.

피나투보산 분화로 인근 섬 대부분의 지역에 화산재가 떨어졌는데, 그 양은 무려 50억 톤이었습니다. 엄청난 양의 화산재가 눈처럼 쉼 없이 쏟아졌고 화산재의 무게를 이기지 못한 수백 채의 건물과 주택이 주저앉았습니다. 당시 평균 수 센티미터의 화산재가 쌓였는데, 특히 도로에는 30㎝ 높이로 화산재가 쌓여 이것을 치우는 데만 몇 년이 걸렸을 정도였죠. 이때 화산재가 남중국해를 비롯해 베트남, 캄보디아, 싱가포르 등까지 떨어졌고 심지어는 8,500km나 떨어진 아프리카 동부 해안까지도 날아갔다고 합니다.

전 세계를 울린 라하르 대참사

화산폭발지수 6단계에 해당하는 피나투보산 분화로 850여 명이 목숨을 잃었고, 25만 명이 이재민이 되었습니다. 분화 당시 태풍 '유냐'가 필리핀을 덮치면서 엄청난 폭우가 쏟아졌는데 24시간 동안 피나투보산에 내린 최대 강수량은 7.8㎝에 달했습니다. 이는 미국 여느 지역의 1년 치 강수량과 맞먹는 양입니다. 문제는 폭우가 피나투보의 화산재와 섞이면서 '라하르'를 만들어냈다는 것입니다.

라하르는 '화산이류 또는 토석류(土石流)'라고도 하는데, 화산재가 폭우나 얼음, 눈이 녹은 물 등과 뒤섞여 빠르게 흐르는 현상을 의미합니다. 쉽게 말해 물과 뒤섞인 화산재가 시멘트 반죽처럼 변해서 밀려드는 것이죠. 문제는 라하르가 초속 수십 미터에 이르는 빠른 속도로 흘러내리기 때문에 미리 대피하는 것 말고는 그 피해를 비껴갈 방법이 없다는 데 있습니다. 피나투보산 인근의 사람들 역시 멈출 줄 모르고 달려드는 라하르를 피할 재간이 없었습니다. 피나투보산 분화 초기에는 큰 인명 피해가 없었지만, 태풍이 나타나고 라하르가 인근을 덮치면서 대규모의 사망자가 발생하는 안타까운 상황이 벌어졌습니다. 게다가 라하르의 공격은 피나투보산이 분화를 멈춘 1995년까지도 지속됐습니다. 라하르는 화산 분화 후에도 폭우나 호우 등이 닥치면 비스듬히 기운 화산 사면이나 하천에 이미 쌓여 있는 화산재와 섞여서 다시 생성될 수 있기 때문이죠.

사진은 피나투보산이 위치한 루손섬 중부로, 가운데 솟은 부분은 원래 강이 흐르던 곳이었습니다. 그런데 라하르 퇴적층이 덮치면서 강이 사라지고 만 것입니다. 강을 채우면서 흘러가던 라하르의 운동에너지가 감소하다 정지되면서 하천을 메워버렸고, 그 이후에 내린 빗물로 약한 부분이 깎여 내려 나가면서 거대한 라하르 지층의 벽을 남겼습니다.

라하르가 바꾼 지형

라하르 때문에 모든 전기가 끊기고, 다리와 길이 무너지고, 농장은 막대한 피해를 보았습니다. 라하르를 막으려고 제방과 댐을 짓고 피해를 복구하는 데만 수십억 달러의 비용이 발생했죠. 결과적으로 필리핀은 피나투보산 분화로 약 7억 달러, 현재 우리 돈으로 약 9,000억 원에 이르는 경제적 손실을 입었습니다.

상상을 초월하는 공포와 파괴력을 보여주는 라하르는 다른 곳에서도 확인할 수 있습니다. 1985년 11월 13일에 발생한 콜롬비아의 네바도델루이스산 분화는 라하르가 일으킨 가장 치명적인 재난 중 하나입니다. 화산 분화와 함께 화산재와 만년설이 녹은 물이 뒤섞여 생성된 라하르가 시속 약 60km로 경사면을 따라 쏟아져 내렸습니다. 라하르는 산 아랫마을을 덮쳐 주민들을 생매장하다시피 했고, 간신히 라하르의 가장자리에 있던 일부 사람들이 구조됐으나 그들마저도 뜨거운 라하르에 화상을 입기 일쑤였죠.

그런데 아수라장이 된 현장에서 간절히 구조를 기다리는 한 소녀가 있었습니다. 13세의 오마이라 산체스Omayra Sánchez는 라하르에 몸이 묻힌 채 여러 날을 지내야 했고, 그 모습이 전 세계로 보도되면서 안타까움을 자아냈습니다. 산체스는 끝내 구조되지 못한 채 저체온증으로 숨지고 말았습니다. 라하르가 빠르게 시멘트처럼 굳으면서 산체스의 상태가 세상에 알려졌을 때는 이미 손쓸 수 없는 상황이었던 것입니다. 네바도델루이스산 분화는 산체스를 비롯해 2만 3,000여 명의 사망자를 내며 역대급 참사로 남았습니다. 이처럼 라하르는 대규모 피해를 양산하는 최악의 화산 분화 시나리오라 하겠습니다.

피나투보산 분화는 20세기 마지막 화산 대분화로 기록되어 있는데 이는 전 지구에 영향력을 행사했습니다. 분화 이후 지구의 평균온도가 2~3년간 약 0.2~0.5℃ 낮아지고, 지구 표면에 도달하는 태양 빛이 약 2.5% 감소한 것입니다. 미세한 온도 차이지만 농작물 생산에는 치명적인 영향을 미칠 수 있는 수치입니다.

전 지구적 재앙을 불러일으킨 탐보라산 분화

놀랍게도 피나투보산 분화보다 더 큰 규모로 지구에 혹독한 시련을 가져다준 화산 분화가 존재합니다. 지난 2000년 이래 가장 강력한 화산 분화이자 화산폭발지수 7단계를 기록한 탐보라산 분화입니다. 탐보라산은 인도네시아의 롬복섬과 발리섬 인근에 있는 숨바와섬 북부에 자리한 활화산입니다. 탐보라산의 첫 분화는 1815년 4월 5일 저녁에 일어나 약 2시간 정도 지속됐습니다. 이때 폭발음이 얼마나 컸던지 인근 군사기지에서 대포 소리로 착각하고 경계 태세에 돌입했을 정도였죠. 탐보라산의 본격적인 분화는 그로부터 5일 후인 4월 10일에 시작됐는데, 이때 찢어지는 굉음과 함께 산꼭대기에서부터 불기둥 3개가 터져 나왔습니다. 하늘에선 우박처럼 돌이 떨어졌고 뜨거운 비와 화산재가 함께 섞여 내리기 시작했습니다.

당시의 분화가 얼마나 엄청났는지를 알려주는 것이 원자폭탄의 위력을 비교한 68쪽의 그래프입니다. 핵폭발이 일어날 때 생기는 높이를 측정한 그래프에서 1961년 소련이 개발한 수소 폭탄인 '차르 봄바'의 버섯구름 높이는 약 67km입니다. 에베레스트산 높이의 7배에 달하는 수치죠. 인류 역사상 가장 강력한 수소 폭탄으로 불리는 차르 봄바의 위력은 50메가톤으로 히로시마 폭탄의 3,333배에 달합니다. 그런데 현대의 연구 분석 결과, 탐보

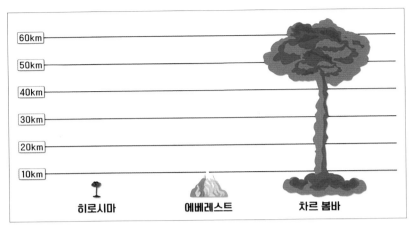

60km

50km

40km

30km

20km

10km

히로시마   에베레스트   차르 봄바

원자폭탄의 위력

라산 분화 당시의 에너지양이 차르 봄바의 400배 이상으로 밝혀졌습니다. 이는 인류가 보유한 모든 핵무기 에너지 총량의 10배가 넘는 양입니다.

이 같은 충격적인 결과는 탐보라산의 분화 전후의 사진으로 확인할 수 있습니다. 대분화로 해발 4,200m였던 탐보라산의 높이가 2,730m로 낮아진 것입니다. 즉 탐보라산의 1,470m가 사라져 버린 것이죠. 또한 화산 분화 시 분화구 주변이 땅속으로 무너져 내려앉으면서 만들어지는 움푹 파인 지형을 '칼데라'라고 하는데, 탐보라산에 축구장 48개를 합쳐놓은 크기의 지름 6~7km가량의 칼데라가 형성됐습니다.

문제는 탐보라산의 분화 규모만큼 피해도 컸다는 것입니다. 당시 무려 9만 2,000여 명이 사망했는데 그중 1만여 명은 화산에 의해 즉사했고, 나머지는 질병과 굶주림으로 사망한 것으로 추정합니다. 화산 폭발보다 훨씬 많은 사람이 질병과 굶주림으로 목숨을 잃은 이유는 당시 인근 지역에 있던 동인도회사 선원이 탐보라산 지역의 상황을 남겨둔 기록에서 확인할 수

탐보라산 분화 전후

있습니다. 다음은 1816년 2월 27일 자 〈뉴욕 이브닝 포스트〉 신문 기사의
일부입니다.

> "나라의 표면이 약 3㎝ 두께의 화산재로 뒤덮여 있는 것을 발견했
> 다. 땅에서 자라던 벼 작물과 어린 식물이 화산재 속에 완전히 묻
> 혀 있었다. (중략) 수많은 작은 새들이 땅 위에 죽은 채 누워 있었
> 다. (중략) 12일부터 15일까지는 잿더미로 인해 대기가 매우 두껍
> 고 사방이 어두웠으며, 태양 빛이 거의 들어오지 않았고 내내 바
> 람이 거의 또는 전혀 불어오지 않았다. 두 손을 들어 눈앞에 대봐
> 도 보이지 않을 정도로 끔찍하게 어두웠다."

기록에 따르면 대규모 사망은 화산재의 영향 때문이었습니다. 나라 전체
에 3㎝ 이상의 화산재가 쌓이면서 거의 모든 농작물이 죽었고, 그로 인한
굶주림과 질병이 많은 사람의 목숨을 앗아간 것입니다.

치명적 화산 가스가 가져온 역대급 피해

이 같은 피해는 탐보라산 분화가 가져온 후폭풍의 시작에 불과했습니다. 무엇보다 화산 분화로 분출된 화산 가스 피해는 상상을 초월했습니다. 기체 상태의 화산 가스는 상당한 양의 이산화탄소, 이산화황, 황화수소 같은 기체와 함께 방출될 수 있는데 그 농도에 따라 치명상을 가져왔습니다.

사진은 1986년 8월에 카메룬의 니오스호에서 벌어진 끔찍한 사고를 담은 것입니다. 호수에서 독가스가 분출되면서 무려 1,700여 명이 질식해 목숨을 잃었고, 인근 동물들이 사진처럼 집단 폐사하는 일이 벌어졌습니다. 니오스호는 화산이 분화하면서 만들어진 칼데라 호수입니다. 이곳 지하에는 여전히 활동 중인 마그마가 있었는데 마그마에서 발생한 이산화탄소가 호숫물에 막혀 밑바닥에 갇힌 상태였습니다. 그러던 중 1986년 8월 21일에

니오스호에서 집단 폐사한 동물들

호수 주변의 산사태로 물이 뒤집혔고 이때 갇혀 있던 이산화탄소 1,600여 톤이 분출되며 인근 지역을 덮친 것입니다. 그렇게 사람들과 동물은 무방비 상태로 질식사할 수밖에 없었습니다.

1815년 4월에 탐보라산이 분화할 당시에도 엄청난 양의 화산 가스가 분출됐습니다. 그중 가장 큰 피해를 가져온 것은 이산화황이었습니다. 무색의 자극적인 냄새가 나는 독성이 강한 기체인 이산화황은 주로 산성비와 대기 오염을 유발합니다. 탐보라산 분화 시 분출된 화산재와 이산화황의 규모는 무려 150억 톤으로 인도네시아를 넘어 유럽 전역으로까지 퍼졌습니다. 게다가 이산화황은 지상 43km까지 올라가며 성층권에도 흘러 들어갔습니다. 이는 물과 반응해 황산 구름을 만들었고, 그 결과 탐보라산이 분화한 다음 해인 1816년의 유럽은 '여름이 없는 해'로 불렸습니다. 성층권으로 올라간 황산 구름이 태양광선을 차단해 에너지가 지표에 도달하지 못하고 지표가 냉각되면서 지구 표면의 온도가 낮아졌기 때문입니다. 탐보라산이 분화한 1815년 전 세계 연평균 온도는 무려 5℃나 떨어졌습니다. 인도네시아에서 일어난 화산 분화가 전 세계에 영향을 미친 것입니다.

앞서 1991년에 피나투보산이 분화했을 때도 지구의 온도가 2~3년간 약 0.2~0.5℃ 낮아졌다고 했습니다. 그때 분출된 약 2,000만 톤의 이산화황이 지구의 기온을 떨어뜨린 것이죠. 프랑스 국립과학원(CNRS) 산하 방사능연구소는 피나투보산 분화로 인해 전 인류가 한 해 동안 내놓은 양만큼의 이산화황이 대기에 분출됐다는 조사 결과를 내놓기도 했습니다. 이렇듯 화산 분화에 따른 대규모 이산화황 분출은 지구의 기후 변화를 초래한다는 점에서 매우 치명적입니다.

그렇다면 탐보라산이 분화한 시기 유럽의 여름 기온은 어땠을까요? 독

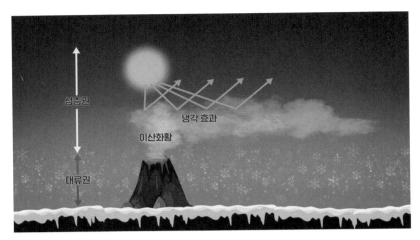

황산 구름의 냉각 효과

일 남부지방과 오스트리아, 스위스 등 중부유럽은 1815년 6월부터 1816년 12월까지 거의 매달 평균적으로 기온이 2~3℃ 떨어졌습니다. 특히 1816년 6월~8월의 여름은 지난 500여 년의 기록 중 가장 추운 여름으로 기록됐습니다. 이때 조선의 순조 시대였던 우리나라도 영향을 받았습니다. 기록에 따르면 순조 14년에는 790만 명이었던 인구가 순조 16년에는 659만 명으로 격감했는데, 흉년과 기근으로 화전민이나 도적이 증가하며 호구조사에서 이탈한 것으로 추정됩니다.

화산 폭발과 거지들의 해

여름 내내 유럽의 기온이 떨어지면서 직격타를 맞은 것은 식량 부족 문제였습니다. 비정상적인 날씨로 농사를 망치면서 곡물 생산량이 급감한 것입니다. 1816~1817년 서유럽의 곡물 생산 감소량이 75%를 넘어서면서 유럽 일대에 기근이 덮쳤습니다. 배고픔에 시달리는 사람들이 많아지면서 '거지들의 해'라는 말까지 등장했죠. 1817년에 곡물 가격이 세 배나 오른 스위스는 수십만 명이 생계를 유지하기 힘들어졌고 일부 가정에서는 갓 태어난 아기를 버리기도 했습니다. 굶주림으로 많은 사람이 죽은 1817년과 1818년은 출생 인구보다 사망 인구가 더 많았다고도 합니다. 많은 비로 곡물이 썩어버린 프랑스는 포도 농장이 수백 년 만에 최악의 수확량을 기록했습니다. 아일랜드는 주식인 감자 생산량이 급감하며 배고픔을 견디지 못한 사람들이 식량창고를 습격하거나 빼앗는 일이 많았다고 합니다. 급기야는 아일랜드를 떠나 미국이나 캐나다 등 다른 나라로 이주하기도 했죠.

상황이 극한으로 치닫다 보니 웃지 못할 만평까지 등장했습니다. 1816년, 뉴잉글랜드와 캐나다 신문에 실린 만평을 보면 달력은 8월 한여름인데 밖에는 눈발이 날리고 등장인물들은 한겨울 옷을 입고 있습니다. 소총을 든 남자는 사냥을 마치고 온 듯한데 그의 손에 들린 것이라고는 밀로 추정되는 식물 한 줄기뿐이죠. 그럼에도 사냥꾼은 뭐라도 건져 왔다는 사실에 만족하는 표정입니다. 그만큼 기근과 흉작이 만연한 가운데 사람들의 일상이 힘들었던 것 같습니다.

유럽의 흉작으로 어려움에 빠진 것은 사람들뿐만이 아니었습니다. 동물들도 큰 영향을 받았는데, 특히 말의 먹이인 귀리 농사를 망치면서 귀리 가격이 치솟았고 먹이가 부족해진 말들

거지들의 해에 실린 만평

이 쓰러지기 시작한 것입니다. 게다가 굶주린 사람들이 말을 잡아먹는 일까지 벌어지면서 당시 교통수단이었던 말은 점점 사라져갔습니다. 이는 자전거의 전신인 '드라이지네'의 발명으로 이어졌습니다. 독일의 한 발명가가 발명한 드라이지네는 두 개의 바퀴에 긴 나무막대 축을 연결하고 그 위에 안장을 부착한 것입니다. 탑

드라이지네

승자는 상체를 세워 발로 땅을 번갈아 차면서 걷거나 달렸고, 앞바퀴에 연결된 장치를 이용해 좌우로 방향을 바꿀 수 있었죠. 이후 땅에서 발을 떼고 달릴 수 있는 자전거가 발명되면서 드라이지네는 자취를 감췄지만, 자전거의 발명에 중요한 역할을 했습니다.

역사 이래 가장 큰 백두산의 분화

도시와 국가, 대륙을 넘어 전 지구를 뒤흔드는 파괴력을 가진 화산 분화는 과거에만 존재했던 역사 속 이야기가 아닙니다. 우리가 살아가는 현재 혹은 가까운 미래에 닥칠지도 모를 예고된 재앙이기도 하죠. 아직도 지구상에는 화산폭발지수 7단계 혹은 8단계의 규모로 분화 가능한 화산들이 곳곳에 존재하고 있습니다. 이런 화산들이 분화한다면 인류는 어떤 상황을 맞닥뜨리게 될까요?

높이 2,750m, 한반도에서 가장 높은 산인 백두산은 전 세계가 분화 가능성을 주목하는 활화산입니다. 백두산 분화의 역사는 대략 2,800만 년

전부터 1925년까지 이어지고 있습니다. 특히 1000년대에 7회, 1400년대에 5회, 1600년대에 3회 등 900년대부터 1900년대까지는 꾸준히 분화한 사실을 알 수 있습니다. 여기서 특히 주목할 만한 지점은 946년 11월~947년 2월에 벌어진 것으로 추정되는 대규모 분화입니다. 세계 역사 이래 가장 큰 규모의 분화로, 밀레니엄 분화(Millennium Eruption; ME) 사건이라고도 불리는 강력한 폭발성 분화였죠.

밀레니엄 분화는 현재의 화산폭발지수 7단계로 추정되는데 100~150km^{3}에 달하는 분출물이 지상으로 쏟아졌을 것으로 보입니다. 이는 폼페이의 베수비오산 분화 당시 분출량인 2km^{3}보다 50배 이상 많은 양입니다. 그리고 1815년 벌어진 탐보라산 분화 때의 분출량인 100km^{3}와 비교해도 비슷하거나 오히려 더 많은 수준이죠. 남한의 면적이 약 10만km^{2}이니 쉽게 말해 남한 전체를 평균 1m 이상 높이로 덮을 수 있는 양의 화산재가 뿜어져 나왔던 것입니다.

이 엄청난 규모의 화산 분화는 우리나라 역사서에도 기록이 남아 있습니다. 고려의 역사를 정리한 《고려사》의 〈세가〉 2권(고려 정종 원년 946년)에는 '是歲天鼓鳴赦(시세천고명사)'라는 문장이 있습니다. '이 해에 하늘에서 고동 소리가 들려(하늘의 북이 울려)(죄인들을) 사면하였다'라는 내용입니다. 고동 소리는 백두산 분화 시 울린 굉음으로 추측합니다. 일본의 역사서 《일본 기략》에도 947년의 대분화에 관한 기록에 남겨져 있습니다. '947년 2월 7일에 하늘에서 소리가 났는데, 마치 천둥소리와 같았다'라는 내용이죠. 이 때는 소리만 전달된 게 아니라 홋카이도 지역까지 화산재가 날아왔었다고 합니다. 백두산은 편서풍이 부는 곳에 있어서 이 영향을 받아 화산재가 동쪽인 일본으로 날아간 것입니다. 《일본 기략》의 기록으로 미뤄볼 때 거대

백두산 천지 칼데라와 칼데라 내의 분화구

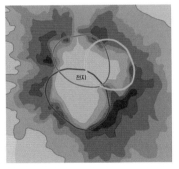

한 화산 분화로 하늘에서 소리가 나는 '명동 현상'이 나타나고 백두산으로부터 1,000km 이상 떨어진 일본에 화산 폭발음이 진동으로 전달된 것으로 추측됩니다.

　백두산 대분화가 얼마나 대단했는지를 짐작할 수 있는 증거는 현재까지도 남아 있습니다. 백두산의 상징인 칼데라 호수, 즉 '천지'가 탄생한 것입니다. 현재 백두산 천지 내에 있는 세 개의 큰 분화구 중 두 개는 946년과 947년 대폭발 당시 만들어진 것으로 알려져 있습니다. 천지의 최대 수심은 384m로, 여기에 약 20억 톤의 물이 담겨 있습니다. 1815년 탐보라산 분화 때 만들어진 칼데라와 백두산 천지의 지름이 모두 6~7km인 것으로 보아 탐보라산 분화에 준하는 폭발력을 드러냈을 것으로 추측할 수 있습니다.

백두산 분화 예상 시나리오

그렇다면 활화산인 백두산이 지금 분화한다면 어떤 일들이 벌어질까요? 분화와 동시에 천지의 물이 흘러넘치며 대홍수가 시작되고 분화 직후 반경 60km 이내의 주변 지역은 방출된 크고 작은 암석 파편인 화쇄류와 화산재로 인해 순식간에 파묻힐 것입니다. 백두산 천지 물속 아래층에 압축되어 있던 이산화탄소가 한꺼번에 분출되면서 반경 50km 내에 있는 사람과 동물 등이 무방비로 질식할 수도 있죠. 도로와 댐, 전기 등 모든 것이 마비되고, 이후에는 상당한 생태계 변화가 나타날 것으로 예상합니다.

학자들은 백두산의 분화가 대규모일 것으로 예상합니다. 백두산에는 마그마가 저장된 마그마방이 4개 층이나 있기 때문입니다. 마그마방과 더불어 위험 요소로 작용하는 것이 천지 칼데라 내에 존재하는 20억 톤의 물입니다. 칼데라 지하에서 상승하는 1,000℃ 이상의 마그마가 수온 7℃가량의 물과 만나면 물은 수증기로 바뀌어 운동에너지를 가진 채 대기 중으로 상승합니다. 동시에 급격히 차가워진 마그마는 팝콘처럼 조각나면서 많은 기포를 가진 지름 2mm 이상의 화산자갈(라필리)과 미세한 화산재로 바뀌어 수증기와 함께 대기 중으로 상승하게 되죠. 이는 마치 펄펄 끓는 기름이 차가운 물과 만나 격렬하게 끓는 것과 비슷한 상황이라고 할 수 있습니다. 그럼 마그마가 급랭하면서 산산조각 나고 마그마에 들어있던 화산 가스까지 튀어나오면서 마그마는 더욱 폭발적으로 분화하게 됩니다.

지표로 분출된 마그마를 용암(lava)이라고 합니다. 용암의 이동 속도는 분출된 높이보다는 주로 용암의 성질에 영향을 받습니다. 용암은 그 안에 들어 있는 이산화규소(SiO_2)의 성분에 따라 다른 특징을 보이는데, 이산화규소 함량이 높을수록 점성도가 높아집니다. 점성도는 말 그대로 마그마의 끈적한 정도를 뜻하며 이산화규소가 많이 포함된 용암은 상대적으로 온도가 낮고 점성도가 높아 용암이 느리게 흐릅니다. 온도가 낮다고 해도 700~1,250°C 사이이므로 반드시 조심해야 합니다. 반대로 이산화규소가 적게 포함된 용암은 온도가 높고 점성이 낮아 빠르게 흐릅니다.

비록 용암이 속도에 따라 위력이 달라진다고 해도 절대 쉽게 보아서는 안 됩니다. 때때로 화산이 분화할 때 분출된 용암이 원형으로 굳은 덩어리인 '화산탄'으로 변신해 폭발하기 때문입니다. 액체 상태의 용암이 공중에 노출되는 동안 만들어지죠. 화산탄은 '용암 폭탄'이라고 불릴 만큼 위험성이 높아 건물을 파괴하거나 화재를 유발합니다. 튀어나오는 화산탄 자체가

백두산 천지의 마그마방

용암의 불덩어리이고, 이것이 화산 화구(火口) 근처에서 직접 사람에게 떨어지면 화상 등 큰 피해를 입을 수 있으므로 반드시 조심해야 합니다.

백두산 분화 시 발생할 수 있는 또 다른 피해는 화산재 구름입니다. 이 구름은 계절풍과 제트기류를 따라 이동하다가 가까운 곳에서부터 지면으로 낙하해 점차 쌓일 것입니다. 그로 인해 백두산의 동쪽, 즉 북한의 양강도, 함경남도, 함경북도 지역에는 화산재가 비처럼 내리게 되죠. 분화된 화산재의 양이 많을 경우, 일본을 지나 태평양에도 떨어질 수 있습니다.

그렇다면 백두산이 분화했을 때 우리가 사는 대한민국은 직접적으로 어떤 영향을 받을까요? 휴전선 이남 지역은 백두산이 분화할 때 북동풍이 불어 화산재가 남쪽으로 바로 이동하지 않는 한 화산재가 비처럼 내리거나 화산 재해의 직접적인 영향을 받을 가능성은 매우 희박합니다. 그러나 한반도 주변으로 북풍~북동풍이 발달하는 경우 계절과 관계없이 우리나라 전역이 광역 화산재의 영향을 받을 가능성도 있습니다. 이때는 화산재가 비처럼 내려 1mm 이상만 쌓여도 농작물, 제조업, 전자산업 등이 큰 피해를 입게 됩니다. 또 도로의 차선이 보이지 않아 교통 혼잡이 발생하거나 항공기의 운항이 정지될 수도 있죠. 개인적인 호흡 곤란 등을 비롯한 복합적인 재난이 발생하기도 합니다.

대규모 백두산 분화를 둘러싼 진실 혹은 거짓

그렇다면 현재 백두산이 분화할 징조가 나타나고 있을까요? 화산 분화의 대표적인 전조 현상은 지진입니다. 정확히는 화산성 지진인데, 화산 주변의 지하에는 마그마가 이동하는 통로가 있습니다. 이곳은 비교적 튼튼해서 평소에는 무너지는 일이 거의 없지만 마그마가 상승하면 그 상부로 압력이 작용하게 됩니다. 마그마는 지상에 가까워질수록 압력을 이기지 못하고 기체로 바뀌는데, 이때 부피가 수천 배로 증가하면서 압력이 급격히 높아집니다. 그러면서 마그마의 통로가 압력을 견디지 못해 암반이 갈라지고 지진이 일어나는 것입니다. 주목할 만한 사실은 백두산에서 화산성 지진 활동이 급증했다는 것입니다.

화산성 지진은 일반적인 지진과 달리 떼를 지어 나타나고 규모도 0단계에서 시작해 2단계 안팎일 정도로 미세해서 기계만이 감지할 수 있습니다. 이 화산성 지진의 빈도를 평가하면 분화가 임박했는지도 추측할 수 있죠. 그런데 백두산의 화산성 지진 활동을 기록한 그래프를 보면, 2002년 6월 말에 평소와 달리 갑작스럽게 화산성 지진 활동이 빈번해지고 지진 규모가 증가한 사실을 확인할 수 있습니다. 2002년 이후 백두산에서 발생한 지진

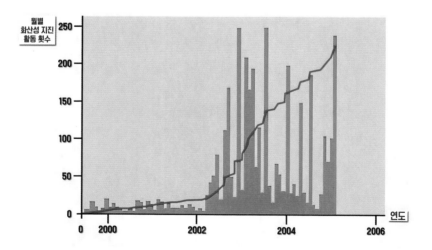

2000년~2004년 백두산의 화산성 지진 활동

횟수가 월 240회에 이를 정도로 빈번했습니다. 이 시기는 '화산 위기' 또는 '화산 불안정' 상태라고 할 수 있습니다. 국제적으로 이 시기에 분화를 예상했으나 다행히 마그마가 백두산 정상으로부터 5km 아래, 평균 해수면으로부터 2km 밑에서 천천히 움직이다가 멈춰서 분화하지 않았습니다.

2006년 이후 현재까지는 소량의 화산성 지진이 산발적으로 발생하며 소강상태를 보이고 있죠. 다만 안심할 수 있는 상황은 아닙니다. 중국지진국(CEA)이 조사한 바에 따르면, 2019년에 백두산에서 마그마가 상부로 이동하면서 발생하는 지진이 21회 감지됐기 때문입니다. 마그마가 상부로 이동하는 것이 지속되면 화산 분화로 이어질 수 있으므로 꾸준히 변화를 살펴봐야 합니다.

또 한 가지 주목할 것은 백두산 천지의 수온 상승과 천지 주변 지형의 변화가 감지된다는 부분입니다. 1991년에 67~69℃였던 천지의 온도는 2010년에 74℃까지 상승했습니다. 천지 온도가 상승한다는 것은 온천가스를 뿜어 올리는 지하수 온도가 상승한다는 뜻이고, 이는 마그마가 다가오고 있으며 열원이 커지고 있다는 증거로 해석할 수 있죠. 또한 천지 주변의 GPS 관측을 보면 호수 주변의 지형이 10㎝ 이상 팽창한 모습을 관찰할 수 있습니다. 이것은 지하의 마그마가 성장해 상승하면서 벌어진 일로 추정됩니다.

기본적으로 화산의 지하에 마그마방이 만들어지고 마그마가 지하로부터 충전되면 마그마방 내의 압력이 증가해서 그 상부의 암석 지붕을 밀어냅니다. 그러면 그 상부의 화산체 지면이 서서히 부풀어 오르는데, 백두산은 2002년부터 2007년까지 중앙의 천지 칼데라를 둘러싸고 있는 외륜산이 10㎝ 정도 팽창한 것입니다. 5km 지하에 소규모 마그마방이 형성돼서 그 상부 암석을 밀어 올렸기 때문입니다. 10㎝는 미세한 수치일지 몰라도 화산 분화 예측 분야에서는 상당히 유의미한 숫자입니다. 당시에는 밀어 올리는 힘이 약해서 분화로까지 이어지지 않았지만, 그 힘의 정도에 따라 얼마든지 분화로도 이어질 수 있기 때문입니다.

최근 백두산을 둘러싼 괴담이 계속해서 등장하고 있습니다. 가장 널리 알려진 내용이 2025년에 분화한다는 가설입니다. 이 같은 주장의 근거로 제시된 것은 백두산 분화 100년 주기설로, 946년 대폭발 이후 지난 1000년 동안 세기마다 한 번 이상 분화했으며 가장 최근의 백두산 분화 기록이 1925년이므로 2025년에 백두산이 폭발할 가능성이 크다는 가설입니다.

하지만 현재 데이터를 보면 이 주장은 설득력을 갖기 어렵습니다. 우리나라 기상청이 부산대학교에 설립한 화산특화연구센터의 모니터링 결과에 따르면, 2020년 12월부터 2022년 6월까지의 화산성 지진 활동이 한 해 100회 이상으로 평균치인 연간 40~50회보다 높은 기록을 보였습니다. 하지만 그 이후 현재까지의 지진 활동은 예년 수준으로 돌아왔습니다. 화산 가스 방출이나 온천수 온도도 예년과 비슷한 수준입니다. 활화산인 백두산이 언제든 분화가 가능한 것은 맞지만, 현재 데이터상 2025년이라는 특정 시기에 분화할 것이라고 확언할 수 없습니다.

지리적으로 가까운 나라인 일본에서도 후지산 분화 가능성이 주목받고 있습니다. 300년 주기설을 가진 후지산이 마지막으로 분화한 게 1707년이기 때문입니다. 여기에 최근 일본 기상청이 후지산에서 지진이 늘고 있다고 발표하며 후지산 분화 신호를 눈여겨보는 중입니다.

백두산 분화에 영향을 미치는 또 다른 원인으로 북한의 핵실험이 대두되기도 합니다. 북한이 핵실험을 했을 때의 첫 징후가 인공지진이었기 때문이죠. 1차 핵실험 당시 규모 3.9였던 인공지진은 실험이 거듭될수록 규모가 커졌고, 2017년 9월에 북한이 6차 핵실험을 벌인 뒤 그로 인한 규모 2.4~2.9의 여진이 잇따라 발생하기도 했습니다. 그런데 백두산이 분화하려면 백두산 아래 마그마가 저장된 마그마방을 자극해야 합니다. 그러려면 백두산에서 120km가량 떨어진 핵실험 지역인 풍계리에 지진 규모 7.0 이상의 매우 강력한 지진이 필요하죠. 하지만 핵실험으로 규모 7.0 이상의 인공지진을 만드는 일은 현실적으로 불가능합니다. 결국 북한의 핵실험이 백두산 분화를 자극하거나 가속화한다는 말은 신빙성이 없는 가설입니다.

인류 최악의 재앙 시나리오, 슈퍼 화산의 분화

백두산과 더불어 전 세계 학자들이 주목하는 화산이 또 있습니다. 8,980km²의 면적을 자랑하는 미국의 옐로스톤입니다. 미국 최초의 국립공원인 옐로스톤은 우리나라 경기도와 비슷한 면적을 자랑합니다. 이곳은 수십만 년 전의 슈퍼 화산급의 분화로 만들어진 화산 고원 지대로, 지금도 남한 면적의 세 배에 달하는 엄청난 양의 마그마가 옐로스톤 아래에 흐르고 있습니다.

슈퍼 화산은 가장 큰 기록값인 화산폭발지수 8단계로 분화한 화산을 말합니다. 또 분화한 퇴적물의 양이 1,000km³ 이상을 의미하죠. 지구의 탄생 이래 슈퍼 화산급의 분화는 모두 60여 개의 산에서 발생한 것으로 추정됩니다. 그중 옐로스톤 화산은 약 63만 년 전에 화산폭발지수 8단계로 분화했으며 당시의 폭발로 지름이 70km에 달하는 현재의 칼데라 호수가 만들

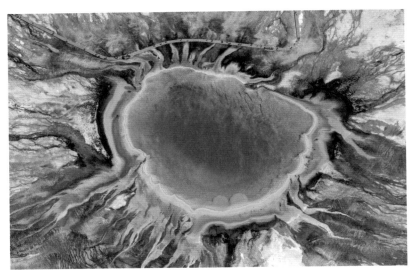

옐로스톤 칼데라의 그랜드 프리즈매틱 스프링 호수(미드웨이 간헐천 분지)

어졌습니다.

화산폭발지수 5단계의 폼페이는 도시가 멸망했고, 화산폭발지수 7단계였던 탐보라산과 백두산은 주변 나라에까지 피해를 끼쳤습니다. 화산폭발지수 8단계라는 슈퍼 화산급 분화가 일어났던 옐로스톤이 다시 분화할 가능성과 함께 인류의 멸망 시나리오까지 등장했습니다. 최근 수십 년 동안 옐로스톤 주변 땅 밑 온도가 상승하고 있고, 2021년 7월 한 달 동안 1,008회의 지진이 발생한 것으로 보고되면서 옐로스톤의 분화 가능성이 점쳐지고 있는 것입니다.

영국의 BBC는 옐로스톤이 분화할 경우, 히로시마에 투하된 원자폭탄 5,500만 개를 한꺼번에 터트리는 것과 같은 위력이 발생할 것으로 추정했습니다. 이는 분화 한 시간 만에 1억 톤의 화산 자갈과 가스가 분출돼 반경

100km 이내 모든 생명체가 순간적으로 사라지는 것을 의미합니다. 독일의 막스플랑크 연구소는 옐로스톤이 초거대 분화를 일으킨다면 1주일 이내에 화산재가 유럽 대륙에 도착하고, 미국 토지의 75% 이상이 화산재에 뒤덮일 것이라고 예상했죠. 또 지구의 연평균이 12℃ 내려가고 한랭한 기후가 몇 년 동안 지속될 것으로 내다봤습니다.

옐로스톤이 분화한다면 지금까지 인류가 경험하지 못한 초유의 사건이 발생하는 동시에 농작물 피해, 식량 부족, 전쟁 등 상상할 수 없는 일들이 벌어질 것입니다. 과연 우리는 슈퍼 화산이 분화할지도 모를 가능성 앞에서 어떤 대비를 해야 할까요? 오랜 시간 화산 분화를 연구한 저로서는 막연한 공포심에 사로잡혀 전전긍긍하기보다 아주 작은 분화 가능성이라도 예측하고 주시하면서 피해를 최소화하기 위한 노력이 필요하다고 생각합니다. 그렇게 하기 위해서는 우리가 화산 분화에 지속적으로 관심을 갖는 것이 무엇보다 중요한 일이 아닐까 합니다.

벌거벗은 세균 전쟁

사라지지 않을 공포의 존재

김응빈

● 약 46억 년의 지구 역사에서 가장 오래된 존재는 무엇일까요? 지구가 탄생한 후 최초로 태어난 생명체는 세균입니다. 세균은 생명체 가운데 가장 미세하고 가장 단순한 단세포 생명체로 박테리아라고도 합니다. 지구에서 최초로 산소를 만들어냈고, 폐기물이나 하수 등을 분해해 자연을 정화하는 데 꼭 필요한 존재이기도 하죠. 한편으로는 인류를 초토화할 만큼 위협적인 존재이기도 합니다. 코로나19나 스페인독감 등을 일으킨 바이러스는 숙주 없이 스스로 생존할 수 없지만, 세균은 숙주가 없어도 자체적으로 생명을 유지할 수 있습니다. 때문에 숙주 없이도 흙이나 물, 공기 중에서 빠르게 환경에 적응하며 번식할 수 있습니다. 세균은 이렇게 강인한 생명력으로 인류 역사에서 치명적인 감염병을 무수히 일으켜왔습니다. 문제는 그 수와 종류가 너무 많아서 아직도 현대 의학이 모두 정복하지 못했다는 것입니다.

2019년 전 세계 사망 원인 2위는 세균 감염병입니다. 지구에서 목숨을 잃은 사람 8명 중 1명 이상이 세균 감염 때문에 숨진 것입니다. 하지만 세균 감염병에 대한 인식은 바이러스보다 낮습니다. 게다가 지금까지 밝혀진 세균은 단 2% 정도밖에 되지 않습니다. 이 말은 언제든 새로운 세균이 감염병을 일으킬 수 있다는 뜻입니다. 실제로 세균은 내성을 가지고 점점 진화하기 때문에 최근에는 강력한 항생제를 써도 죽지 않는 '슈퍼 박테리아'까지 출현했고 아직 대응법을 찾지 못했습니다.

88쪽의 그림은 과거 사람들의 세균 감염병에 대한 공포를 보여주는 자료입니다. 독일의 화가 미하엘 볼게무트Michael Wolgemut가 〈죽음의 무도〉라는 이 작품을 그린 1493년은 전 유럽이 세균 감염병으로 초토화되었을 때입니다. 누구도 죽음을 피할 수 없다는 작품의 메시지는 생명이 얼마나 허무한 것인지 일깨워주었습니다. 당시 이 작품의 콘셉트는 교회 벽화, 그림, 서적을 가리지 않고 등장했는데 사람들이 세균 감염병을 얼마나 두려워하고 그로 인해 고통받았는지 짐작할 수 있습니다.

인류는 세균 감염병으로 전쟁보다 참혹한 비극을 끊임없이 되풀이해 왔습니다. 유럽 인구의 3분의 1이 삽시간에 사라지는가 하면, 전 세계에서 10억 명이 죽음에 이르기도 했죠. 그러는 사이 세균의 존재를 알지 못했던 사람들의 공포는 극으로 치달았고 끝내 신의 형벌이라는 이유로 감염자를 화형에 처했습니다. 심지어는 죽은 자의 무덤을 파헤쳐서 장기를 태우는 끔찍한 일까지 벌였습니다. 오랫동안 공포와 혼란에 휩싸였던 인류는 20세기에 치료법을 발견하며 희망을 찾기 시작했습니다. 하지만 세계는 또다시 세균의 위협을 받게 되었습니다. 가장 강력한 세균을 이용해 인류 최악의 살상무기를 만들어 전쟁과 테러에 세균을 활용하기 시작한 것입니다. 지금부터

미하엘 볼게무트 〈죽음의 무도〉

세계사를 뒤흔들 정도로 위협적이었던 세균 감염병의 역사를 살펴보고 끝나지 않은 세균과의 전쟁을 벌거벗겨 보겠습니다.

가장 잔혹한 신의 형벌, 한센병

　1928년 영국 런던의 한 병원 실험실, 의사이자 미생물학자인 알렉산더 플레밍Alexander Fleming은 인류 최초의 항생제인 페니실린을 발견했습니다. 세균 감염병 치료제인 페니실린은 목숨이 위태롭던 수많은 환자를 살려냈습니다. 이후 페니실린은 기적의 치료제, 인류를 구원한 항생제로 평가받았습니다.

　그렇다면 페니실린이 발견되기 전까지 인류는 세균 감염병에 어떻게 대처했을까요? 지구상에서 가장 오래된 생명체인 세균은 꾸준히 인류의 생존을 위협해 왔으나 인류가 이에 대항한 것은 100년도 채 되지 않았습니다. 그 이전까지는 세균의 존재도 제대로 알지 못한 채 속수무책으로 목숨을 잃는 암흑시대를 살았던 것입니다. 특히 인류 역사상 가장 오래된 세균 감염병 중 하나인 한센병은 너무도 처참한 증상 때문에 신이 내린 형벌이라고 여길 정도였습니다. 《성경》은 이 병을 '내 주여, 우리가 어리석은 일을 하여 죄를 지었으나 청하건대 그 벌을 우리에게 돌리지 마소서. 그가 살이 반이나 썩어 모태로부터 죽어서 나온 자 같이 되지 않게 하소서'라고 기록했습니다. 이토록 끔찍한 한센병의 흔적은 기원전 2000년경 인도인의 유골에서 발견되기도 했습니다.

　한센균은 주로 호흡기나 상처가 있는 피부를 통해 인체에 침투하는 것으로 추측하나 정확한 감염 경로는 아직도 완전히 밝혀지지 않았습니다. 과거에는 한센병을 일으키는 세균을 '나균'이라고 불렀으며 병명도 '나병'이었습니다. 한자 나(癩)는 문둥병을 뜻하는데 두꺼비를 나흘마(癩疙瘼)라고 부른 데서 유래했습니다. 이는 한센병의 증상을 보이는 환자를 비하하는 표현입니다. 우리 몸 안에 들어온 한센균은 신경을 망가뜨리고 통각을 마비시켜 통증이나 뜨거움을 제대로 느끼지 못하게 만듭니다. 때문에 신경세포가 많은 손가락이나 발가락 같은 곳에 염증이 생겨도 깨닫지 못하다가 치료 시기를 놓쳐 피부가 문드러지면서 신체 변형이 일어나는 것입니다. 심한 경우 신체 일부가 썩거나 떨어져 나가고 시력을 상실하기도 합니다.

고대 시대부터 인류를 괴롭혀왔던 한센병은 11세기 중세 유럽에서 일어난 십자군 전쟁을 계기로 폭발했습니다. 이미 중동 지역에 퍼지기 시작한 한센병이 유럽 대륙을 가로질러 소아시아에 이르는 십자군의 원정길과 귀환길을 따라 전 유럽으로 확산된 것입니다. 한센병의 증상을 처음 접한 유럽인들은 극도의 공포를 느꼈습니다. 고대인과 마찬가지로 세균 감염이라는 원인을 알지 못해 신의 형벌을 받는 죄인이 걸리는 병이라 생각했기 때문입니다. 그래서 한센병 환자들을 혐오하고 혹독하게 대했습니다. 이때 약자를 가장 먼저 보호해야 할 교회마저 등을 돌렸습니다. 다음은 중세 교회 지도자들이 한센병 환자에게 했던 말입니다.

"너의 몸은 오염되고 더러운 옷

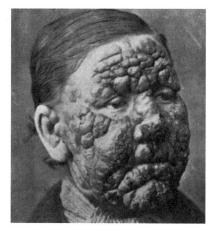
한센병 증상

으로 덮여 있다. 네가 나환자이고 이단자이며 깨끗하지 못하다는 것을 끊임없이 인식해야 하며 교회와 멀리 떨어진 곳에서 홀로 살아야 한다."

한센병 환자들은 대부분 가족에게서 버림받거나 마을 밖으로 쫓겨났습니다. 사회로부터 배척당한 환자들은 마을과 멀리 떨어진 곳에 움막을 짓거나 동굴에 살면서 철저히 고립된 생활을 했습니다. 먹고 마실 것도 없는 열악한 환경에서 치료는 꿈도 꾸지 못했죠. 뿐만 아니라 이들에게만 주어진 가혹한 규칙을 따라야 했습니다. 그것은 종을 울리며 스스로 한센병 환자라는 사실을 알리는 일이었습니다. 그림에서 종을 든 사람은 한센병 환자로 얼굴에 난 빨간 점과 절단된 손발은 병의 증상을 표현한 것입니다. 이들은 먹을 게 없어서 마을에 구걸하러 갈 때마다 얼굴과 몸을 최대한 가리고 사람들이 미리 피할 수 있도록 종소리를 냈다고 합니다. 종이 없으면 나무 막대기나 판자를 부딪치며 소리를 내야 했습니다.

한센병 환자들이 따라야 했던 비참한 규칙은 이뿐만이 아니었습니다. 물건을 살 때 손으로 만질 수 없었고, 흐르는 샘물에 손을 씻지도 못했습니다. 다른 사람들과 대화하거나 통행이 많은 다리를 건너는 것, 건물을 만지는 것도 금지했죠. 환자들은 한센균 감염에 따른 고통보다 사회적 차별과 낙인에 더 괴로워했습니다.

한센병 환자들이 신의 형벌을 받았다는 인식에서 비롯한 증오감은 충격적인 사건으로 이어지기도 했습니다. 〈화형을 당하

종을 울리는 한센병 환자

는 나병 환자들〉이라는 아래 그림은 십자군 전쟁과 흉년 등으로 혼란스러
웠던 1321년 프랑스 남부에서 한센병 환자들을 화형에 처한 사건을 묘사한
것입니다. 당시에는 모든 불행의 원인이 한센병 환자라는 인식이 강했습니
다. 이런 상황에서 한센병 환자들이 우물을 독으로 오염시켜서 마을에 퍼
뜨리려 한다는 소문이 돌았고 프랑스 왕까지 이를 믿은 것입니다. 결국 죄
없는 환자들은 고문받으며 자백을 강요당했고, 이를 못 견뎌 거짓으로 자
백한 사람들을 산 채로 불태웠습니다.

이처럼 아픈 역사 뒤에는 숨겨진 이야기가 있습니다. 중세 시대는 한센
병을 신의 형벌이라고 믿었습니다. 《구약 성경》에 여호와가 큰 벌로 '나병'
을 내렸다는 기록이 있기 때문입니다. 그런데 여호와가 말하는 큰 벌은 나
병, 즉 한센병이 아니었습니다. 원래 《구약 성경》에서는 이 병을 '차라아트
(צרעת)'라는 히브리어로 표기했습니다. 악성 피부병이라는 의미의 차라아

〈화형을 당하는 나병 환자들〉

트는 5세기 때 《성경》을 라틴어로 번역하는 과정에서 한센병의 의미가 담긴 '레프라(lepra)' 또는 '레프로스(lepros)'로 표기되었습니다. 그로 인해 사람들은 한센병 환자들을 신의 형벌을 받은 존재로 오해하며 박해한 것입니다. 온갖 차별과 핍박 속에서 살던 한센병 환자들은 19세기 노르웨이의 게르하르 헨리크 아르메우에르 한센Gerhard Henrik Armauer Hansen 박사가 한센균의 존재를 밝혀내며 병의 원인이 신의 형벌이 아닌 세균이라는 것을 알게 되었습니다. 이후로 환자들을 멸시하는 의미가 담긴 '나병'에서 한센 박사의 이름을 딴 '한센병'이라고 부른 것입니다.

오해는 사라졌지만 한센병 환자의 처우는 달라지지 않았습니다. 한센병은 조기 치료와 완치가 가능하고 전 세계 인구의 95%가 자연 저항력을 가지고 있어 전염성이 낮은 병에 속합니다. 다른 감염병에 비해 치사율이 낮은 만성 전염성 질환이기도 하죠. 하지만 근대에 들어서도 한센병에 걸리면 아기 간을 먹어야 낫는다는 등의 괴담이 퍼지면서 여전히 피해야 할 끔찍한 병으로 여겼습니다. 우리나라도 일제강점기에 한센병 환자들을 소록도에 격리했으며 갱생을 이유로 강제 노역에 동원했습니다. 또 유전병이 아님에도 아이를 가지면 강제로 지워야 했죠. 사망 후에는 매장되지 못하고 화장되거나 해부학 실습에 쓰이기도 했습니다. 이처럼 한센병은 인류의 역사와 함께하며 오랜 시간 인간을 괴롭혀 온 세균으로 자리매김했습니다.

유럽 인구의 3분의 1을 죽음으로 내몬 페스트

십자군 전쟁으로 한센병이 유럽을 휩쓴 이후, 14세기 유럽은 새로운 세균의 등장으로 공포에 떨었습니다. 역사상 최악의 의학적 대학살을 일으킨 세균의 정체는 페스트균입니다. 우리나라에서 법정 1급 감염병으로 지정된 페스트균은 림프샘을 통해 혈관으로 들어가 퍼진 뒤 주요 장기의 출혈을 일으키는 세균입니다. 사진은 대표적인 감염 유형인 림프샘 페스트의 증상입니다. 페스트균이 림프샘을 공격해 출혈이 일어나면 심한 고통 후 피부가 괴사합니다. 검게 변한 팔다리의 끝은 끝내 떨어져 나가죠. 이때 치료받지 못하면 60% 이상이 3~5일 만에 사망하는 무시무시한 병입니다. 이렇게 신체 일부가 검게 썩어가면서 고통스럽게 죽기 때문에 검은 죽음의 병이라는 의미로 '흑사병'이라고 부르기도 했습니다. 페스트균의 또 다른 감염 유형인 패혈증형 페스트는 세균이 혈류로 들어가 몸 전체에 퍼지는 것입니다. 패혈성 쇼크, 장기 부전, 사지 괴사 등의 증상이 나타나며 치사율이 100%에 가깝습니다. 페스트균이 폐를 침범하는 폐렴형 페스트는 호흡곤란을 일으켜 빠르게 사망하는 매우 위험한 유형입니다.

14세기 페스트균이 유럽을 초토화한 원인은 이번에도 전쟁이었습니다. 1346년에 몽골은 흑해에 있는 크림반도 남부의 무역항인 카파를 포위하며 전쟁을 일으켰습니다. 이때 중앙아시아 등지의 풍토병이었던 페스트가 카파에 퍼졌습니다. 그리고 1347년 10월, 카파에 살던 이탈리아인들이 전쟁을 피해 시칠리아의 메시나항으로 도망쳤는데 이때 피난민과 함께 페스트균이 전 유럽으로 옮겨 간 것입니다.

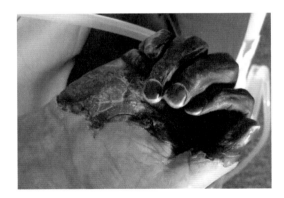
흑사병 증상

이후 페스트균은 7년 만에 이탈리아를 넘어 프랑스, 스페인, 오스트리아, 독일, 노르웨이 등 전 유럽을 집어삼키고 섬나라 영국에까지 퍼져나갔습니다. 당시 프랑스 교황 주치의의 기록에 '서로 쳐다보기만 해도 병이 옮았다'라는 내용이 있을 정도로 위협적인 전염성이었습니다.

페스트균이 이토록 빠르게 유럽 전역에 퍼진 데는 세균을 옮긴 매개체인 쥐벼룩이 존재합니다. 숙주 없이도 흙에서 생존 가능한 페스트균이 초원이나 흙 속에 퍼져 있을 때 그곳을 돌아다니던 쥐가 감염되고, 이 쥐를 쥐벼룩이 물어 다시 감염된 뒤, 쥐벼룩이 또다시 사람을 무는 것입니다. 쥐벼룩이 사람의 노출된 신체 부위를 물면 페스트균은 목, 겨드랑이, 사타구니의 림프샘으로 이동해 증식했습니다. 중세 유럽에서도 페스트균에 감염된 쥐벼룩이 쥐 떼들을 따라 무역선이나 배달 상자 등을 통해 아무런 제약 없이 퍼져나간 것으로 보고 있습니다. 이렇게 페스트균은 지중해의 항구와 대서양 연안의 마을로 점차 확산됐습니다.

그런데 당시 페스트균이 강한 전염성을 보인 데는 한 가지 이유가 더 있습니다. 페스트균이 사람과 사람 사이에 비말로 전파됐다는 것입니다. 페

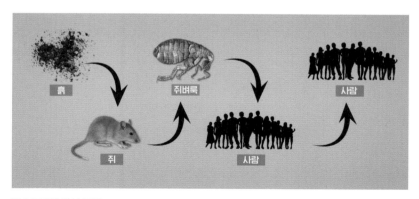

페스트균의 확산 경로

〈죽음의 승리〉

스트균은 사람의 폐까지 들어가게 되는데, 환자가 기침과 함께 피 섞인 가래를 뱉으면 비말을 통해 공기 중으로 나온 페스트균이 다른 사람에게 옮겨가 전염된 것이죠. 이 시기 페스트균으로 인한 피해는 상상을 초월했습니다. 한 역사학자에 따르면 이탈리아, 스페인, 프랑스 남부 등의 일부 지역에서는 인구의 80%까지 희생되었다고 합니다. 7년간 유럽 전역을 휩쓴 페스트균은 중세 유럽 인구의 3분의 1에 해당하는 2억 명가량의 목숨을 앗아갔습니다.

화가 피터르 브뤼헐Pieter Brueghel이 이 시기를 묘사한 그림 〈죽음의 승리〉를 보면 죽음이 마을을 휩쓸며 불타고 있습니다. 왼쪽 멀리에서는 해골 모습을 한 죽음이 큰 종을 치며 죽음의 시간을 알리고, 오른쪽 하단에서는 신마저도 사람들을 버린 듯 죽음의 파도가 사람들을 덮치고 있습니다. 이 그림은 《성경》의 〈계시록〉을 바탕으로 페스트가 14세기에 유럽을 휩쓸고 간 모습을 표현한 것입니다.

르네상스 시대 이탈리아의 작가인 조반니 보카치오Giovanni Boccaccio의 소설집 《데카메론》의 삽화에서도 페스트로 길 위에 시체들이 즐비한 14세기 피렌체의 모습을 확인할 수 있습니다. 당시 유럽인들은 한센병과 마찬가지로 페스트의 원인을 알지 못했습니다. 때문에 이번에도 그 원인을 신의 분노에서 찾았습니다. 다음 글은 이탈리아 피아첸차 출신의 공증인 가브리엘 데 무시스Gabriele de Mussis가 쓴 연대기에 남아 있는 기록입니다.

《데카메론》 속 삽화 〈피렌체의 페스트〉

"날카로운 죽음의 화살이 세상에 떨어져 인간을 급살하라고 명했다. 남녀노소 없이 어떤 누구도 신의 징벌을 피할 수 없을 것이다. 전능한 신의 울부짖는 창은 모든 곳을 공격했고 인류 전체에게 자비 없는 상처를 남겼다."

사람들은 병을 치료하려면 신의 노여움을 풀어야 한다고 생각했습니다. 그래서 종교에 더욱 의지하게 됐죠. 페스트균에 감염된 독실한 신자들 사이에서는 '채찍질 고행단'이라는 것이 유행했습니다. 사람들이 모여서 허리까지 상의를 벗고 얼굴을 가린 채 피가 철철 흐를 때까지 자신의 몸을 때리며 행진하는 것입니다. 이들은 면도나 목욕도 하지 않고, 옷도 갈아입지 않은 채로 금속이 박힌 채찍으로 몸에 상처를 내며 돌아다녔습니다. 자해를 통해서 신을 달래고 사람들을 구원할 수 있다고 생각한 것입니다. 하지만 이런 집단행동은 오히려 페스트균을 빨리 퍼트리는 역할을 했습니다.

이 시기 의사들은 나름의 연구를 통해 환자들을 상대로 사혈 치료를 했습니다. 나쁜 피를 뽑아내기 위해 뜨겁게 달군 쇠로 림프샘을 절개하거나 정맥을 째서 피를 흘리게 하는 방법이었죠. 이 역시 과다 출혈과 세균 감염으로 더 많은 사람을 죽음으로 내몰았습니다. 이 외에도 마법의 단어가 적힌 종이를 가지고 다니거나, 살아있는 닭의 털을 뽑아 맨살을 환부에 바르기, 뱀을 잘게 썰어 문지르기, 대변 바르기 등 황당한 치료법이 유행했다고 합니다.

전 유럽에 치명상을 입힌 페스트는 아이러니하게도 유럽 사회의 패러다임을 바꾸는 데 큰 영향을 미쳤습니다. 인구가 감소하면서 일할 사람이 부족해지자 상류층이 부리던 하인과 노동자들이 스스로 고용주를 선택하기 시작한 것입니다. 또한 신분이나 출신, 가문의 허울에 얽매이지 않고 각 분야에서 새로운 인재들이 등장하며 봉건 제도가 몰락하는 계기가 됐습니다. 무엇보다 중요한 변화는 많은 사람이 신과 종교를 의심하기 시작했다는 사실입니다. 신에게 아무리 기도해도 페스트가 끝나지 않자 절대적이라고 믿었던 신과 종교에 대한 믿음에 균열이 생긴 것입니다. 이는 종교개혁의 불씨가 되었고, 인본주의의 단초를 제공했습니다. 강력한 세균 감염병인 페스트의 대유행으로 유럽 사회는 전환기를 맞이하고 거대한 도약을 이루었습니다.

대항해 시대의 욕망이 불러온 매독

이제 유럽은 오랫동안 유지해 온 신의 세계에서 벗어나 인간의 욕망이 새로운 시대를 일궈나가는 변혁의 시간을 맞이했습니다. 그리고 이 변화는 예상치 못했던 세균과의 전쟁으로 이어졌습니다. 인간의 욕망이 불러온 첫 번째 세균 감염병은 성욕에서 비롯한 '매독'입니다. 다음은 이 병의 증상과 원인을 설명해 놓은 기록입니다.

> "고름이 가득한 물집이 둥근 띠 모양으로 번져 나가고 온몸에서 악성 피부 낭창이 발견된다. 이런 질병은 두창이 있는 사람이 전날 누웠던 침대에 눕거나 함께 누워도 생길 수 있고, 특히 다른 사람과 색욕의 죄를 저질렀을 때 생긴다."

매독이란 주로 성 접촉으로 전파되는 감염병으로, 학명은 '트레포네마 팔리둠'입니다. 이 책에서는 편의상 매독균이라고 하겠습니다. 몸 안에 들어간 매독균은 용수철처럼 꼬인 형태를 이용해 회전운동으로 더 깊은 조직에 침투합니다. 와인 오프너의 스크루가 코르크 마개를 파고드는 원리와 같죠.

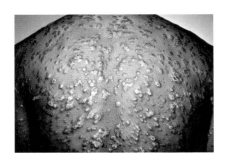

매독 증상

게다가 한번 숨어들면 면역 체계의 눈에 잘 띄지 않기 때문에 방해받지 않고 염증 반응을 유도하는 물질을 마음껏 뿜어낼 수 있습니다.

이 세균의 이름이 매독인 이유는 증상에서 짐작할 수 있습니다. 사진에서 보듯이 피부 궤양이 매화꽃과 비슷하다고 해서 '매화나무 매(梅)' 자에 '독 독(毒)' 자를 써서 매독이라고 부르는 것입니다. 매독 증상은 3단계로 나타나는데 감염 후 3주 이내 성기 주변에 발생하는 무통성 피부 궤양이 1기 매독입니다. 이는 한 달쯤 지나면 저절로 없어지는데 이때 매독균이 온몸으로 퍼지고 서너 달 후에 피부 발진이나 근육통이 전신에 나타나는 2기에 진입합니다. 종종 탈모가 오기도 합니다. 이런 증상도 3개월 안에 사라집니다. 이제 매독균은 내부 장기로 들어갑니다. 뇌로 들어가서 치매, 신경쇠약을 불러오거나 시력과 청력을 잃게 만듭니다. 뼈에 들어가 괴사를 유발하기도 하죠. 이러한 3기 매독 증상 이후 환각에 시달리다가 이내 사망하는 것입니다.

매독에는 후천성 매독과 선천성 매독이 있습니다. 후천성 매독은 90% 이상이 성 접촉으로 감염되지만, 매독균이 궤양에 직접 접촉해 감염되기도 합니다. 예를 들면 입안에 궤양이 생긴 사람이 매독에 걸린 사람과 입맞

춤을 해 매독균이 옮는 것입니다. 또 매
독 환자의 피를 수혈해도 전염되는데, 우
리나라는 혈액을 엄격하게 선별하기 때
문에 이렇게 걸릴 확률은 거의 없습니다.
선천성 매독은 매독균의 무서운 특징 때
문에 감염되는 것입니다. 산모가 매독균
을 가지고 있으면 태반을 통해 매독균이

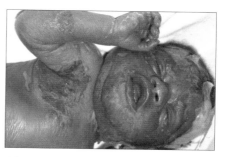

선천성 매독에 걸린 신생아의 수포성 발진

침범해서 태아에게 감염을 일으키는 것이죠. 사진은 매독균에 의해 심각한
수포성 발진을 가지고 태어난 아기와 매독균이 뼈로 침범해 안면 장애를
얻은 아이의 모습입니다. 선천성 매독은 발생률이 100%에 가깝고 사산 또
는 신생아 사망률이 40%에 이르는 치명적인 질병입니다.

　이렇게 무서운 매독균이 15세기 유럽을 덮쳤고 500만 명이 사망할 만큼
대유행했습니다. 매독이 유럽에 퍼진 계기는 대항해 시대를 연 탐험가 크

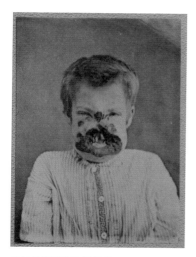

선천성 매독으로 인한 안면 장애

리스토퍼 콜럼버스Christopher Columbus입니다.
102쪽의 그림은 1492년에 콜럼버스가 신대륙을
발견한 이후 유럽과 아메리카 대륙이 교환한 물
품 목록을 나타낸 것입니다. 당시 아메리카에서
유럽으로 담배와 고구마, 후추, 감자 등이 넘어
갔으며, 유럽에서는 밀, 쌀 등의 곡식과 소와 양
등의 가축, 바나나와 포도 등의 과일을 아메리카
에 전파했습니다. 두 세계 간의 접촉과 왕래를
'콜럼버스의 교환'이라고 합니다.
그런데 두 대륙이 주고받은 것은 무역품만이 아니

었습니다. 의도치 않게 감염병을 교환하게 된 것입니다. 사람들 간의 교류가 이루어지면서 유럽에서 아메리카로 천연두, 홍역 등의 바이러스가 전파됐고 아메리카에서는 매독균이 유럽으로 전파되었습니다. 대륙의 발견과 문명의 교류가 질병 교환의 통로가 된 셈이죠.

콜럼버스의 교환에 따르면 15세기 아메리카에는 이미 매독균이 퍼져 있었습니다. 이는 인간의 욕망이 불러온 끔찍한 결과라고 할 수 있습니다. 콜럼버스가 매독균을 옮겨왔다고 주장하는 이유는 그가 신대륙을 발견한 후 유럽으로 귀환할 당시 그 배에 타고 있던 의사가 남긴 기록 때문입니다.

"크리스토퍼 콜럼버스 제독은 섬에 머무는 동안 주민들과 관계를 가졌다. 그가 그 섬을 발견하고 돌아온 후 원래 전염력이 강한 이 병은 아주 빨리 퍼졌으며 머지않아 그의 함대에도 환자들이 생겨났다."

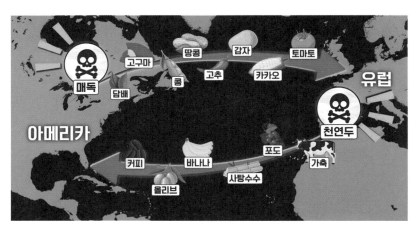

콜럼버스의 교환

당시 의사는 이 병을 난생처음 봤으며 신대륙에서 걸려온 것 같다고 진단했습니다. 이후 선원 중 한 명이 스페인에서 처음 매독으로 사망한 것을 시작으로 유럽에 퍼진 것입니다.

이때 프랑스 왕이었던 샤를 8세Charles VIII가 1495년에 이탈리아를 침공한 것을 계기로 매독은 더욱 빠르게 확산됐습니다. 샤를 8세는 이탈리아 남부 나폴리왕국의 영유권을 주장하며 5만 대군을 이끌고 나폴리를 침공했습니다. 당시 이탈리아는 밀라노, 베네치아, 피렌체, 나폴리, 교황령으로 뿔뿔이 나뉘어 힘이 분산된 상태였죠. 덕분에 샤를 8세는 전투에서 가볍게 승리하고 나폴리 왕으로 즉위했습니다.

그러자 이에 위협을 느낀 이탈리아의 다른 지역들이 동맹을 결성하면서 또 한 번의 전투가 벌어졌습니다. 이때 프랑스군 의무병들은 다친 병사들을 처치하다가 몸이 고름으로 뒤덮인 증상을 발견했습니다. 몇몇 병사들은 사망했고 살아남은 이들도 고통스러워했죠. 조사해보니 이들에게는 한 가지 공통점이 있었는데 매독균에 감염된 여인들과 관계를 맺었다는 것입니다. 프랑스군 내에 매독균이 퍼져가면서 병사 수는 점점 줄었고, 전선에서 이탈리아 연합군의 기세에 밀리기까지 하면서 샤를 8세는 끝내 프랑스로 퇴각할 수밖에 없었습니다. 이후 프랑스 시민의 3분의 1이 매독에 걸렸다는 말이 있을 정도로 프랑스는 매독균에 잠식되기 시작했습니다.

샤를 8세의 퇴각 이후 매독균은 프랑스뿐 아니라 전 유럽에까지 급속도로 퍼졌습니다. 당시 프랑스가 이끌었던 5만 대군은 프랑스뿐 아니라 스위스, 스페인, 독일, 영국, 폴란드 등 유럽 각지에서 모집한 용병들로 꾸렸기 때문입니다. 전쟁이 끝나자 매독균에 감염된 용병들은 각자 고향으로 흩어졌고, 유럽 전역에서 매독균의 N차 감염이 일어나게 되었습니다. 이 시기에는 성병을 전문으로 치료하는 병원들이 우후죽순 생겨날 정도로 매독이 유행했다고 합니다.

사진은 매독 3기 증상이 나타난 환자로, 매독균이 두피에 침범해 궤양을 만든 모습입니다. 당시는 풍성한 머리카락이 건강과 권위의 상징이었던 시대였기에 두피에 생긴 문제는 이미지에 큰 타격을 줄 수밖에 없었죠. 매독 환자들은 몸의 발진은 옷으로 가리고 머리와 얼굴의 상처는 가발로 가렸습니다. 향이 나는 파우더를 가발에 뿌려 냄새를 감추기도 했습니다. 반대로 매독에 걸리지 않은 사람들은 자신이 매독균에 감염되지 않았음을 증명하려고 애썼습니다. 여성들은 앞가슴과 등이 깊게 파인 옷을 입고 피부에 매독으로 인한 발진이 없다는 것을 당당히 자랑하고 다녔다고 합니다.

앞서 페스트로 많은 사람이 목숨을 잃었던 유럽에는 '현재를 즐기자'라는 쾌락주의가 만연했습니다. 군인, 귀족뿐 아니라 교황까지도 방탕한 생활을 즐겼습니다. 특히 영토 확장을 위한 전쟁광으로 '전사 교황'이라 불리던 율리오 2세Iulius II의 주치의는 "교황의 신체 중 끔찍하고 사악한 정욕의 상징으로 뒤덮이지 않은 부분이 거의 없다"라고 말하기도 했습니다. 신도들이 교황의 발에 입을 맞추는 의식이 있었는데 매독에 걸린 교황이 종기로 뒤덮인 발을 내밀지 않아 신도들이 실망한 채 돌아가는 일도 있었죠. 프랑스의 작가 알퐁스 도데Alphonse Daudet도 17세에 매독에 걸려 고생한 것으로 알려져 있습니다.

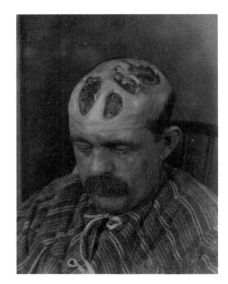
3기 매독 증상인 두피 궤양

또한 성적으로 매우 방탕한 삶을 살았던 소설가 모파상Maupassant은 매독의 증상을 다음과 같이 묘사했습니다.

"내 뇌는 점점 물렁물렁해지고 있습니다. 밤이면 뇌가 끈적끈적한 액체 상태로 변해서 제 입과 코를 통해 밖으로 흘러나옵니다. 제 말은 죽음이 눈앞에 다가왔다는 말입니다."

이는 전형적인 3기 증상으로 모파상은 매독 때문에 정신 착란을 겪었다고 합니다. 화가 빈센트 반 고흐Vincent van Gogh가 광기의 인생을 산 원인 중 하나도 매독에 따른 정신 착란이었을 것으로 추정합니다. 또 인상파 화가 에두아르 마네Édouard Manet는 다리를 절단하는 수술을 받고 후유증으로 사망했는데 매독 합병증으로 다리가 괴사했다는 이야기가 있습니다. 화가뿐만 아니라 슈베르트Schubert, 슈만Schumann과 같은 작곡가도 매독을 앓았던 것으로 짐작합니다.

이렇게 많은 사람이 매독균에 시달렸음에도 그 원인은 20세기가 돼서야 밝혀졌습니다. 그전까지는 제대로 된 치료법도 존재하지 않았습니다. 18세기에는 매독을 이겨내기 위해 나름의 치료법이 유행하기도 했는데 놀랍게도 수은을 바르는 것이었습니다. 106쪽의 그림은 병원에서 환자들이 다리와 머리에 수은 치료를 받는 모습입니다. 그림 위에 적힌 문장 'The martyrdom of mercury(수은의 순교)'는 그만큼 수은 치료가 고통스럽다는 것을 의미합니다. 수은은 독성이 강한 중금속으로 인체에 매우 해로워 치료는커녕 질식과 현기증, 정신 착란을 일으켰습니다. 최악의 수은 치료는 20~30일간 수은 증기를 들이마시는 훈증 요법이었는데, 혀에 설염이 생기

수은 치료

고 이가 빠지기도 했습니다. 그럼에도 의사들은 계속해서 수은 처방을 내렸습니다. 급성 수은 중독으로 피를 쏟으면 매독을 일으키는 나쁜 성분이 배출된다고 믿었기 때문입니다.

수치스러운 병으로 여기던 매독은 제대로 된 치료법도 없는 음지의 병이 되었습니다. 콜럼버스 이후 대항해 시대가 열리며 매독균은 무역 항로를 따라 유럽에서 인도를 거쳐 아시아까지 빠른 속도로 전파됐습니다. 1495년 유럽에서 확산한 매독이 명나라를 거쳐 조선에 닿은 시기가 1521년쯤이었으니 30년도 안 된 사이에 아시아까지 퍼진 것입니다. 이때 매독은 각 나라에서 서로 다른 이름으로 불리기 시작했습니다. 프랑스는 나폴리에서 옮겨 왔다며 '나폴리병'이라고 불렀고, 반대로 이탈리아에서는 '프랑스병'으로, 폴란드는 '독일병', 러시아는 '폴란드병'으로 불렀습니다. 또 조선에서는 중국에서 온 병이라 하여 '당창, 당음, 광둥창' 등으로 불렸고 일본에서도 마찬가지였습니다. 매독에 서로 다른 나라의 이름을 붙인 것은 사람들이 매독을 부끄러운 병이라 생각했기 때문입니다.

특히 종교계는 성욕 때문에 천벌을 떠안는 것이라고 비판하는가 하면 매춘부를 원흉으로 여겨 강제 입원시키기도 했습니다. 르네상스 시대 가톨릭 사제이자 철학자인 데시데리위스 에라스뮈스Desiderius Erasmus는 "매독에 걸린 남성을 거세하는 것이 좋다는 믿음이 있다"라는 말까지 했습니다. 그러다 보니 매독에 걸리면 온몸에 드러나는 증상으로 고통에 시달리는 동시에 성욕에 빠졌다는 낙인이 찍히는 수치심도 느껴야 했습니다.

그런데 최근에는 신대륙 발견 이전부터 매독균이 유럽에 존재했다는 설이 부상하고 있습니다. 2020년에 핀란드와 에스토니아, 네덜란드에 있는 유적지에서 매독에 걸린 것으로 의심되는 유골이 발견됐는데, 분석해 보니 일부 균주가 15세기보다 훨씬 이전에 존재한 것으로 추정된다는 연구 결과가 나온 것입니다. 하지만 매독의 '신대륙 기원설'과 '유럽 내재설' 모두 충분한 근거가 없기에 여전히 논쟁 중입니다.

20세기에 치료제를 개발한 이후 매독 발생이 감소했으나, 최근 일본과 우리나라에서 매독 환자가 급증하고 있습니다. 108쪽의 그래프를 보면 일본은 지난 10년간 10배나 매독 발생이 증가하며 성병 전문의가 부족하다는 말까지 나왔고, 우리나라도 최근 3년간 매독으로 인한 병원 진료가 꾸준히 늘고 있습니다. 전문가들은 매독 환자가 증가한 원인으로 데이트앱이나 SNS를 통한 무분별한 만남을 지목했습니다. 특히 매독은 생식기 주변 피부에 궤양이 발생하는 경우가 있어 피임 도구만으로는 감염 위험을 줄이기 어렵습니다.

일본과 한국 매독 발생 추이

　사실 매독균은 인간의 의지로 박멸이 가능한 세균입니다. 매독에 걸린 환자가 치료를 받으면 없앨 수 있죠. 하지만 사람들은 은밀한 감염 경로 때문에 매독을 부끄러운 병이라 여겼고 제대로 치료받지 않는 경우가 많습니다. 결국 인간의 원초적 욕망에 편승한 매독균은 그 생명력을 유지하면서 오랜 시간 인류를 괴롭히고 있습니다.

영국의 제국주의가 확산시킨 콜레라

　인간의 욕망이 불러온 세균 감염병은 여기서 멈추지 않았습니다. 제국주의 시대에 벌어진 정복에 대한 욕망과 무분별한 산업 발전이 또 다른 감염병인 콜레라를 만들어낸 것입니다. 콜레라는 1817년에 1차 팬데믹을 시작으로 150여 년간 7차 팬데믹을 일으켰습니다.

　콜레라균은 꼬리가 긴 쉼표처럼 생겼습니다. 뒤에 달린 채찍 같은 부분을 '편모'라고 하는데, 이것을 움직이며 헤엄치죠. 이 콜레라균이 가장 많이 사는 곳은 물속입니다. 그래서 오염된 물이나 음식을 먹으면 콜레라균에 감염됩니다. 우리 몸에 들어온 콜레라균은 위장을 통과한 후 소장 벽에 달라붙어 강력한 독소를 내뿜습니다. 이때 대량의 수분을 배출하도록 자극하면서 설사를 유발하는 것입니다. 심할 경우 하루 20리터에 달하는 수분을 잃을 수 있습니다. 따라서 콜

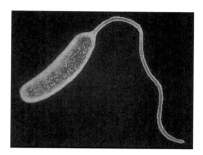

콜레라균

레라에 걸린 사람들은 심각한 탈수 증상으로 죽음에 이르기도 합니다.

그래서 콜레라가 많이 발생하는 아프리카 지역의 콜레라 병동에는 특이한 침대가 있습니다. 사진처럼 침대에 구멍을 뚫어 놓은 것은 움직이지 못할 만큼 심한 설사가 계속되기 때문입니다. 그러다가 탈수 증상으로 혈압과 체온이 급격히 떨어지고 근육 경련, 신부전, 혼수상태 등을 거쳐 몇 시간 만에 사망에 이를 수 있습니다. 건강한 성인이라도 제대로 치료받지 않으면 절반 이상이 목숨을 잃으며 노약자의 치사율은 90%에 달합니다.

원래 콜레라는 인도 갠지스강 유역의 풍토병이었습니다. 인도 갠지스강 유역의 주민들은 강물에 콜레라 환자의 옷을 세탁하고 배설물을 버리기도 했습니다. 심지어는 그 물을 마시기까지 했죠. 오염된 환경에서 콜레라는 인도를 장악했고 19세기에만 1,500만 명이 사망했습니다. 그런데 이때 식민지 침탈을 위해 인도를 점령하고

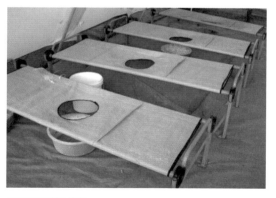

콜레라 환자용 침대

있던 영국군이 콜레라균에 감염된 것입니다. 다음은 당시 인도에서 군대를 이끌던 헤이스팅스Hastings 후작의 기록입니다.

"무서운 질병이 갑자기 덮쳐 수많은 불쌍한 병사들이 앓아눕는 바람에 행군은 끔찍하기 이를 데 없었다. 환자 수송용 마차에 실린 채 죽어간 사람이 부지기수였고, 빨리 수송하면 목숨을 건질지도 모르는 사람을 태우기 위해 시체를 마차 밖으로 던져버릴 수밖에 없었다. 어제 해가 진 뒤로 죽은 병사만 500명이 넘는다."

영국은 이런 상황에서도 인도를 무역의 거점으로 삼고 도로와 철도, 항구 등 각종 교통수단의 개발을 멈추지 않았습니다. 그러는 사이 각국에서 온 상인과 행정가, 군인들이 이곳을 왕래하며 삽시간에 콜레라가 퍼졌습니다. 인도에서 시작해 영국군에 의해 중동과 중앙아시아를 휩쓸었고, 이후 러시아를 넘어 유럽 전체에 무서운 속도로 번져나갔죠. 인도의 풍토병이던 콜레라를 세상 밖으로 퍼트린 것은 제국주의의 정복욕이었습니다.

콜레라가 유럽에 전파되기 시작한 1831년, 이집트 카이로에서는 총인구의 13% 이상이 사망했고, 헝가리에서도 최대 10만 명이 사망한 것으로 추정합니다. 그림은 콜레라에 걸린 오스트리아의 환자로 당시 상황이 얼마나 심각했는지 짐작할 수 있습니다. 20대 초반 여성이던 환자는 왼쪽의 평소 모습에서 콜레라에 걸린 지 1시간 만에 오른쪽처럼 변했다고 합니다. 심한 탈수로 수척해졌고 모세혈관까지 파열돼 피부가 검푸른색이 됐죠. 여성은 이로부터 4시간 뒤 사망했습니다.

러시아 상트페테르부르크는 콜레라 환자들을 엄격히 격리해 왔습니다.

콜레라에 걸린 여성

하지만 사망자가 10만 명에 달하며 병을 억제할 수 없게 되자 환자들이 병원을 습격하고 의사들을 살해하기도 했습니다. 이에 대포로 무장한 군인을 동원해 폭동을 진압했다고 합니다.

112쪽의 그림은 1832년에 실린 프랑스의 만평입니다. 콜레라의 징후인 검푸른색 피부를 가진 가운데 남자는 콜레라를 의인화한 것으로 보입니다. 그 앞의 여성은 프랑스 혁명을 상징하는 빨간 프리기아 모자를 쓰고 있어 프랑스를 상징하죠. 아래 두 남자는 배를 움켜쥔 채 죽어가고 있습니다. 그림처럼 1820년~1830년대 프랑스에서는 콜레라로 10만 명이 목숨을 잃었습니다. 이렇게 전 유럽에 콜레라가 창궐했던 시기, 제국주의의 욕망에 사로잡혀 콜레라를 퍼트린 영국은 그 부메랑을 직격탄으로 맞아야 했습니다.

인도에서 영국으로 들어온 콜레라균이 급속도로 확산한 원인 역시 인간의 욕망과 관련이 있습니다. 이 시기는 영국에서 산업혁명이 한창이던 때

프랑스의 콜레라 만평

로 기술 발전과 함께 도시의 인구수가 폭발적으로 증가했습니다. 일거리를 찾아 런던으로 몰려든 사람들은 비좁은 방, 물이 새는 지하실 등에서 빽빽하게 모여 살았습니다. 이 같은 주거환경의 가장 큰 문제는 화장실이었습니다. 정화 시설이 거의 없던 상황에서 사람들이 배설물을 거리나 도랑으로 연결된 오물 구덩이에 버린 것입니다. 어느새 런던의 하수도에는 오물과 도살장의 폐기물, 심지어 시체까지 쏟아져 들어갔고 모든 것은 런던의 템스강으로 흘러갔습니다. 그림은 영국의 만화가였던 윌리엄 히스William Heath가 오염이 극심했던 템스강을 풍자한 것입니다. 한 여성이 템스강에서 퍼낸 물컵을 들여다보니 그 안에 온갖 세균이 득실거리는 모습입니다. 히스는 독성이 강한 템스강을 '괴물 수프'라고 표현했습니다.

당시 런던 시민들은 더러운 템스강의 물을 식수원으로 활용했습니다. 자신들이 내다 버린 오물에 오염된 물을 정수 처리도 하지 않은 채 먹었고 그 물로 빨래도 했습니다. 템스강은 죽음의 강으로 전락할 수밖에 없었죠. 산업혁명으로 인한 수질 오염과 위생 관념의 부족으로 1832년에 런던에서만 2만 명이 콜레라로 사망했습니다. 이후 콜레라는 주기적 유행을 반복했고, 1848년에는 1만 5,000명이 사망하는 비극을 낳았습니다.

그러자 두 손 놓고 있을 수만은 없었던 영국 의사들은 각종 치료법을 연구하기 시작했습니다. 이때 한 의사가 기름을 칠한 코르크 마개로 환자의

괴물 수프

항문을 막자고 제안했습니다. 배설물이 몸 밖으로 빠져나오지 않게 하자는 것이었죠. 폭포수 같은 설사는 콜레라의 대표적인 증상으로, 시도 때도 없이 갑자기 찾아오는 설사 때문에 환자들은 주변의 혐오 섞인 시선을 견뎌야 했습니다. 그래서 생각한 방법이 항문을 막는 것이었습니다. 이때 의사들이 절박한 심정으로 환자의 항문에 코르크 마개를 밀어 넣었다는 이야기가 전해질 정도입니다. 문제는 설사 치료에서 중요한 점이 설사를 강제로 멈추게 하면 안 된다는 것입니다. 몸 밖으로 반드시 내보내야 하는 독소가 있는데 항문을 막으면 독소가 몸에 쌓여 장이 거대하게 확대되거나 장천공이 생깁니다. 또 세균이 복막염을 일으켜 패혈증까지 일으키는 위험한 방식이었습니다.

그러던 중 1854년에 콜레라균 해결책의 실마리를 찾게 됐습니다. 그해 런던 소호에서는 콜레라로 불과 몇 주 만에 600명 이상이 사망하는 참혹한 사건이 벌어졌습니다. 당시 사람들은 콜레라의 원인을 오염된 공기라고 생각했는데, 무통 분만을 개발한 마취통증의학과 의사인 존 스노John Snow의 생각은 달랐습니다. 공기가 원인이라면 환자와 친하게 지내는 사람이 모두 병에 걸려야 하는데 그렇지 않았고, 환자와 접촉한 적 없는 사람도 콜레라균에 감염됐기 때문입니다.

스노는 콜레라의 원인을 알아내기 위해 직접 조사에 나섰습니다. 런던 소호의 지도를 펼쳐놓고 콜레라로 사망한 사람들의 거주지를 표시한 것입니다. 그 결과 브로드가를 중심으로 사망자가 몰려 있다는 사실을 발견했습니다. 그리고 환자들이 브로드가에 있는 펌프에서 물을 길어 마셨다는 사실도 알아냈죠. 그런데 빈민들이 모여 사는 구빈원(workhouse) 사람들은 소수만 콜레라에 걸렸고, 양조장(brewery) 건물에서는 단 한 명도 콜레라에 걸리지 않은 것입니다. 알고 보니 구빈원은 자체적으로 이용하는 우물이 있었고 양조장에서는 직원들이 물 대신 맥주를 마시고 있었습니다.

조금씩 실마리를 찾아가던 이때 브로드가에서 꽤 떨어진 지역인 햄프스테드에서 콜레라 환자가 발생했습니다. 스노는 환자를 직접 찾아갔고, 그에게서 브로드가 펌프의 물맛이 좋아서 일부러 멀리까지 와서 물을 떠다 마셨다는 대답을 들었습니다. 상황을 종합해 보면 브로드가의 펌프에서 나온 물이 오염됐고 이 물을 마신 사람들이 콜레라에 걸린 것이었습니다. 스노는 보건 당국을 찾아가 이 펌프의 사용을 중단할 것을 요청했습니다. 보건 당국이 펌프의 손잡이를 제거하자 놀랍게도 소호 지역의 콜레라가 잦

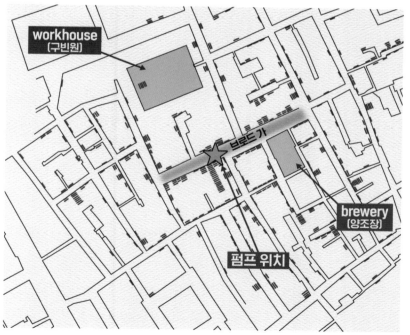

존 스노의 런던 소호 지도

아들었습니다.

이 사건은 인류 최초의 역학 조사로 기록됐습니다. 아이러니하게도 콜레라 팬데믹의 주원인을 제공했던 영국이 콜레라가 물에 의한 수인성 질병이라는 사실까지 밝혀낸 것입니다. 사람들은 콜레라의 원인이 오염된 물이라는 중요한 사실을 알게 됐고, 위생 관념이 생기면서 식수와 하수를 구분했습니다. 영국은 오래된 하수처리장을 청소하는 등 더러운 도시를 깨끗하게 정화하는 데 집중했습니다. 현재 브로드가에는 이 업적을 기리는 펌프가 남아 있습니다.

콜레라가 유럽 전역을 휩쓸면서 각국은 전염병에 대한 국제적 공조의 필요성을 깨달았습니다. 1851년에 최초의 근대적 국제보건회의가 프랑스 파리에서 열렸고, 1892년에는 세계보건기구(WHO)의 전신인 「국제보건헌장」이 제정됐습니다. 질병에 휘둘리기만 하던 인류가 콜레라를 계기로 질병에 맞서기 시작한 것입니다. 콜레라는 인간이 정복할 수 있다는 가능성을 얻은 최초의 감염병입니다. 하지만 콜레라의 악몽은 지금도 계속되고 있습니다. 전 세계 20억 명의 사람들이 위생시설이 없는 열악한 환경에서 오염된 물을 마시며 콜레라균에 노출되어 있기 때문입니다.

자본주의의 욕망이 확산시킨 결핵

산업혁명 시기에 자본주의를 향한 욕망이 낳은 또 다른 감염병은 인류 역사상 가장 많은 사망자를 낸 결핵입니다. 지난 200년간 10억 명이 넘는 사람의 목숨을 앗아간 결핵균은 1만 년 전부터 인체에 침투한 것으로 알려져 있습니다. 기침이나 숨을 내쉴 때 공기 중에 퍼지는 비말에 의해 전파되는 결핵균은 함께 사는 사이에 주로 전파되곤 합니다. 결핵균이 살기 위해서는 풍부한 산소가 필요하므로 숨을 들이마실 때 사람의 폐로 들어가 감염을 일으키는 것입니다. 결핵에 걸렸을 때 나타나는 증상은 심한 기침과 오한, 식은땀, 가래, 각혈 등입니다. 결핵균은 이러한 증상으로 기력을 소모시켜 극도로 쇠약한 상태까지 몰고 가기 때문에 19세기에는 '소모병'으로 부르기도 했습니다.

적은 확률이지만 결핵균은 폐가 아닌 다른 장기를 침범하기도 합니다. 림프샘에 침범하면 부어오르다가 피부 쪽으로 터져 고름이 흘러나오기도 하고, 뼈에 침범하면 결핵성 골수염이 나타나기도 하죠. 사진은 고대 로마의 도시인 폼페이에서 화산 폭발로 사망한 남성의 허리뼈로, 분석 결과 사망 전 결핵을 앓은 것으로 확인됐습니다. 척추 중 하나에서 결핵성 척추염 흔적이 발견된 것입니다. 뼈에 구멍이 뚫린 부분으로, 결핵균이 뼈에 침범하면 심한 통증과 척추 변형을 일으켜 신체가 마비되기도 합니다.

세계보건기구는 전 세계 인구의 3분의 1 정도가 결핵균에 감염돼 있다고 발표한 바 있습니다. 그런데 감염자의 10% 정도만 아플 뿐 나머지는 결핵균을 보유했지만 증상은 없는 '잠복 감염' 상태입니다. 건강한 사람은 면역계가 결핵균을 제압하기 때문입니다. 반대로 영양실조에 걸리거나 면역 기능이 떨어지면 결핵균이 활동하기 시작합니다. 그래서 결핵을 '가난한 자들의 질병'이라고 부르기

폼페이 유적에서 발견한 결핵성 척추염

도 합니다.

산업혁명 시기, 노동자들의 열악했던 근로환경은 결핵균이 활개 칠 조건을 만들어주었습니다. 수많은 사람이 비좁은 공장에서 오염된 공기와 먼지를 마시며 일했는데, 특히 산업혁명의 원동력이 된 석탄을 채굴하는 광산에서는 바람도 통하지 않는 갱도에서 수많은 광산 노동자가 분진을 들이마시며 일했습니다. 결핵균은 자외선에 약해서 햇빛을 받으면 전염력이 떨어지는데 대부분의 공장은 환기가 안 되고 햇빛도 차단해 결핵균이 3~4개월을 공기 중에 떠다니며 살 수 있었던 것입니다. 게다가 과도한 노동에 시달리며 영양상태가 안 좋아 면역 기능이 떨어진 노동자들은 결핵 발병률이 높을 수밖에 없었죠. 이러다 보니 19세기 초 유럽 인구의 7분의 1이 결핵으로 사망했다는 연구가 있을 정도로 결핵균의 확산은 절정을 이뤘습니다.

그런데 아이러니하게도 창백한 얼굴과 야윈 몸, 붉은 입술 등 결핵 환자의 외모를 동경하는 사람들이 생겨나더니 이런 모습을 따라 하는 문화가 유행처럼 번지기 시작했습니다. 결핵에 걸리면 살이 빠지고 얼굴이 창백해지는데 이런 외모가 19세기 낭만주의 시대에 추구하던 미인상과 맞아떨어진 것입니다. 이 시기 발간한 영국의 패션지 〈보 몽드〉에 실린 그림을 보면 결핵이 당대 미의식에 큰 영향을 미친 것을 확인할 수 있습니다. 코르셋으로 잘록한 허리를 강조해 야윈 체형을 만들고 볼륨감 있는 치마를 입어 상체를 더욱 말라 보이게 했습니다. 이들의 자세가 구부정한 것도 결핵 환자를 따라 했기 때문입니다. 화장법 역시 피부를 더 하얗게 만들고 입술을 붉게 물들여 결핵에 걸린 듯한 이미지를 연출했습니다. 창백하게 보이려고 얼굴에 쌀가루를 끼얹는 게 유행했다는 이야기도 있죠.

그런데 이들이 동경한 창백한 모습은 사실 죽음의 그림자였습니다. 결

영국 패션지에 실린 여인들

핵은 오랜 기간 얼굴이 하얗게 질려서 천천히 고통스럽게 죽어가는 병이기 때문입니다. 산업혁명이 퍼뜨린 '하얀 페스트'라고도 불린 결핵의 증상은 아름다워지고 싶다는 인간의 욕망에 가려 진실이 왜곡되고 말았습니다.

이 시대의 화가들도 꿈꾸는 듯한 표정과 기력 없이 우수에 잠긴 눈빛 때문에 결핵에 걸린 여성을 모델로 선호했습니다. 프랑스의 화가 장프랑수아 밀레Jean-François Millet는 초상화를 그려준 여인 폴린과 사랑에 빠져 결혼까지 했습니다. 하지만 폴린은 결핵에 걸렸고 몇 년 사이 야위고 창백해졌습니다. 그녀는 밀레가 마지막 초상화를 완성하고 몇 개월이 지나 세상을 떠났습니다. 19세기 미국을 대표하는 화가 애벗 세이어Abbott Thayer 역시 결핵으로 죽은 아내를 모델로 그림을 그렸습니다. 그는 마지막 순간까지 아름다웠던 아내의 모습을 〈천사〉라는 작품으로 남겼습니다.

당대 화가들이 결핵 환자를 그렸던 것처럼 예술가들도 결핵을 선망의 대상으로 삼았습니다. 잔기침을 하며 창백한 얼굴로 작업에 몰두하는 모습이

결핵에 걸리기 전의 폴린(1841)

결핵에 걸린 폴린(1844)

〈천사〉, 애벗 세이어(1887)

야말로 진정한 천재 예술가라고 생각한 것입니다. 영국의 낭만파 시인 조지 고든 바이런George Gordon Byron이 남긴 말은 당시의 분위기를 보여줍니다.

"기왕 죽을 거라면 결핵으로 죽고 싶다. 그래야 모든 여성이 '저 불쌍한 바이런 좀 봐요. 죽어가는 모습이 얼마나 매력적인지'라고 할 것이 아닌가."

당시 결핵은 노동자 외에 집에 틀어박혀 글을 쓰던 작가나 예술가들이 주로 걸렸습니다. 피를 토하며 죽기까지는 길게 몇 년이 걸렸기에 그동안 작품 활동을 할 수 있었습니다. 소설《폭풍의 언덕》을 쓴 에밀리 브론테 Emily Brontë는 동생이 결핵을 앓는 것을 보고 "내 생각에 결핵은 아름다운 질병이다"라고 말했는데 이후 그녀도 결핵으로 숨졌습니다. 이 외에도 작가 로버트 루이스 스티븐슨Robert Louis Stevenson, 작곡가 쇼팽Chopin 등이 결핵으로 요절하며 천재들이 걸리는 병으로 불리기도 했습니다.

이 시기 사람들이 결핵을 동경하기만 한 것은 아닙니다. 결핵이 죽음에 이르는 병이라는 것을 알기에 환자들의 외모를 공포의 대상으로 여기기도 했습니다. 19세기 유럽과 미국에서는 창백한 얼굴로 피를 토하기도 하는 결핵 환자의 얼굴이 뱀파이어와 닮았다며 두려워했습니다. 일부 사람들은 결핵에 걸려 죽은 환자가 뱀파이어로 깨어나 산 사람의 피를 빨아먹으며 병을 전염시킨다고도 믿었죠. 결핵의 확산세가 두려운 일부 사람들은 결핵으로 사망한 사람의 무덤을 파헤쳐서 장기를 태우는 일까지 벌였습니다. 그렇게 해야 영혼까지 죽고 다시는 깨어나지 못해 병을 전염시키지 않을 거라고 믿은 것입니다.

그렇다면 이런 황당한 일을 벌여야 할 만큼 결핵을 치료할 마땅한 방법이 없었던 것일까요? 당시 유행하던 결핵 치료법은 낮잠을 즐기며 광합성을 하는 것이었습니다. 1854년, 독일에 세계 최초로 결핵 환자를 위한 요양

원이 설립됐는데 이곳에서는 신선한 공기를 마시고, 햇볕을 쬐게 했습니다. 결핵은 무엇보다 면역 체계의 역할이 중요하므로 잘 먹고 잘 자고 잘 쉬면서 환자들의 면역 기능을 강화해 준 것입니다.

결핵은 지금도 인류를 위협하는 무서운 감염병입니다. 코로나19 다음으로 가장 사망자가 많은 병이기도 하죠. 세계보건기구에 따르면 2021년에 약 1,060만 명의 결핵 환자가 발생했고 이 중 160만 명이 사망했다고 합니다. 국민의 3분의 1이 결핵균을 가지고 있는 우리나라는 1996년 OECD에 가입한 이래 2021년까지 OECD 국가 중 결핵 발생률 1위를 차지했습니다. 2022년과 2023년에는 콜롬비아에 이어 2위를 기록했죠. 아마도 콜롬비아가 2020년에 OECD에 가입하지 않았다면 우리나라는 지금도 결핵 발생률 1위 국가였을 것입니다. 이처럼 세균은 역사 속에서 수많은 감염병을 일으

요양원에서 치료 중인 결핵 환자

키며 인류의 삶을 뒤흔들어놓고 있습니다. 그에 따른 파장으로 인류는 초토화되는 위기를 맞기도 하고, 한 시대를 무너뜨리는 단초를 잡기도 했습니다.

세균이 질병의 원인임을 밝혀낸 코흐와 치료제 개발

오랜 시간 원인도 모른 채 세균이 일으킨 감염병들로 고난을 겪은 인류는 언제 세균의 존재를 알게 되었을까요? 수천 년간 세균에 대해 무지했던 인간의 눈을 뜨게 해준 것은 현미경이었습니다. 1590년경 네덜란드의 안경 제작자 자카리아스 얀센Zacharias Janssen이 초기 형태의 복합 현미경을 개발한 것으로 전해지지만, 확실한 사료는 부족합니다. 이후 17세기 후반에 직물상 안톤 판 레이우엔훅Antonie van Leeuwenhoek이 단일 렌즈 현미경을 이용해 약 300배의 배율로 미생물을 관찰하는 획기적인 발전을 이루었습니다. 그리고 마침내 인류는 미생물이라는 존재를 발견하게 됐습니다. 세균과의 전쟁에서 인류가 반격할 차례가 된 것입니다.

반격의 서막을 연 인물은 '세균학의 아버지'라 불리는 독일의 의사이자 미생물학자인 로베르트 코흐Robert Koch입니다. 코흐는 1872년에 독일 뵐슈타인(현재 폴란드 영토)에 정착했는데, 이곳에서 감염병으로 4년간 500명의 사람과 5만 6,000여 마리의 가축이 죽는 일이 벌어졌습니다. 이 끔찍한 재앙을 몰고 온 것은 탄저균에 의한 감염병인 탄저병이었습니다.

'탄저'는 숯 탄(炭) 자에 악성 종기를 뜻하는 등창 저(疽) 자를 더한 단어로 숯처럼 검은 부스럼을 뜻합니다. 탄저균에 감염되면 우선 피부에 적갈색 돌기가 생기기 시작합니다. 이 돌기들은 물집을 형성하는데, 물집이 터지면 검은 딱지가 생기고 피부 주변이 부으면서 사망에 이릅니다. 사람이 탄저균에 감염되는 경로는 총 세 가지입니다. 먼저 탄저병에 걸린 동물이나 양모, 가죽, 털 등 동물 소재 제품에 접촉했을 때 걸리는 '피부 탄저병'입니다. 이 경우 사진처럼 신체 부위가 까맣게 되는 증상이 나타납니다. 이밖에 탄저균을 흡입했을 때 감염되는 '흡입 탄저병'과 탄저균에 감염된 육류를 섭취했을 때 감염되는 '위장 탄저병'이 있습니다.

탄저병의 최대 치사율은 95%에 달합니다. 세 가지 감염 경로 중 가장 위험한 것은 흡입 탄저병으로 이때 탄저균은 흉부 내 림프샘에서 증식하면서 림프샘 파괴와 출혈을 유발하고 독소를 만들어냅니다. 처음에는 근육통이나 기침을 동반하며 감기와 비슷한 증상을 보이는데, 며칠 후에는 고열에 혈압이 급격히 떨어져 쇼크로 진행됩니다. 빨리 치료받지 않으면 100% 사망에 이르죠.

탄저병이 의사 코흐가 머물던 지역을 휩쓸었을 당시에는 탄저균에 관해 알려진 게 없었습니다. 코흐는 알 수 없는 감염병으로 많은 가축이 죽자 원인을 밝혀내기로 했습니다. 그는 아내가 선물해 준 현미경으로 감염병에 걸린 동물의 피를 관찰한 끝에 막대 모양의 입자를 발견했습니다. 혈액뿐 아니라 림프샘과 비장에서도 발견된 이 입자는 동물의 몸에서 중

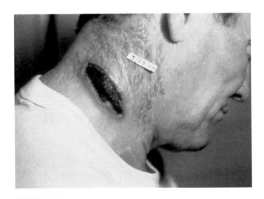

탄저병 증상

식해 나갔습니다. 코흐는 이 문제의 입자를 동물의 몸 밖에서 키워보기로 했습니다. 그러자 입자는 숙주가 없는 환경 조건에서 포자를 만든 뒤 일종의 휴면 상태로 생존했습니다. 이는 막대 모양의 입자가 살아있는 세균이며 강인한 생명력으로 동물의 몸 안에서뿐 아니라 땅에서도 증식해 살 수 있다는 뜻이었죠. 코흐의 실험은 감염병이 세균에 의해서 일어난다는 것을 인류 최초로 밝혀낸 성과였습니다. 이때 코흐가 규명해 낸 세균이 바로 탄저균입니다. 1876년에 탄저균이 탄저병의 원인임을 발견한 것을 시작으로 코흐는 1882년에는 결핵균을, 1884년에는 콜레라균을 차례로 밝혀냈습니다. 그리고 이 업적을 인정받아 1905년에 노벨 생리학·의학상을 수상했습니다.

코흐의 발견 이후 세균학은 엄청난 발전을 거듭했습니다. 비슷한 시기 코흐와 라이벌 관계였던 프랑스의 미생물학자인 루이 파스퇴르Louis Pasteur가 백신을 개발한 것입니다. 당시 닭 콜레라를 연구하던 파스퇴르는 휴가를 떠나면서 콜레라균 배양액을 방치했습니다. 휴가에서 돌아온 파스퇴르는 오래된 배양균을 버리려다가 시험 삼아 건강한 닭에 주입했습니다. 그러자 놀라운 일이 벌어졌습니다. 콜레라에 걸린 닭이 조금 앓더니 나은 것입니다. 파스퇴르는 그 닭에 신선한 콜레라균을 다시 주입했고 이번에도 닭은 죽지 않았습니다. 닭에게 면역이 생긴 것입니다. 이 실험으로 파스퇴르는 약해진 세균으로 병을 가볍게 앓고 나면 몸의 면역 체계가 이를 기억해 강한 세균이 들어와도 물리칠 수 있다는 원리를 알아냈습니다. 1879년, 파스퇴르는 약하게 만든 세균에 백신이라는 이름을 붙였고, 이후 탄저병 백신, 광견병 백신 등을 만들어냈습니다.

그리고 인류는 드디어 20세기 최고의 발명품이라 불리는 치료제를 손에 넣었습니다. 결정적인 계기는 제1차 세계대전이었습니다. 이 전쟁에서 무려 900만 명의 군인이 목숨을 잃었습니다. 가장 큰 사망 원인은 상처로 인한 세균 감염이었습니다. 적의 총탄에 맞아 죽는 것보다 몸에 난 작은 상처가 일으킨 패혈증으로 죽는 경우가 훨씬 많았던 것입니다.

당시 영국군에서 의사로 일하던 미생물학자 알렉산더 플레밍은 이런 안타까운 상황에 무력감을 느꼈습니다. 그는 전쟁이 끝나자 런던의 병원에 있는 자신의 실험실로 돌아가 세균성 감염에 대한 치료법을 연구하기 시작했습니다. 그리고 10년이 지난 1928년, 플레밍은 사람의 피부나 콧속 등에서 염증이나 식중독을 일으키는 황색포도상구균을 키우고 있었습니다. 어느 날 열흘간 휴가를 다녀온 그는 배양균을 방치한 접시에 푸른곰팡이가 피어오른 모습을 발견했습니다. 그런데 놀랍게도 그 주변에는 세균이 없었던 것입니다.

배양 접시에서 아래의 하얀 점들이 황색포도상구균이고 위의 하얀 덩어리는 푸른곰팡이가 크게 자리 잡은 모습입니다. 푸른곰팡이 주변에는 황색포도상구균이 없습니다. 이는 푸른곰팡이에 의해 황색포도상구균의 성장이 멈췄기 때문입니다. 플레밍은 이 배양 접시를 보고 푸른곰팡이가 세균을 죽이는 물질을 분비한다는 사실을 직감했습니다. 그는 푸른곰팡이, 학명으로 '페니실륨(Penicillium)'에서 세균을 죽이는 물질만 추출했고 '페니실린(penicillin)'이라는 이름을 붙였습니다. 이렇게 인류 최초로 세균 감염을 치료하는 항생제가 탄생했습니다. 여기서 항생제란, 세균을 포함한 미생물의 성장을 억제하거나 죽이는 약을 뜻합니다.

안타깝게도 페니실린 사용에는 한 가지 문제가 있었습니다. 대량 생산 기술을 확보하지 못한 것입니다. 한 사람의 패혈증을 치료할 페니실린을 얻

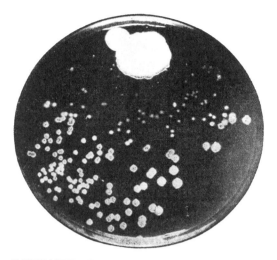

황색포도상구균 배양 접시

으려면 2,000리터의 곰팡이 배양액이 필요했기 때문입니다. 당시 페니실린이 얼마나 귀했냐 하면 한 숟가락으로 미국 전체 공급량의 절반을 채울 수 있을 정도였습니다. 그만큼 구하기 어려운 상황이었습니다. 연구진은 고민 끝에 페니실린을 주입한 환자의 소변에서 페니실린 성분을 추출해 재사용하기로 했습니다. 당시 연구에 참여한 한 의사는 이런 말을 남겼습니다.

"내 동료는 모든 환자의 소변을 모았습니다. 주사된 페니실린 중 거의 95%에 가까운 양이 소변으로 배출되었습니다. 소변을 담은 유리병을 미국 뉴저지주의 제약회사 실험실로 배달했습니다. 환자는 살아남았고 90세까지 살았습니다."

페니실린은 투여 후 4시간이 지나면 거의 소변으로 배출됐는데 제약회사의 연구진이 이 소변에서 페니실린 분자를 분리해 정제한 다음 다른 환자에게 투여한 것입니다.

페니실린이 대량 생산되기 시작한 것은 제2차 세계대전이 일어난 뒤였습니다. 1941년 12월 일본의 진주만 공습으로 미국이 제2차 세계대전에 참전하게 되면서, 많은 미국 젊은이가 전쟁터에서 생명의 위협을 받게 되었습니다. 이에 미국 정부와 굴지의 제약회사들이 페니실린 개발과 대량 생산에 적극적으로 나섰고, 그 결과 많은 이들의 목숨을 구할 수 있었습니다.

세균의 발견이 만들어 낸 무기, 탄저균

세균학과 치료제의 발전으로 인류는 세균 정복의 밑거름을 다질 수 있었습니다. 하지만 이런 발전이 긍정적인 효과만 가져온 것은 아닙니다. 세균을 이용한 무기 개발도 함께 진행됐기 때문이죠. 특히 신무기의 실험장이 되기도 했던 제1차, 제2차 세계대전에서 탄저균을 활용한 무기 개발을 시작한 것입니다.

제2차 세계대전 중 영국은 북부의 그뤼나드섬에서 탄저균 폭탄 실험을 했습니다. 작전명 '채식주의자'인 이 실험은 독일의 소가 먹는 사료에 탄저균을 살포해 인구의 절반 이상을 굶주리게 하는 것이 목표였다고 합니다. 영국은 섬에 양 60마리를 들여와 목초지에 묶어둔 다음 섬에 탄저균 폭탄을 투하했습니다. 실험 결과 양 떼는 3일 뒤 모두 몰살당했습니다. 실험 성공을 기뻐한 영국군은 무기를 사용할 준비를 마쳤습니다. 그때 다행히도 제2차 세계대전이 연합군의 승리로 끝나며 탄저균 무기를 사용하지 않았습니다. 이후 영국 정부는 탄저균 박멸을 위해 1986년에 폼알데하이드를 섞은 화학 물질을 1년간 섬에 살포했습니다. 하지만 탄저균이 박멸됐을지는 미지수로 남아 있습니다. 그뤼나드섬은 여전히 사람이 살지 못한 채 버려져 있습니다.

　탄저균을 생물 무기로 사용하는 가장 큰 이유는 포자가 있기 때문입니다. 탄저균의 입자는 막대 모양이지만 극한 상황에서 동그란 포자 모양으로 바뀝니다. 포자 모양으로 변한 탄저균은 사람이나 동물의 몸속에 더 깊숙이 침투할 수 있고, 면역 세포의 영향도 받지 않으며, 때가 되면 증식하면서 독성을 내뿜습니다. 그리고 숙주가 죽으면 다시 흙으로 돌아가 생명을 유지합니다. 쉽게 말해 살아남기 위해 숙주를 죽이는 무서운 특성을 가진 세균입니다. 게다가 흙으로 돌아간 탄저균은 포자 형태로 100년 이상 생존할 수 있습니다.

　탄저균이 위험한 또 다른 이유는 동물과 사람 모두가 감염될 수 있는 인수공통감염병을 유발하며, 포자 상태에서 동결 건조하면 손쉽게 분말로 만들 수 있다는 점입니다. 이 분말은 냄새나 맛이 거의 없기에 스프레이, 음식, 물 등에 쉽게 투입할 수 있어 생물학적 무기로 악용될 가능성이 있습니다. 때문에 적은 양으로도 위해를 가할 수 있는 강력한 살상력을 가졌습니다.

　제1차 세계대전에서는 이렇게 무시무시한 탄저균을 이용한 생물학 무기를 실제로 사용했습니다. 당시 독일은 연합국과 맞서고 있었는데 연합국 중에는 러시아와 루마니아가 포함돼 있었습니다. 이에 독일 스파이들은 루마니아에서 양과 탄저균을 주입한 양의 사료를 러시아로 보냈습니다. 러시아군의 탄저균 감염을 시도한 것입니다. 그리고 1937년에 시작된 중일전쟁에서 생체 실험을 자행한 일본의 731부대를 이끈 이시이 시로石井 四郎가 탄저균을 이용한 무기를 개발하기도 했습니다. 탄저균을 악용한 무기 개발은 제2차 세계대전으로 이어졌습니다. 이때 참전국들이 언제 시작될지 모르는 세균전에 대비해 본격적으로 생물 무기 개발에 나선 것입니다. 미국은 1942년 탄저균 실험 후 독일의 공격에 대비해 5,000개가 넘는 폭탄에 탄저균을 가득 채워놨습니다.

제2차 세계대전이 끝나고 세균 무기는 반인륜 행위이며 너무 위험하다는 주장이 제기됐습니다. 이후 1972년에 '생물무기금지협약'에 주요국이 서명하며 국제적으로 생물학 무기 사용이 금지되었습니다. 현재는 189개국이 협약에 가입한 상태입니다.

그런데 2001년에 탄저균을 악용한 사건이 터지고 말았습니다. 9·11테러가 발생한 지 일주일이 지난 9월 18일, 다섯 통의 편지가 뉴욕의 언론사에 발송됐습니다. 그로부터 3주 후인 10월 9일, 두 통의 편지가 추가로 국회의원들에게 보내졌죠. 편지에는 '당신은 우리를 막을 수 없다. 우리에겐 이 탄저균이 있다. 이제 당신은 죽는다. 두려운가? 미국에 죽음을, 이스라엘에 죽음을, 알라는 위대하다'라는 글과 함께 분말 형태의 탄저균이 2g가량 들어 있었습니다.

극소량의 탄저균 분말로 인한 피해는 심각했습니다. 우편물 배달원, 국회의사당 경찰 등 22명이 탄저병에 걸렸고 이들 중 5명이 사망한 것입니다. 사건 이후 미국 국방부 생화학연구소의 미생물학자인 브루스 아이빈스 Bruce Ivins가 유력한 용의자로 지목됐으나 기소를 앞두고 스스로 목숨을 끊으면서 사건은 영원한 미제로 남았습니다. 이처럼 세균을 범죄나 테러에 악용할 가능성은 여전히 남아 있습니다. 현재는 탄저균뿐 아니라 천연두, 페스트, 야토병 등 세균과 바이러스를 무기화한 수십 종의 생물 무기가 존재합니다. 극소량으로도 치명적인 피해를 줄 수 있는 생물 무기가 인류의 큰 위협이 되는 것입니다.

사실 우리는 세균 없이는 단 일주일도 살 수 없을 만큼 미생물의 도움 속에서 살아가고 있습니다. 세균이 없으면 쓰레기 처리도 못 하고 물을 정화할 수도 없죠. 그만큼 지구상에 존재하는 대부분의 세균은 인류에게 유용합니다. 하지만 때로는 인류를 위협하기도 하고 무서운 적이 되어 역사를 뒤집어놓기도 합니다. 양날의 검과 같은 세균이지만 분명한 사실은 세균이 지구상에서 사라진다면 인간의 삶도 사라진다는 것입니다. 그러니 우리는 파스퇴르의 말을 되새기며 공감과 조화의 자세로 세균을 바라봐야 합니다.

　"자연계에서 한없이 작은 것들의 역할은 한없이 크다."

벌거벗은 갈릴레오 갈릴레이

종교와 과학의 불편한 진실

구지훈

● 역사 속에는 우리가 믿어온 상식을 오랫동안 거짓이라고 주장해 온 사람들이 존재합니다. 그중 하나가 '지구는 평평하다'라고 주장하는 이들입니다. 미국의 과학 잡지 〈사이언티픽 아메리칸〉의 2018년도 기사에 따르면 현재 지구 평면론을 믿는 사람들은 약 650만 명이라고 합니다. 이들은 지금도 지구가 평평하다는 사실을 증명하려는 시도를 계속하고 있습니다. 하지만 1960년대에 달에서 찍은 지구의 사진이 공개되며 지구가 둥글다는 사실은 절대로 바뀔 수 없는 진리가 되었습니다.

그런데 과거에도 비슷한 주장들이 맞붙는 일이 있었습니다. 지난 수천 년간 사람들은 우주의 중심에 있는 지구는 절대 움직이지 않는다고 믿었습니다. 이를 지구 중심설, 즉 천동설이라고 합니다. 그리고 400여 년 전까지 절대 진리였던 천동설을 뒤집고 태양이 우주의 중심이며 지구도 태양을 돌고 있다는 태양 중심설, 즉 지동설이 등장했습니다. 당시 사람들은 기존의 진리를 깨부수는 지동설을 믿지 않았습니다. 이때 집요한 관측을 통해 지동설을 강력히 주장하는 인물이 등장했는데, 그가 바로 이탈리아의 수학자이자 천문학자인 갈릴레오 갈릴레이 Galileo Galilei입니다.

1969년 아폴로 10호에서 촬영한 지구

갈릴레오는 당시 '지구는 돈다'라는 주장을 내세우며 그때까지 진리로 여겨지던 천동설에 대한 믿음을 서서히 무너뜨렸습니다. 그리고 무모하리만치 과감했던 그의 행보는 서양 중세 시대부터 오랜 시간 동안 구축된 사회, 철학, 종교의 근간을 뒤흔들었습니다. 그 결과 한평생 논쟁의 중심에 놓였으며 종교재판을 통해 화형당할 수도 있었던 절체절명의 위기를 맞이하기도 했습니다. 갈릴레오는 왜 목숨을 위협받으면서까지 지동설을 주장했을까요? 그리고 그가 발견한 진실은 어떤 파장을 불러일으켰을까요? 지금부터 갈릴레오의 일생을 통해 종교 사회와 과학의 치열했던 대립의 역사를 벌거벗겨 보겠습니다.

몰락한 귀족 가문의 천재 소년

16세기 이탈리아는 교리와 신학이 문화, 철학, 과학의 중심인, 한 마디로 종교가 사회를 지배하던 시대였습니다. 특히 인간 중심의 그리스·로마 시대 문화를 활발히 연구하며 뛰어난 예술 작품을 창조하는 르네상스가 마무리되던 시기였죠. 동시에 사회 전반적으로는 신 중심의 가치관이 다시금 착실히 자리 잡아가던 시기였습니다.

고대 철학자 아리스토텔레스Aristoteles는 이 같은 신 중심의 가치관에 밑거름이 된 인물입니다. 우주의 모든 물체가 특정한 힘에 의해 움직인다고 주장한 아리스토텔레스는 인간뿐 아니라 돌멩이나 나무 등 모든 것에 그러한 힘이 깃들어 있다고 보았습니다. 그 섭리에 따라 우리가 사는 세계는 물론 자연과 우주가 탄생했다는 것입니다. 아리스토텔레스가 살던 시대에는 신이 없었으나 이 사상은 신 중심의 중세 시대를 거치며 당시 사람들의 세계관에 적용되었습니다. 기독교에서 아리스토텔레스의 섭리를 세상과 우주 만물을 다스리는 신의 뜻으로 여긴 것입니다. 이렇게 아리스토텔레스의 이론은 신 중심의 세계관에 큰 사상적 기틀이 되었고, 사람들은 종교적 시각으로 세상을 보기 시작했습니다.

예를 들면 우리 눈에는 땅은 가만히 있고 하늘이 움직이는 것으로 보이는데, 이는 신의 아들인 예수가 태어난 곳이자 신이 인간을 위해 만든 곳이 지구이며, 지구는 우주의 중심이기 때문에 움직이지 않는다고 여긴 것입니다. 대신 달과 태양, 행성들이 신의 법칙에 따라 지구 주위를 돌고 있다고 생각했죠. 하늘에 있는 별이 동그란 이유도 신이 가진 목적으로 설명했습니다. 신이 사는 지구 밖의 천상계는 흠이 없는 영원불멸의 공간이기 때문에 그 안에 있는 우주의 천체들은 오점 하나 없이 완벽하게 원을 이룬다는 것입니다. 이렇게 신을 중심으로 자연현상을 해석한 아리스토텔레스의 이론은 중세 이후로 과학뿐 아니라 종교에까지 영향을 미치며 절대 진리로 자리 잡았습니다.

갈릴레오가 태어나던 무렵의 피사에는 다양한 학문을 통해 신을 증명하던 학자들이 모였습니다. 이런 분위기 속에서 자연을 바라보는 당대의 시각을 완전히 뒤집어 버린 천재 갈릴레오가 탄생한 것입니다. 갈릴레오는 1564년 2월 15일 이탈리아 피사에서 몰락한 귀족 가문의 7남매 중 장남으로 태어났습니다. 어릴 때부터 가족의 기대를 한 몸에 받았던 갈릴레오는 집안을 일으키기를 바라는 아버지의 뜻에 따라 17세에 피사 대학교 의학부에 입학했습니다. 이곳은 아리스토텔레스의 이론을 바탕으로 의학을 가르치고 있었습니다. 하지만 갈릴레오는 아버지의 뜻과 달리 수학이라는 학문에 빠졌습니다. 그에게는 주변의 현상을 관찰하는 습관이 있었는데 이것이 자연스럽게 수학적 사고력으로 이어진 것입니다.

갈릴레오가 얼마나 수학적인 눈으로 세상을 관찰했는지 알 수 있는 일화가 있습니다. 그가 19세였던 어느 날, 성당에서 미사를 드릴 때의 일입니다.

천장에 매달린 램프가 흔들리는 것을 본 갈릴레오는 램프가 양옆으로 왔다 갔다 하며 제자리로 돌아오는 데 걸리는 시간을 자신의 맥박으로 체크했습니다. 이때 흥미로운 사실을 발견했는데 램프가 양옆으로 움직이는 폭이 크든 작든 관계없이 제자리로 돌아오기까지 걸리는 시간이 모두 같다는 것입니다.

갈릴레오는 자신이 발견한 사실을 증명하기 위해 집으로 돌아가서 실험을 진행했습니다. 이때 진자의 주기가 같은 이유를 알아내기 위해 '추의 무게가 달라지면 진자의 주기도 달라질까?'라는 변수를 두었습니다. 무게가 다른 두 개의 추를 매달고 각각 똑같은 힘으로 밀어본 것입니다. 놀랍게도 두 개의 추가 돌아오는 데 걸린 시간은 같았습니다. 무게는 진자의 주기에 영향을 주지 않았던 것이었죠. 어떻게 이런 결과가 나온 것일까요?

137쪽의 그림처럼 무게가 다른 1kg과 4kg의 추를 줄에 매달아 밀면 중력 때문에 곡선 모양으로 떨어지면서 속도가 발생합니다. 그런데 1kg의 추에는 1kg만큼 힘을 줘서 떨어뜨리는 힘인 중력이, 4kg의 추에는 4kg만큼 힘을 줘서 떨어뜨리는 힘인 중력이 작용합니다. 무게에 따라 그만큼의 힘으로 중력이 잡아당기는 것이죠. 이는 무거울수록 움직이는 데 더 큰 힘이 필요하다는 뜻입니다. 즉 무게가 진자의 주기에 영향을 주지 않아 무거운 추

성당에서 흔들리는 램프를 보는 갈릴레오

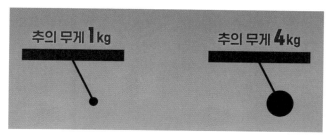

무게가 다른 추의 같은 주기

와 가벼운 추가 돌아오는 데 걸리는 시간이 같았던 것입니다.

하지만 갈릴레오는 실험 결과에 만족하지 않았습니다. 추가 왔다 갔다 하는 주기가 무게와 관련이 없다면 대체 무엇이 주기에 영향을 주는지 궁금했던 것입니다. 그는 추를 매다는 줄의 길이를 다르게 하는 새로운 변수를 두기로 했습니다. 이번에는 무게가 같은 두 개의 추를 다른 길이로 매달아 같은 힘으로 밀어본 것입니다. 그러자 추는 전혀 다른 속도로 움직였습니다. 갈릴레오는 이 실험을 통해 진자의 주기가 무게와는 관계가 없지만, 줄의 길이에 따라서는 달라진다는 사실을 알게 됐습니다.

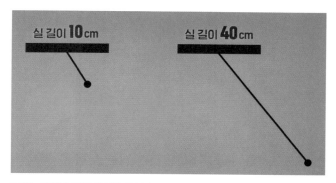

무게는 같지만 줄의 길이가 다른 추의 다른 주기

이 원리를 수학 수식 없이 설명하려면 매우 복잡하지만 최대한 간단히 설명해 보겠습니다. 가령 일정한 빠르기로 달릴 수 있는 사람이 1m와 100m를 왕복으로 달리는 시간을 비교하면 됩니다. 왕복 1m 달리기보다 이동 거리가 긴 100m 달리기가 출발점으로 돌아오기까지 더 오랜 시간이 걸립니다. 마찬가지로 추를 매단 줄이 길수록 추가 이동하는 거리도 길어지기 때문에 시작점으로 돌아오는 주기가 더 긴 것입니다.

갈릴레오는 이 발견이 환자들의 맥박을 체크하는 데 유용하게 쓰일 것으로 생각해 숫자를 세는 계측기에 진자를 연결해 맥박계를 만들었습니다. 그리고 갈릴레오 사후인 1656년에는 이 이론을 활용해 왔다 갔다 하는 추로 시간을 알려주는 시계가 탄생했습니다. 그때까지만 해도 시간의 기준은 '해'였습니다. 해가 지면 자고 뜨면 일하러 가는 식이었죠. 그러던 것이 시계의 발명으로 정확한 시간에 대한 개념이 생긴 것입니다. 갈릴레오는 이렇게 관찰을 통해 새로운 수학적 원리를 깨달았고, 진자의 주기는 추의 질량에 관계없이 언제나 같다는 사실을 '진자의 등시성'이라는 개념으로 정립했습니다.

의학 공부 대신 수학에 점점 더 재미를 붙여가던 1585년, 21세의 갈릴레오는 더 이상 학교에 다니지 못하게 되었습니다. 아들이 의사가 될 뜻이 없다는 사실을 알게 된 갈릴레오의 아버지가 학비 지원을 중단한 것입니다. 하는 수 없이 학교를 그만두게 된 갈릴레오는 오히려 수학 공부에 더욱 심취했습니다. 부력의 원리를 깨달아 "유레카"를 외쳤다는 고대 수학자 아르키메데스Archimedes의 책을 섭렵하며 연구의 폭을 넓혀나갔죠. 그 결과 1년 만에 물의 부력을 활용해 금의 불순물을 가려낼 수 있는 저울을 발명하는가 하면, 고체의 무게 중심에 관한 논문으로 학계의 주목을 받았습니다.

지옥을 계산해 낸 갈릴레오, 특급 채용이 되다

하지만 아버지 다음으로 집안의 가장이었던 갈릴레오는 마냥 연구에만 집중할 수가 없었습니다. 제대로 된 학위도 없는 그는 가족의 생계를 위해 귀족 자녀들의 개인 수학 과외를 하며 돈을 벌기 시작했습니다. 이때 갈릴레오에게 수학자로서 이름을 알릴 첫 번째 기회가 찾아왔습니다. 당시 메디치 가문이 후원하는 피렌체 아카데미에서 한 가지 쟁점이 화제로 떠오른 것입니다.

140쪽의 그림은 이탈리아의 시인 단테Dante가 쓴 《신곡》이라는 장편시에 등장하는 지옥을 르네상스를 대표하는 화가 보티첼리Botticelli가 묘사한 것입니다. 단테는 《신곡》에서 실제로 지옥을 다녀온 것처럼 생생하게 묘사했고, 이는 곧 학자들 사이에서 화제가 되었습니다. 그들은 '신 중심적 세계관' 안에서 지옥이 실존한다고 믿었습니다.

이런 상황에서 피렌체 아카데미가 갈릴레오에게 단테가 묘사한 지옥의 존재를 수학적으로 입증해 달라고 요청한 것입니다. 갈릴레오는 자신만의 수학적 접근법으로 이 문제를 풀어나갔습니다. 먼저 《신곡》의 〈지옥〉 편에 등장한 거인과 타락한 천사 루시퍼가 실제로 존재한다면 어느 정도의 크기일지 증명해 봤습니다. 다음은 갈릴레오가 《신곡》에서 힌트를 얻은 구절입니다.

> "그(거인)의 얼굴은 로마의 성 베드로 성당의 솔방울만큼 길고 거대했으며, 다른 거인들 역시 그와 비슷한 크기였다." _〈지옥〉 편 31곡 중

《신곡》 속 지옥을 묘사한 보티첼리의 〈지옥의 지도〉

> "거인의 크기와 나(단테)만큼의 비율은, 그 거인들과 루시퍼의 팔
> 길이 정도였다." _〈지옥〉 편 34곡 중

놀랍게도 갈릴레오는 이 두 구절로 계산해 나가기 시작했습니다. 거인의
얼굴은 성 베드로 대성당에 설치한 조형물인 3.19m의 솔방울보다 크고, 거
인과 단테의 비율 차이는 거인의 키와 루시퍼의 팔 길이만큼이라는 묘사
를 바탕으로 비례법을 활용해 문제를 푼 것입니다. 그 결과 거인의 키는 약
25m, 루시퍼의 키는 약 1.12km가 넘는다는 추론이 나왔습니다. 책에서만
존재하던 지옥 속 거인과 루시퍼의 존재를 상상 가능한 크기로 증명해 낸

것입니다. 그다음에는 지옥의 크기를 증명하려 했습니다. 갈릴레오는 지옥을 원뿔형의 공간으로 보고 고대 수학자인 아르키메데스의 기하학과 《신곡》에 적힌 힌트를 조합해서 지옥의 공간 너비를 계산했습니다. 그 결과 보티첼리의 그림처럼 지옥에서 가장 넓은 부분인 입구가 지구의 14분의 1 정도 크기라는 사실을 증명했습니다.

이 계산법을 들은 학자들과 귀족들은 종교적인 실체를 수학으로 증명한 갈릴레오에게 극찬을 쏟아냈다고 합니다. 다만 갈릴레오가 논란이 될 수 있는 몇 가지 사실은 일부러 말하지 않았다는 이야기도 있습니다. 예를 들어 단테가 말하는 지구의 크기에 따라 시간의 흐름도 맞게 가야 하는데 이같은 오류는 문학작품으로서 그냥 눈감아주었다고 합니다.

이 일을 계기로 갈릴레오는 당대의 학자들과 피렌체 아카데미를 후원하는 메디치 가문에 눈도장을 찍었습니다. 그리고 계약직이기는 하지만 1589년에 25세의 나이로 피사 대학의 수학 교수로 임용됐습니다. 대학 학위도 받지 못한 갈릴레오가 불과 4년 만에 모교의 교수가 된 것입니다.

갈릴레오의 첫 번째 의구심,
무거운 것은 무조건 더 빨리 떨어진다?

이제 승승장구할 것만 같던 갈릴레오의 삶은 그리 순탄하게 흘러가지 않았습니다. 교수가 된 이후 그동안 품어왔던 학문에 대한 의문점들을 본격적으로 해결하면서 수천 년간 절대 진리라 여겨 왔던 세계관과 정면으로 맞서기 시작한 것입니다.

갈릴레오가 품은 첫 번째 의문은 아리스토텔레스의 자유 낙하 운동에 관한 것이었습니다. 아리스토텔레스는 달을 기준으로 아래를 지상계, 위를 천상계로 분리하고 지상계를 이루는 네 가지 원소를 흙과 물, 불과 바람이라고 했습니다. 그리고 이것들의 성질과 목적에 따른 자연스러운 움직임을 직선운동으로 보았습니다. 쉽게 말해서 상대적으로 무거운 흙은 위에서 아래로 떨어지고 가벼운 불은 아래에서 위로 올라붙는다는 것입니다. 그의 이론을 확장하면 물체가 떨어지는 속도는 무게에 비례하므로 무거운 물체가 가벼운 물체보다 더 빨리 떨어진다는 결론에 도달합니다. 당시에는 물체가 중력의 영향을 받아 아래로 떨어지는 낙하 운동도 신의 목적에 따른 움직임이라 여긴 것입니다.

그런데 갈릴레오의 생각은 달랐습니다. 그는 학생 시절 하늘에서 떨어지는 우박을 가만히 관찰한 적이 있습니다. 그때 그의 눈에는 우박이 크기와 모양에 관계없이 똑같은 속도로 땅에 떨어지는 것처럼 보였습니다. 아리스토텔레스의 이론이 맞다면 무거운 우박이 가벼운 우박보다 더 빨리 떨어져야 하는데 그렇지 않았던 것입니다. 그래서 갈릴레오는 수학 교수를 찾아가 질문을 던졌습니다.

"교수님, 제각각 달라 보이는 우박이 왜 같은 속도로 떨어질까요?"

"오, 갈릴레오. 그건 우박이 각각 다른 위치에서 떨어져서 그렇단다. 무거운 우박은 더 높은 곳에서, 가벼운 우박은 낮은 곳에서 떨어지니까 우리 눈에는 동시에 닿는 것처럼 보이는 거지."

이 말을 들은 갈릴레오는 교수의 말이 논리적으로 맞지 않으며, 아리스토텔레스의 이론에 설명되지 않는 구멍이 있다는 사실을 깨달았습니다. 하지만 당시는 2천여 년간 믿어온 진리를 의심만으로 잘못됐다고 말할 수 없던 시절이었습니다. 이는 아리스토텔레스적 세계관, 그리고 신의 섭리에 대한 명백한 도전이었기 때문입니다. 오히려 다른 교수들은 아리스토텔레스의 이론이 틀리지 않았음을 증명하려 애썼습니다. 그럼에도 갈릴레오는 이 이론을 맹신하는 교수들을 향해 구식의 사고 체계에 매여 있다면서 조롱했습니다. 동료 교수들에게 이런 문제로 사사건건 시비를 거는 통에 '논쟁꾼'이라는 별명이 생기기도 했죠. 1591년에 피사 대학의 교수 프란체스코 부오나미치Francesco Buonamici가 아리스토텔레스의 이론을 근거로 사물의 운동법칙에 관한 책을 내자 갈릴레오는 책의 내용이 말장난에 지나지 않는다고 평가하기도 했습니다.

아리스토텔레스는 무게만이 떨어지는 속도에 절대적인 영향을 미친다고 했지만, 갈릴레오는 아리스토텔레스의 이론과 달리 무게보다 물체의 형태가 영향을 준다고 생각했습니다. 그래서 무게가 다른 물체도 똑같은 속도로 떨어진다고 추론한 것입니다. 그는 자신의 추론을 증명하기 위해 기존 이론의 허점을 밝혀내기로 했습니다. 우선 1kg과 10kg의 무게가 다른 나무토막이 있다고 가정해 보겠습니다. 두 나무토막을 같은 높이에서 떨어뜨리면 무엇이 먼저 떨어질까요?

아리스토텔레스의 이론에 따르면 무거운 10kg의 나무토막이 먼저 땅에 닿아야 합니다. 이때 1kg의 나무토막은 가벼운 만큼 속도도 약하기 때문에 아직 땅에 닿지 않고 공중에서 낙하 중인 상태여야 하죠. 갈릴레오는 아리스토텔레스의 이론에 논리적 허점이 있음을 증명하기 위해 '만약 1kg과 10kg의 나무토막을 묶어서 떨어뜨리면 어떻게 될까?'라며 생각의 전환을 시도했습니다. 둘을 묶으면 11kg의 나무토막이 되므로 10kg보다 빨리 떨어져야 합니다. 하지만 실제로 두 나무토막을 끈으로 연결해 묶으면, 1kg

은 10kg보다 천천히 떨어질 테니 10kg의 나무토막이 빨리 떨어지려고 해도 1kg짜리 때문에 평소보다 느리게 떨어질 것입니다. 즉 아리스토텔레스의 이론대로 라면 실제로 떨어뜨려 보지 않고 두 나무토막을 묶는 것만으로도 결과를 정확히 예측할 수 없게 됩니다. 여기서 기존 이론에 오류가 발생한 것이죠.

이후 갈릴레오의 추론대로 낙하 속도에 영향을 주는 것은 무게가 아니라 공기의 저항을 받는 물체의 재질이나 형태라는 사실이 밝혀졌습니다. 당시로서는 중력이나 공기 저항력 등의 개념이 제대로 정립되지 않았음에도 갈릴레오가 아리스토텔레스 이론의 모순을 발견한 것입니다. 훗날 갈릴레오는 논문 「운동에 관하여」를 통해 아리스토텔레스 이론의 모순을 밝히고 당당히 자신의 생각을 주장했습니다. 다음은 논문의 일부입니다.

> "이것은 아리스토텔레스의 의견이 틀렸다는 명백한 증거가 아닌가? 이 문제를 아주 간단하고 자연스럽게 살펴보기만 하면 누구든 진리를 단번에 알 수 있다."

하지만 이 논문은 갈릴레오 생전에는 발표하지 못했습니다. 공기가 있는 한, 공기 저항이라는 변수를 제대로 잡아내기 어려워 내용을 실험으로 증명하지 못한 것입니다. 게다가 갈릴레오가 아리스토텔레스의 이론에 의구심을 드러내며 동료 교수들과 논쟁을 계속했던 탓에 그의 평판이 바닥을 치기 시작했습니다. 갈릴레오가 피사 대학의 학생이었을 때 그에게 수학을 가르쳤던 교수는 물론 대학의 최고 실력자였던 철학 교수까지 갈릴레오의 주장에 노발대발하며 27세의 애송이가 겁 없이 떠든다고 생각했습니다. 이렇게 주변 학자들과의 대립을 거듭한 갈릴레오는 교수 재임용에 실패하고 말았습니다. 당대의 절대 진리였던 이론을 잘못 건드렸다가 직업까지 잃은 것입니다.

그런데 갈릴레오에게 또 다른 위기가 찾아왔습니다. 아버지가 사망하면서 가족의 생계를 책임지게 된 데다 여동생의 어마어마한 결혼지참금을 마련하느라 빚까지 진 것입니다. 이때 갈릴레오의 연구를 오랫동안 지켜보며 친분을 유지해 온 귀족들이 그에게 도움의 손길을 내밀었습니다. 또 피사 대학의 교수 임용에서 탈락한 해인 1592년에 다른 이들의 추천을 받아 이탈리아 북부의 명문대인 파도바 대학의 수학 교수로 가게 되었습니다. 봉급이 두세 배나 높은 조건이었죠.

그럼에도 형편이 나아지지 않았던 갈릴레오는 부업에 뛰어들었습니다. 과거 생계를 위해 했던 귀족 자녀들의 개인교습을 다시 시작한 것입니다. 예전처럼 몇 명만 상대해서는 빚을 갚을 수 없자 한꺼번에 많은 돈을 벌기 위해 숙식을 제공하는 개인교습을 시도했습니다. 피사에 큰 집을 빌린 다음 이곳에 귀족 가문의 나이 어린 자녀들을 머물게 하면서 다양한 학문을 가르쳤습니다. 이들은 고향으로 돌아가면 그 지역을 다스릴 귀족들이었기에 갈릴레오는 수학 이론 외에도 성곽을 튼튼하게 만드는 계산법 등을 가르치며 실용 수학으로까지 분야를 넓혔습니다. 덕분에 수입이 좋을 때는 파도바 대학에서 받은 첫 연봉의 6배나 벌었다고 합니다.

갈릴레오는 파도바에서 총 18년을 지냈는데 이때를 인생에서 가장 행복했던 시기였다고 말했습니다. 당시 이곳은 학문의 자유가 보장되는 도시로 종교의 영향을 덜 받았으며, 유럽에서 손꼽히는 명문대인 파도바 대학에는 각국 유학생이 몰려들었습니다. 자유로운 분위기와 지식인들과의 만남에 갈릴레오도 마음을 빼앗긴 것이죠. 이 시기 새로운 발명품도 많이 탄생했는데, 대표적인 것이 온도계와 군사용 컴퍼스입니다.

1592년경 갈릴레오는 액체를 넣은 병에 긴 대롱을 꽂고 주변 온도에 따라 병 안의 기체 부피가 달라져서 액체가 오르락내리락한다는 원리를 발견하고 이를 적용해 기체온도계를 만들었습니다. 이는 지금 사용하는 수은 온도계의 원리와도 같습니다. 이후 대포 발사각과 거리를 계산하는 군사용 컴퍼스도 만들었습니다. 기존의 컴퍼스에 세세하게 눈금을 새기고 이를 토대로 포탄의 무게와 크기, 화약의 양을 판단할 수 있도록 설계해 적을 정확히 겨냥할 수 있게 한 것입니다. 당시 장인까지 고용해서 생산 공장을 차릴 정도로 부수입을 쏠쏠하게 늘려주던 발명품이었다고 합니다.

갈릴레오가 고안한 기체온도계 모형

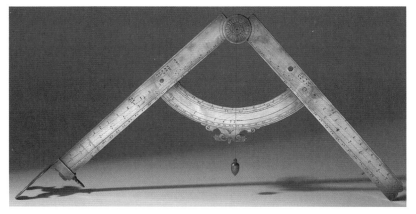

갈릴레오가 발명한 군사용 컴퍼스

갈릴레오의 두 번째 의구심,
지구는 제자리에서 움직이지 않는다?

갈릴레오는 안정적인 생활 속에서 꾸준히 연구를 이어갔습니다. 그러던 중 1595년에 베네치아를 방문한 갈릴레오는 바다를 보다가 또 다른 의구심에 사로잡혔습니다. 바다의 밀물과 썰물의 원리가 궁금해진 것입니다. 당시 다른 학자들도 같은 궁금증을 갖고 밀물과 썰물의 원리와 이 현상이 일어나는 시간이 매번 달라지는 이유를 밝히려고 노력했습니다. 하지만 명확히 밝혀진 것은 없었죠.

이때 갈릴레오는 "만약 지구가 움직인다고 가정하면, 밀물과 썰물이 생기는 것도 설명할 수 있지 않을까?"라는 가설을 세웠습니다. 물을 담은 그릇을 앞뒤로 움직이면 그릇 안의 물이 왔다 갔다 하듯이, 물그릇을 지구라고 생각했을 때 지구가 움직이면 그 안에 담긴 물, 즉 바다에 어떤 작용이 일어날지 추측한 것입니다. 지금은 달의 인력과 지구의 원심력에 의해 지구와 달이 마주 보는 부분과 반대편은 밀물이, 그 외의 부분은 물이 빠져나가면서 썰물이 생기는 것을 알지만 당시만 해도 이 같은 원리를 전혀 알지 못했습니다.

그런데 이 가설에는 큰 문제가 있었습니다. 아리스토텔레스의 이론을 바탕으로 한 당시의 종교계와 사회는 신의 아들인 예수가 머문 곳인 지구를 우주의 중심으로 보았습니다. 이런 지구가 달이나 다른 별과 같이 움직인다는 것은 있을 수 없는 일이었죠. 즉 갈릴레오는 당대 최고의 진리이자 과학계와 종교계가 절대불변의 원칙으로 삼은 천동설에 의문을 제기한 것입니다.

프톨레마이오스의 지구 중심 시스템

　그렇다면 천동설은 무엇일까요? 그림은 2세기경 천문학자 프톨레마이오스Ptolemaeus가 아리스토텔레스의 이론을 바탕으로 계승한 우주의 모습입니다. 고대부터 중세까지 사람들의 인식 속에 박힌 우주의 모습이기도 하죠. 아리스토텔레스는 우주의 중심에 지구가 있다고 생각했습니다. 그리고 지구의 주위를 달과 수성, 금성, 태양, 화성, 목성, 토성 순서로 완벽한 원운동을 하면서 돈다고 여겼죠. 단 지구는 절대 움직이지 않는데, 이게 바로 '지구 중심설'로 불리는 천동설의 절대 원칙입니다.

　당시 사람들은 하늘을 보면 해와 별, 달, 구름이 움직이는 데 반해 자신들이 서 있는 지구는 전혀 움직임이 느껴지지 않으므로 천동설을 믿었습니다. 하지만 갈릴레오는 훗날 자신이 쓴 책《대화》에서 '일정한 속력으로 배를 움직이고 이리저리 흔들지만 않으면 배가 움직이는지 아닌지 알 수 없다'

라고 말하며 천동설의 논리를 반박했습니다.

사실 갈릴레오도 처음부터 천동설을 강하게 비판하지는 못했습니다. 그런데 베네치아의 바다를 보며 의문을 품었을 무렵 자신의 의구심에 확신을 주는 학설을 접한 것입니다. 폴란드의 과학자 코페르니쿠스Copernicus가 주장한 '우주의 중심은 태양이고 지구는 태양을 도는 천체 중 하나'라는 이론인 '태양 중심설', 즉 지동설이었죠.

가톨릭 사제였던 코페르니쿠스는 평소 수학과 천문학을 공부하면서 하늘을 자주 관찰했습니다. 그는 천체들의 움직임이 천동설로 설명하기에는 너무 복잡하다고 생각했습니다. 코페르니쿠스가 이런 생각을 품게 된 이유 중 하나는 화성입니다. 지구에서 관찰한 화성은 한쪽 방향으로 가다가 갑자기 반대 방향으로 틀고 그러다 다시 원래 방향으로 움직이는 등 역행하는 모습을 보였습니다. 이는 '천체는 완벽한 원운동을 하고 있다'라는 천동설의 이론과는 맞지 않았습니다. 그래서 천문학자들은 화성의 움직임을 설명하기 위해 어려운 이론을 추가해서 끼워 맞추곤 했습니다. 그런데 코페르니쿠스는 억지 이론 대신 지구와 태양의 위치를 바꾸는 생각의 전환을 시도했습니다. 그러자 천동설로는 억지로 설명해야 하는 것들이 자연스럽게 해결된 것입니다.

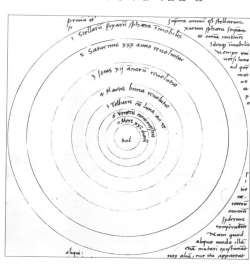

코페르니쿠스의 우주 지도

코페르니쿠스의 지동설 이전까지는 지구를 우주의 중심에 뒀기 때문에 화성이 지구보다 늦게 돌면서 역행하는 모습을 복잡한 방법으로 설명해야 했습니다. 그런데 태양을 중심에 놓고 화성이 지구 바깥쪽 궤도를 돌고 있다고 가정하면 화성이 지구보다 더 느리게 도는 것도, 역행하는 것도 간단히 이해할 수 있었죠. 이후 코페르니쿠스는 관찰을 바탕으로 지동설 중심의 우주 지도를 제작했습니다. 프톨레마이오스의 그림과 달리 태양이 우주의 중심에 있고, 지구는 다른 행성과 마찬가지로 태양의 주위를 원을 그리며 돌고 있는 모습입니다.

코페르니쿠스의 태양 중심 지도의 또 다른 주장은 지구가 태양 주위를 도는 동시에 스스로도 돌고 있다는 것입니다. 지금으로 따지면 지구가 공전과 자전을 한다는 뜻이죠. 그러나 아리스토텔레스의 이론을 완전히 뒤집은 이 주장은 제대로 받아들여지지 못했습니다. 당시 기술 수준으로는 지구가 태양의 주위를 돌며 움직인다는 증거를 찾기 어려운 데다 성직자였던 코페르니쿠스가 지동설을 강하게 주장하지 않았기 때문입니다. 당시 천동설은 《성경》을 증명하는 종교적 원리로 활용되고 있었는데 이를 부정하

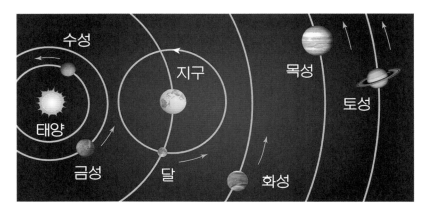

코페르니쿠스의 태양 중심 시스템

는 것은 종교를 부정하는 것이었죠. 지동설이 불러올 종교적, 사회적 파장과 그로 인한 구설수를 걱정했던 코페르니쿠스는 죽기 직전에야 이에 관한 내용을 책으로 냈습니다.

초신성의 등장에 불붙은 지동설에 대한 심증

이처럼 갈릴레오는 코페르니쿠스의 지동설을 지지했지만 이를 강력히 주장할 수 없는 상황이었습니다. 그래서 갈릴레오는 지동설을 뒷받침하기 위해 본격적으로 천동설의 허점을 찾기 시작했습니다. 그리고 1604년에 절대 변하지 않는다고 믿었던 하늘에 새로운 변화가 나타났습니다.

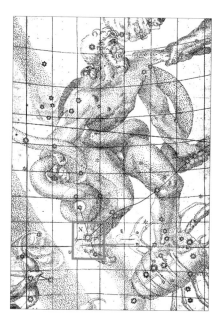

케플러의 별

그림은 당대 최고의 천문학자인 요하네스 케플러Johannes Kepler가 밤하늘에 있는 별자리를 그린 것입니다. 여기에는 케플러가 1604년 10월에 발견한 새로운 별이 있습니다. 그림 속 빨간 박스 안에 있는 것에 '케플러의 별'로 불리는 새로운 별입니다. 이 별의 등장은 세상을 떠들썩하게 만들었습니다. 당대의 진리였던 천동설을 포함하는 아리스토텔레스 우주관에 따르면 완벽한 천상계에 새로운 별이 나타나는 것은 있을 수 없는 일이었기 때문이죠.

이때 아리스토텔레스 이론을 믿는 사람

들은 기존 이론이 틀리지 않았음을 증명하기 위해 또 다른 이론을 펼쳤습니다. 새로운 별은 지구와 달 사이의 공간에 존재하는데 그곳은 완벽하게 천상계에 속하지 않기 때문에 아리스토텔레스 이론에는 아무런 문제가 없다고 주장한 것입니다.

갈릴레오는 이런 주장이 말도 안 된다고 생각했습니다. 그래서 자신이 관찰한 밤하늘과 다른 지역에 사는 천문학자들의 관찰 내용을 비교 분석하기 시작했습니다. 그 결과 새로운 별이 달과 지구 사이에 있는 게 아니라 오히려 그보다 더 멀리 있는 천상계의 별이라는 결론에 도달했습니다. 책을 통해 이 내용을 주장하기로 한 갈릴레오는 아리스토텔레스 이론을 지지하는 이들의 비난을 피하기 위해 가명으로 책을 출판했습니다. 그는 1605년에 체코 디 론키티Cecco di Ronchitti라는 가명을 사용해 새로운 별에 관한 책을 펴냈습니다. 이 이름은 갈릴레오를 따르는 베네딕트회 수도사이자 철학자였던 지롤라모 스피넬리Girolamo Spinelli가 함께 사용한 것입니다.

갈릴레오는 이 책을 통해 아리스토텔레스 우주관을 신봉하는 사람들의 주장은 자신들이 그동안 한 번도 이 별을 보지 못했으니 원래부터 그 자리에 없었다고 주장하는 것과 같다며 비아냥거렸습니다. 가명을 빌어 아리스토텔레스 이론에 허점이 있음을 밝힌 것이죠. 그

《새로운 별에 대한 브루진의 체코 디 론키티의 대화》

러자 아리스토텔레스 우주관을 지지하던 학자들이 일제히 반박에 나섰습니다. 그런데 이듬해에 또 하나의 천문학 논문이 세상에 발표되면서 이 논쟁은 더욱 불붙기 시작했습니다.

「별의 등장에 관련한 알림베르토 마우리의 고찰」이라는 그 논문의 저자는 알림베르토 마우리Alimberto Mauri라는 인물이었습니다. 마우리는 이 논문에서 자신이 1604년에 관찰했던 별의 모습을 기록해 두었으며 자기만의 방법으로 새로운 별의 등장을 설명했습니다. 또한 아리스토텔레스 우주관을 해치지 않기 위해 이 별의 발견이 별거 아니라고 치부하는 이들에게 다음과 같은 일침을 날렸습니다.

> "상대편의 이런 공상은 아무런 값어치가 없다. 왜냐하면 절대 증명할 수 없기 때문이다."

강한 자신감으로 아리스토텔레스의 우주관을 뒤흔든 논문의 저자인 마우리 역시 갈릴레오의 또 다른 가명이었습니다. 다만 갈릴레오는 일찍부터 이 논문의 저자가 아니냐는 의심을 받을 수밖에 없었습니다. 여기에는 그가 평소 학자들과 논쟁하며 내뱉은 주장이 그대로 담겨 있었기 때문입니다. 아무리 가명을 써도 자신의 견해와 가치관을 숨길 수는 없었던 것이죠. 게다가 갈릴레오에게는 아리스토텔레스 이론에 이의를 제기하는 자신을 지속적으로 비난해 왔던 어떤 인물이 있었습니다. 그런데 그의 주장을 가리켜 '나를 경멸하는 말로 말하는'이라고 표현한 것입니다. 그러니 적어도 그 인물은 이 논문의 저자가 갈릴레오인 것을 알았던 셈이었죠. 이후에 그는 갈릴레오에게 반박하는 편지를 보낼 때 '미스터 마스크' 또는 '마우리'

라고 칭했다고도 합니다.

갈릴레오는 논란이 될 줄 알면서도 왜 이렇게까지 맞선 것일까요? 그는 사람들이 아리스토텔레스의 우주관을 맹신하는 것에서 벗어나 자연의 실체를 있는 그대로 들여다보길 바랐습니다. 그게 진정한 학자의 자세라고 생각했죠. 하지만 그의 주장은 모든 학문의 기초와 종교적 교리를 뒤흔들 만큼 위험천만했기 때문에 사람들은 쉽게 받아들이지 않았던 것입니다.

새로운 별의 등장에 관해 과학자들과 논쟁을 벌이던 갈릴레오는 교수 재임용이라는 새로운 고민에 휩싸였습니다. 아리스토텔레스 이론을 신봉하는 이들과 논쟁을 벌였다는 이유로 또다시 허무하게 쫓겨날 수는 없었던 갈릴레오는 스스로 살길을 모색했습니다. 대학 재임용에 실패하더라도 자신을 고용해 줄 수 있을 만한 인물을 찾는 것이었죠.

갈릴레오가 찾아간 인물은 당시 이탈리아에서 가장 명망 있는 가문 중 하나인 메디치 가문의 차기 수장이 될 코시모 2세Cosimo II였습니다. 그는 갈릴레오에게 수학을 배웠던 제자이기도 했죠. 갈릴레오는 자신이 발명한 군사용 컴퍼스 사용법을 다룬 책을 출판해 코시모 2세를 찾아갔습니다. 그리고 이 책을 코시모 2세에게 바쳤습니다. 《기하학적, 군사적 컴퍼스에 대한 저술》이라는 제목의 책에는 '빛나는 토스카나의 군주 코시모 메디치 각하에게'라는 문장이 적혀 있습니다. 사진에서 빨간 박스로 표시한 부분입니다. 이걸로는 모자란다고 생각했는지 서문에 헌정문까지 넣으며 미래의 권력자인 코시모 2세와의 관계를 탄탄하게 만들려고 했습니다. 다음은 헌정문의 일부입니다.

"고귀한 왕자님이시여, 전하의 미덕과 그 훌륭한 가문의 장점에 대한 칭송을 이곳에 모두 글로 적는다면 서문이 본문보다 훨씬 더 길어질 것입니다. 그 같은 일을 시도조차 하지 않는 까닭은 전부는 고사하고 절반이라도 마무리할 수 있을지 자신이 없기 때문입니다."

이 같은 노력 덕분인지 갈릴레오는 든든한 후원자를 확보하며 임용 탈락이라는 해고의 칼날을 무사히 피하고 다시 연구에만 매달릴 수 있게 되었습니다.

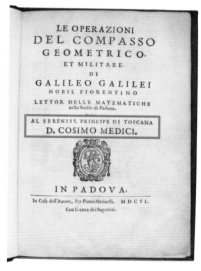

《기하학적, 군사적 컴퍼스에 대한 저술》

갈릴레오의 인생을 뒤집어놓은 망원경

아리스토텔레스의 이론을 반박하면서 논란이 끊이지 않았던 갈릴레오지만 다양한 연구 성과 덕분에 입지를 다져나갈 수 있었습니다. 그런 그가 1609년에 한 물건을 만나면서 거짓말처럼 운명이 달라졌습니다. 그것은 평생의 업적을 남기는 영광을 안겨다 준 동시에 남은 인생을 송두리째 뒤흔드는 비극 또한 가져다준 물건이었습니다.

1609년, 갈릴레오는 이웃 나라 네덜란드의 미델뷔르흐의 안경 제작자들이 새로운 기구를 발명했다는 소식을 전해 들었습니다. 그 물건은 멀리 있는 물체도 가까이에 있는 것처럼 보이게 만드는 신기한 물건이었죠. 바로

네덜란드가 발명한 망원경

망원경입니다.

당시 발명한 망원경은 안경 렌즈를 활용해 어떤 물체라도 3~4배로 확대해 볼 수 있었습니다. 이 소식을 들은 갈릴레오는 망원경을 직접 만들어 봤습니다. 이제껏 다양한 기구를 개량하고 발명했던 노하우를 발휘해 망원경을 실제로 보지도 않은 상태에서 안경 렌즈를 활용했다는 소식만으로 만들어내는 데 성공했습니다. 그것도 단 이틀 만에 렌즈를 더 정교하게 갈아내 무려 9배나 더 크게 볼 수 있는 망원경으로 개량한 것입니다.

갈릴레오는 가장 먼저 베네치아의 상징인 산 마르코 광장의 높은 종탑에 귀족과 고위 공직자들을 초대했습니다. 그리고 9배율 망원경을 시연했습니다. 157쪽의 그림에서 망원경을 시연하는 인물은 당시 베네치아의 총독이었던 레오나르도 도나Leonardo Donà입니다. 그 옆에서 설명하는 이가 갈릴

망원경을 시연하는 베네치아 총독

레오죠. 그 뒤로 베네치아의 고위 공직자들이 서 있습니다. 갈릴레오는 귀족들에게 이 망원경만 있으면 먼 거리에 떨어진 적을 1km 거리 이내에 있는 것처럼 크게 볼 수 있고, 적을 두 시간은 일찍 발견할 수 있다는 군사적 이점을 강조했습니다. 그리고 대항해 시대에도 유용하다며 홍보했다고 합니다. 당시 망원경으로 생각할 수 있는 용도는 이처럼 한정적이었습니다.

갈릴레오는 망원경 시연과 판매를 통해 귀족들에게 확실한 눈도장까지 찍었습니다. 이들은 갈릴레오에게 평생의 연금을 보장해 주고 파도바 대학에서 받는 연봉도 두 배나 올려주겠다고 제안했습니다. 지금껏 이탈리아의 어느 대학 교수도 받아본 적 없는 대우였죠. 그리고 그해 말, 갈릴레오는 무려 20배 크기로 보이는 망원경 개량에 성공했습니다.

다음 사진 속 망원경은 갈릴레오가 한 인물에게 바친 것이기도 합니다.

가운데 문장은 그 가문을 상징하죠. 그 인물은 아버지의 뒤를 이어 이제 막 메디치 가문의 수장이 된 코시모 2세였습니다. 코시모 2세는 화려한 문양 안에 망원경의 렌즈를 따로 보관해 두었다고 합니다.

코시모 2세에게 바친 20배율 망원경

갈릴레오의 불편한 진실, 울퉁불퉁한 달의 표면

이렇게 망원경은 갈릴레오에게 안정된 미래를 가져다준 동시에 그의 이론을 증명할 최고의 도구가 되었습니다. 주로 먼바다나 적지를 보는 데 사용했던 망원경으로 하늘을 관측하면서 아리스토텔레스 이론에 정면으로 맞설 증거들을 발견하게 된 것입니다.

이때 갈릴레오가 찾은 첫 번째 증거는 달입니다. 당시까지만 해도 사람들에게 달은 완벽한 천체였습니다. 아리스토텔레스의 우주관에 따르면 신이 사는 지구 밖의 천상계는 오점 하나 없는 완벽한 원이었고, 그 가운데서도 달의 표면은 수정구처럼 매끈하고 깨끗한 것이었습니다. 달이 이런 이미지를 갖게 된 데는 종교적인 이유가 컸는데, 다음은 그 근거가 되는 《성경》의 구절입니다.

> "하늘에 큰 이적이 보이니 해를 옷 입은 한 여자가 있는데 그 발 아래에는 달이 있고 그 머리에는 열두 별의 관을 썼더라." _〈요한계시록〉 12장 1절

여기서 발 아래에 달을 둔 여성은 예수의 어머니였던 성모 마리아를 가리킵니다. 그러니까 당시 아리스토텔레스 이론에 따르면 성모 마리아가 밟고 있는 달은 맑고 매끄럽고 흠이 없어야 했죠. 화가 디에고 벨라스케스 Diego Velázquez가 그린 〈무염시태〉는 이 같은 생각을 그대로 보여줍니다. 그림에서 성모 마리아는 달을 밟고 있는데 그림자가 드리워진 달의 표면이 매끈한 것을 확인할 수 있습니다.

그런데 이처럼 완벽하고 성스러운 달의 이미지와 갈릴레오가 망원경으로 처음 들여다본 달의 모습은 완전히 달랐습니다. 갈릴레오는 1610년에 쓴 책 《별들의 전령》에 망원경으로 관측한 달에 대한 묘사를 남겼습니다. 다음은 그 일부입니다.

달을 밟은 성모 마리아 〈무염시태〉

"작은 반점들을 거듭 관측한 결과 달과 모든 천체에 대해 옛날부터 많은 철학자들이 믿었던 것과 달리, 달 표면이 매끈하거나 평평하거나 완벽한 구 모양을 하고 있지 않다는 결론에 이르렀다. 오히려 그와 반대로 달의 표면은 거칠고 울퉁불퉁하며, 높고 낮은 돌출부로 가득 차 있다. 즉 달 표면에도 지구 표면과 아주 비슷하게 높은 산과 깊은 계곡이 있다."

이 책을 본 당시 사람들의 반응은 충격 그 자체였습니다. 특히 독실한 종교인들과 아리스토텔레스의 이론을 신봉하는 이들은 망원경으로 본 것을 어떻게 믿느냐, 잘못 본 게 아니냐는 반론을 펼치며 갈릴레오의 관측 내용을 신랄하게 비판했습니다. 달이 완벽하지 않다는 것은 종교적으로는 성모 마리아의 순수성을 깨는 것이자, 천상계는 완벽하다는 아리스토텔레스의 이론에도 흠집을 내는 일이었기 때문입니다. 이렇게 갈릴레오의 달 관측은 종교계와 사회에 엄청난 파장을 불러일으켰습니다.

그런데 달은 눈으로 봐도 표면이 매끄럽지 않은 것을 확인할 수 있습니다. 당시 사람들은 달의 그러한 모습을 어떻게 생각했을까요? 이 시기에는 종교와 아리스토텔레스의 이론을 해치지 않는 선에서 다양한 해석을 내놓곤 했습니다. 가령 달을 감싼 물체가 있다거나, 수정구로 된 달의 밀도가 달라서 어둡게 보이는 부분이 생겼다는 등 여러 이론을 만들어 달이 매끄럽다는 전제를 깨뜨리지 않은 것

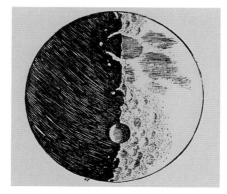

갈릴레오가 관측 후 그린 최초의 달 그림(1610년)

입니다.

그래도 갈릴레오가 달의 표면이 매끄럽지 않다는 진실을 밝힌 이후 이같은 사실을 강조해 그림을 그리는 일부 예술가들이 나타나기 시작했습니다. 로마의 산타마리아 마조레 대성당에 화가 로도비코 치골리Lodovico Cigoli가 남긴 천장화를 보면 표면이 울퉁불퉁한 달의 모습을 확인할 수 있습니다. 승천하는 성모 마리아가 밟고 올라선 달에는 분화구가 새겨져 있는데, 이를 두고 갈릴레오의 영향을 받았다고도 하고 화가가 직접 망원경으로 관측한 모습을 그린 것으로도 추측합니다.

산타마리아 마조레 대성당 천장화와 달 부분 확대

갈릴레오의 불편한 진실, 금성과 목성의 변화

갈릴레오는 달에 이어 종교계와 사회를 뒤흔드는 또 다른 불편한 진실을 발견했습니다. 아리스토텔레스의 이론을 반박할 두 번째 증거는 금성의 변화와 목성에 대한 새로운 발견입니다. 갈릴레오는 망원경으로 금성을 관찰하면서 이상한 점을 목격했습니다. 그림처럼 금성이 초승달의 모습이 되기 시작하면 점점 커지다가 보름달처럼 둥글어질 때는 작아지는 것입니다. 그는 이런 관측을 통해 금성이 초승달 모습이 되어갈 때는 지구와 가까워지면서 커지는 것이고, 둥글 때는 멀어져서 작아진다고 생각했습니다. 그리고 이런 변화는 금성이 지구가 아닌 태양을 돌고 있기 때문이라고 확신했습니다. 망원경만으로 금성의 궤도를 파악하고 천동설의 모순을 찾아낸 것입니다.

그리고 갈릴레오는 망원경으로 목성 주변을 도는 위성들을 발견하고 그

갈릴레오의 금성 스케치

림을 그렸습니다. 이는 천동설을 뒤집는 결정적인 증거였죠. 천동설에 따르면 우주의 모든 별과 행성, 그리고 행성 주위를 도는 위성들은 지구만 돌아야 합니다. 그런데 목성 주위를 도는 위성이 발견됐다는 것은 하늘의 천체들이 지구만 돈다는 이론에 오류가 있다는 뜻입니다. 한마디로 갈릴레오가 발견한 목성의 위성은 지구가 우주의 중심이라는 천동설의 근간을 완전히 깨부수는 증거였던 셈입니다.

갈릴레오가 그린 그림을 보면 동그란 것이 목성이고 그 주위의 작은 점들이 그가 발견한 4개의 위성입니다. 날마다 목성을 관찰한 결과 이 위성들이 목성을 중심으로 방향은 달라져도 늘 그 주위만 맴돈다는 사실을 알게 됐습니다. 만약 지구가 중심이라면 위성들은 그림처럼 목성의 움직임에 따라 변화를 보이지 않았을 것입니다. 때문에 위성의 발견은 천동설의 명백한 오류라 할 수 있습니다.

갈릴레오는 이 발견을 계기로 최고의 명예를 얻었습니다. 메디치 가문이 갈릴레오를 당시 그들이 다스리던 토스카나 공국의 수학 및 철학 담당직에 임명한 것입니다. 지금으로 따지면 대통령의 수학 자문이 된 것이죠. 갈릴레오가 이 같은 명예를 얻은 것은 자신이 발견한 목성의 위성에 메디치 가문의 이름을 붙였기 때문입니다. 그는 목성 주변을 돌고 있는 위성 4개에 대해 코시모 2세 대공, 프란체스코, 카를

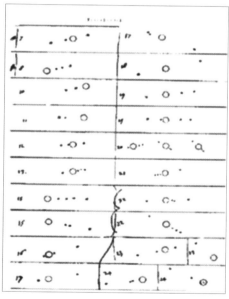

갈릴레오가 그린 목성의 위성들

목성 주위 네 개의 별들

로, 로렌초 이 4인의 메디치 가문 사람들의 이름을 붙였고 이 위성들을 통틀어 '메디치의 별'이라고 불렀습니다. 이 위성들은 차후 칼리스토, 가니메데, 유로파, 이오라는 이름으로 불리게 됩니다. 하지만 학계의 인정도 받지 않은 갈릴레오가 교회의 진리를 뒤흔들려고 하자 종교계는 심기가 불편해졌습니다.

갈릴레오의 불편한 진실, 흑점의 정체

갈릴레오는 메디치 가문의 명성을 등에 업은 후에도 계속해서 하늘을 관측했습니다. 그러던 중 그의 행보를 예의주시해 오던 종교계를 발칵 뒤집는 이론을 내놓았습니다. 아리스토텔레스가 주장한 천상계의 신성성에

흠집을 내는 태양의 흑점에 관한 불경한 해석이었죠. 당시 신 중심적 가치관 속에서 태양의 존재는 지구만큼 특별했습니다. 《성경》에 따르면 신이 이 세계를 창조할 때 가장 먼저 빛을 상징하는 태양을 만들었다고 합니다. 때문에 태양은 천상계 안에서도 더욱 완전무결한 존재였습니다. 사람들은 《성경》에 기록된 태양의 움직임을 통해 천상계의 질서인 천동설을 입증하려고 했는데, 다음은 그 근거가 되는 구절입니다.

> "땅을 기초 위에 세우셨으니, 그것이 제자리에서 영원토록 요동하지 않을 것이오." _〈시편〉 104장 5절
> "떴다 지는 해는 다시 떴던 곳으로 숨 가쁘게 가고" _〈전도서〉 1장 5절

위의 구절에서 땅인 지구는 움직이지 않고 태양이 움직이고 있습니다. 오랜 시간 《성경》을 영원불변의 진리라고 배우고 믿어온 사람들은 이 구절이 천동설을 뒷받침하는 근거라고 생각했습니다. 이런 상황에서 종교계가 아리스토텔레스의 이론을 바탕으로 한 천동설의 오류를 인정하기란 쉽지 않은 일이었죠. 그런데 갈릴레오가 학계의 인정도 확실히 받지 않은 채 교회가 쌓은 진리를 뒤흔들려고 하니 종교계는 심기가 불편해질 수밖에 없었습니다. 이런 팽팽한 긴장감 속에서 갈릴레오가 1611년에 태양에서 발견된 거뭇거뭇한 점인 흑점에 대한 새로운 해석을 내놓은 것입니다.

태양 표면의 특정 부분에서는 강한 자기장 활동이 일어나고 있습니다. 이는 태양의 대류에 영향을 주어 열이 균일하게 전달되지 못하는 현상이 발생합니다. 그러면 그 주변의 온도가 떨어지면서 상대적으로 어둡게 보이

는 현상이 생기는데, 이를 흑점이라고 합니다. 갈릴레오는 태양의 흑점을 발견한 뒤 그 움직임을 꼼꼼히 관찰하였고, 이를 근거로 흑점이 태양 자체에서 뿜어져 나오는 것이라고 생각했습니다.

하지만 아리스토텔레스의 이론을 추종하는 사람들과 종교계의 생각은 달랐습니다. 일부 학자들은 흑점을 태양 자체의 흠이 아니라 태양 근처에 있는 천체들의 그림자라고

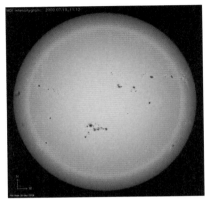

흑점

주장했는데, 이 주장에 힘을 실어준 이들이 예수회라는 교단과 그곳에 속한 학자들이었습니다. 예수회는 유럽에서 종교개혁이 일어난 후 로마 가톨릭의 권위가 흔들리자 더욱 강력하게 가톨릭의 교리를 지키려고 했던 엘리트 집단입니다. 이들은 유럽 전역에 200여 개의 대학을 세우고 가톨릭 사상을 주입한 교육을 펼치며 '가톨릭의 최전방 수호대'라 불렸습니다. 그런 예수회의 눈에 흑점에 관한 갈릴레오의 의견은 신이 만든 신성한 천상계를 모독하는 것처럼 보였습니다.

예수회는 자신들의 교리를 지키기 위해 잔혹한 일도 마다하지 않았습니다. 갈릴레오처럼 가톨릭의 관점에서 불경해 보이는 우주관과 교리 해석을 내놓았던 조르다노 브루노Giordano Bruno라는 당대의 철학자를 종교재판에 회부하고 8년 동안 심문하다가 끝내 화형에 처한 것입니다. 이처럼 경직된 분위기에서 지동설을 주장한 갈릴레오 역시 시련을 맞이해야 했습니다. 그가 《성경》과 과학의 관계에 대해 지인과 주고받은 편지 내용이 문제가 된 것입니다.

"《성경》을 풀이하는 주석가는 틀릴 수 있습니다. (중략) 그 안에 담긴 무한하고 높고 감탄할 만한 결론을 가지고 있었다면 과학에서는 이렇게 아무것도 아닌 것처럼 다루지는 않았을 겁니다. (중략) 《성경》에는 원래의 의미에 관해 많은 거짓된 서술이 있습니다."

1613년 12월 21일에 작성한 이 편지에서 갈릴레오는 《성경》을 해석하는 사람이 틀릴 수 있고, 신학에서 발견한 것을 과학에서는 더 대단하게 다룰 수 있다고 했습니다. 그리고 《성경》에는 원래의 의미와는 다르게 거짓된 서술이 있다는 의문을 제기한 것입니다. 그동안 갈릴레오가 흑점을 비롯해 금성과 목성, 달에 대한 새로운 발견으로 천동설에 이의를 제기해 온 것이 못마땅했던 종교계와 예수회 소속 학자들은 끝내 폭발하고 말았습니다.

뒤늦게 상황을 파악한 갈릴레오는 편지 원본을 찾아 수정하기 시작했습니다. 《성경》 주석가가 틀릴 수 있다는 문장을 때때로 오해할 수 있다는 말로 고쳤으며, 《성경》에 거짓된 서술이 있다는 내용은 단어의 의미만 보면 진리와 다르게 보이는 부분이 있다는 말로 순화했죠. 이런 노력에도 불구하고 갈릴레오는 로마로 소환되고 말았습니다. 갈릴레오가 주장하는 지동설이 유죄라고 판단한다는 특별 경고장을 예수회가 종교재판소에 제출한 것입니다. 1616년 2월 24일, 교황청은 갈릴레오가 코페르니쿠스의 지동설 견해를 버려야 하며 여기에 동의하지 않으면 감옥에 보낼 수 있다고 경고했습니다. 결국 갈릴레오는 교황청이 요구하는 내용에 강제로 서약했습니다. 다음은 서약 내용의 일부입니다.

"저는 로마 교황과 성직자들의 전통 그리고 교회의 규범을 확고히 믿고 따릅니다. 또 오래전부터 믿어왔던 대로, 그리고 성서의 진정한 뜻과 그에 대한 해석을 판단할 권한이 있는 성모 마리아의 교회가 지지하는 대로 성서를 믿습니다. (중략) 다른 방식으로 성서를 믿거나 풀이하지 않을 것입니다."

갈릴레오는 절대 권력을 가진 교황청의 명령에 반발하면 생계는 물론 목숨마저 위태로워진다는 사실을 잘 알고 있었습니다. 게다가 자신과 마찬가지로 가톨릭 교리에 어긋나는 주장을 하던 조르다노 브루노가 얼마나 끔찍한 고문과 화형을 당했는지 알고 있었기 때문에 납작 엎드릴 수밖에 없었습니다.

이후 교황청은 코페르니쿠스의 지동설이 담긴 《천구의 회전에 대하여》를 금서로 지정했습니다. 흥미로운 사실은 이 책이 4년 뒤, 내용 수정을 전제로 금서 목록에서 해제되었다는 것입니다. 아마도 종교계는 지동설 자체를 완전히 막기보다 갈릴레오가 더 이상 이 책을 근거로 '지구가 움직인다', '《성경》도 오류가 있다'라는 등의 불경한 주장을 할 수 없게끔 잠시 봉쇄한 것으로 짐작할 수 있습니다.

두 번째 종교재판에 불려간 갈릴레오

강제 서약이라는 굴욕에도 불구하고 갈릴레오는 1633년에 두 번째 종교재판을 받게 되었습니다. 첫 번째 종교재판 이후 조용히 지내던 갈릴레오는 1623년이 되자 들뜬 희망을 품기 시작했습니다. 오랜 벗이자 자신을 지지해 주던 마페오 바르베리니Maffeo Barberni 추기경이 새로운 교황에 오른 것입니다. 갈릴레오는 표지와 서문, 결론에 대한 검열까지 받으라는 까다로운 전제조건을 내건 새로운 교황 우르바누스 8세Urbanus VIII의 허락을 받고 1632년에 《대화》라는 책을 출간했습니다.

이 책은 매우 독특한 형식을 갖췄습니다. 총 4막으로 구성된 연극 같은 이야기로, 세 명의 인물이 제목대로 '대화'를 나누며 내용을 전개하는 것입니다. 그중 한 명은 천동설을 지지하는 사람(아리스토텔레스), 다른 한 명은 지동설을 지지하는 사람(코페르니쿠스), 나머지 한 명은 그냥 지식인(프톨레마이오스)으로 이들의 우주관과 지구의 자전, 공전 문제를 바라보는 차이가 드러나는 내용을 담고 있습니다.

갈릴레오는 대화라는 형태로 책을 썼지만, 논쟁꾼이었던 자신의 모습을 교묘히 드러냈습니다. 먼저 지동설을 주장하는 살비아티는 갈릴레오의 아바타로 매우 지적인 인물입니다. 그리고 천동설을 주장하는 심플리치오는 바보, 얼간이라는 뜻의 심플리시오토(simpliciotto)에서 이름을 따온 인물로 단순하고 무식한 모습을 보여줍니다. 마지막으로 지식인 세그레도는 살비아티와 심플리치오를 중재하는 척하면서 살비아티의 편을 드는 인물이죠. 사람들은 어려운 과학 이야기를 대화 형식으로 쉽게 풀어주는 이 책을 보고 지동설이 상당히 근거 있는 주장이라 생각하기 시작했습니다. 당시 《대화》는 큰 인기를 얻었는데 가장 인기 있을 때의 책값이 일반 가정의 2개월 생활비만큼 올라갔다고 합니다.

그런데 검열관들의 통과를 받아 로마에서 출판한 이 책 때문에 갈릴레오는 두 번째 종교재판에 서게 됐습니다. 새로운 교황은 이 책을 출판할 때 갈릴레오에게 지동설을 강하게 주장하지 않는다는 조건을 걸었는데, 갈릴레오는 오히려 등장인물의 대화를 통해 지동설의 근거를 더욱 세세하게 언급한 것입니다. 이 책을 읽은 예수회 학자들과 종교계가 반발하자 교황도 더 이상 갈릴레오의 편을 들어줄 수 없게 되었습니다. 종교개혁 이후 프로테스탄트와 가톨릭교회가 세력 다툼을 하는 상황에서 교황 우르바누스 8세는 가톨릭 세력, 그중에서도 특히 강한 영향력을 행사하던 예수회의 세력을 무시할 수 없었습니다. 이들은 교황에게 갈릴레오의 책을 금서로 지정할 것을 촉구했습니다. 이런 현실에 떠밀린 교황은 갈릴레오에게 즉시 종교재판소로 올 것을 명령했으며 이를 듣지 않는다면 병사들을 보내 쇠사슬로 묶어 끌고 오겠다고 했습니다.

1633년, 갈릴레오는 교황의 명령에 따라 종교재판소로 향했습니다. 그림은 재판정에 선 갈릴레오의 모습을 상상한 것입니다. 재판관들 앞에 무릎을 꿇고 앉아 있는 갈릴레오는 종교개혁 세력을 지지하는 것은 아니며 지구가 움직이는 게 맞다고 항변했습니다. 하지만 첫 번째 재판에서 지동설을 언급하지 않겠다고 맹세한 서약을 스스로 어기고, 지구의 공전과 관련된 책을 또다시 낸 죄로 유죄가 선고됐습니다. 이번에도 갈릴레오는 다음과 같은 강제 서약을 했습니다.

> "태양이 우주의 중심이고 지구가 우주의 중심이 아니며 지구가 움직이고 있다는 거짓 의견을 완전히 버릴 것이며, 앞으로 이단의 의혹을 받을 수 있는 그 어떤 것도 말이나 글로 주장하지 않을 것임을 맹세합니다."

종교재판을 받는 갈릴레오

안타깝게도 갈릴레오는 코페르니쿠스와 자신이 이뤄낸 위대한 발견을 모두 철회하고, 이제껏 자신이 한 주장이 모두 이단적이라고 참회해야 했습니다. 이미 70세에 가까운 나이였던 갈릴레오로서는 재판 과정을 버티는 것 자체가 힘에 부쳤습니다. 게다가 종교재판 과정에서 자신이 주장하던 과학적 내용을 향한 비판을 듣는 것만으로도 정신이 산산이 부스러질 정도였다고 합니다. 다만 신념을 저버린 맹세 덕분에 갈릴레오는 목숨만은 부지할 수 있었습니다. 이때 갈릴레오가 재판정을 나오면서 "그래도 지구는 돈다"라고 중얼거렸다는 이야기가 널리 알려졌는데, 이는 사실이 아닙니다. 역사에 기록된 내용이 전혀 없으며, 갈릴레오를 영웅으로 만들고 싶은 후대 작가들과 예술가들에 의해 이 말이 쓰이면서 그가 한 말로 둔갑한 것입니다.

어렵게 목숨만 부지한 갈릴레오의 벌은 여기서 끝나지 않았습니다. 남은 평생을 집에 갇혀 지내는 종신 가택 연금형을 받은 것입니다. 그리고 3년 동안 매주 7대 고해성사를 음송하라는 벌도 내렸죠. 결국 갈릴레오의 책 《대화》는 금서로 지정됐고 그러는 사이 그는 한쪽 눈의 시력을 완전히 잃었습니다. 게다가 새로운 책을 쓰는 도중 나머지 한쪽 눈의 시력도 완전히 잃게 되었죠. 실명의 이유로는 오랜 시간 망원경으로 눈부신 태양과 밤하늘을 바라본 탓이라는 주장부터 선천성 기형, 백내장에 이르기까지 다양한 설이 존재합니다.

1642년 1월 8일, 갈릴레오는 자택에서 눈을 감았습니다. 과거 최고의 수학자라는 칭호를 받았던 그였으나, 교황청에서 내린 장례식 및 묘비 금지령으로 인해 산타 크로체 성당의 아주 작은 예배당 한구석에 쓸쓸히 묻혀야 했습니다. 죽음 이후에도 갈릴레오는 평탄하지 못했습니다. 그의 묘를 이장하는 과정에서 치아와 척추뼈, 오른손의 엄지, 검지, 중지가 사라진 것입니다. 300년 가까이 종적을 감췄던 갈릴레오의 손가락은 2009년에서야 골동품 수집가에 의해 발견되었습니다. 끝내 그의 손가락 하나는 시신과 함께 묻히지 못하고 별도로 보관돼 전시되고 있습니다.

갈릴레오는 지동설의 유력한 증거들을 여러 차례 제시했으나 당시의 기술로 지동설을 완벽하게 증명하는 것은 불가능한 일이었습니다. 그리고 종교계가 단지 지동설을 지지했다는 이유로 갈릴레오를 탄압한 것이 아니라, 완벽히 확인되지 않은 가설이 종교적 교리와 해석의 문제로 확대되는 것을 두려워했다는 사실이 후대에 알려지게 되었고, 시간이 흘러 과학이 발달함에 따

갈릴레오의 손가락

라 갈릴레오의 주장이 틀리지 않았다는 것도 밝혀졌습니다.

1661년, 금서였던 《대화》가 해외에서 영어판으로 출간됐으며, 1737년에는 산타 크로체 교회의 구석에 숨기듯이 매장했던 갈릴레오의 시신이 피렌체를 빛낸 다른 위인들의 묘가 안치된 산타 크로체 성당 본관으로 이장됐습니다. 교황청은 1835년이 돼서야 갈릴레오의 《대화》를 약 2세기 만에 금서 목록에서 제외하고 지동설을 공식적으로 인정했죠. 그리고 마침내 그가 죽은 지 350년이 지난 1992년, 당시 로마 교황이었던 요한 바오로 2세John Paul II는 갈릴레오의 종교재판이 잘못된 것임을 공식적으로 인정하고 이에 대해 사과했습니다. 결국 갈릴레오의 과학적 발견은 결코 헛되지 않았던 것입니다.

17세기를 거쳐 과학은 중요한 대변혁을 이끌어냈는데 그 중심에는 갈릴레오가 있습니다. 그가 남긴 과학적 유산들이 기초가 된 것입니다. 그리고 이러한 이론을 집대성한 인물인 아이작 뉴턴Isaac Newton이 등장해 만유인력의 법칙을 만들어냈습니다. 뉴턴은 "나는 거인의 어깨 위에 올라가 있었기 때문에 멀리 볼 수 있었다"라는 말을 남겼는데, 그 거인은 당대 최고의 학자였던 케플러, 데카르트Descartes, 그리고 갈릴레오를 가리킨다고 합니다. 갈릴레오의 삶을 통해 상식과 고정관념에서 벗어나 세상을 바라볼 때 비로소 그 틀을 깰 수 있다는 사실을 기억하기를 바랍니다.

벌거벗은 찰스 다윈과 우생학

진화론이 낳은 돌연변이

염운옥

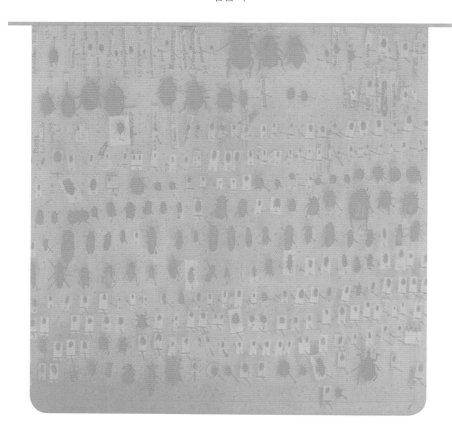

● 지금부터 사회, 종교, 과학 등 여러 분야에서 큰 논쟁을 불러일으킨 주제이자 현재까지도 세계를 뜨겁게 달구며 논란의 중심에 선 이야기를 하려 합니다.

"우월한 인간의 조건은 무엇일까요?"

서양에서는 파란 눈, 금발 머리, 건장한 체격 등을 언급하기도 합니다. 이는 모두 독일 나치의 수장이자 독재자였던 아돌프 히틀러Adolf Hitler가 원한 '인간의 조건'입니다. 사진은 나치 독일이 만든 출산 장려 기관인 레벤스보른입니다. '생명의 원천'이라는 뜻을 가진 이곳의 정체는 우수한 독일인 혈통을 유지하기 위한 실험장이었습니다. 레벤스보른 보육원은 독일인 미혼모 여성의 출산을 권장했고 동유럽에서는 독일인 혈통의 아이들을 납치하기도 했습니다. 나치가 독일을 지배하던 시기에 이곳에서 무려 8,000여 명의 여성이 각자 두세 명의 아이를 출산한 것으로 알려져 있습니다. 그렇

독일 나치의 레벤스보른 보육원

게 태어난 아이들은 보육 시설에서 세뇌 교육을 받거나 나치 친위대 가정에 입양되었다고 합니다.

나치 독일이 무너진 후 이 같은 시도는 끝난 듯했지만 좋은 혈통과 우월한 유전자에 대한 갈망은 계속됐습니다. 2018년 중국의 허젠쿠이賀建奎 교수가 원하는 방식으로 유전자를 편집해 쌍둥이를 출산시킨 것입니다. 이는 이제껏 윤리적 문제로 철저히 금지해 온 과학의 금단을 깬 엄청난 사건이었습니다. 우월한 유전자를 향한 인간의 욕심이 끝날 줄 모르고 지금까지 이어진 것입니다.

인간이 인간을 조작하고 개조할 수 있다는 위험한 발상은 19세기 말 전 세계를 휩쓸었던 우생학에서 시작했습니다. 우생학은 인간의 등급을 나누고 우수한 형질만을 물려주자는 학문입니다. 이후 우생학은 사회적 약자에 대한 차별과 편견을 조장하며 엄청난 파괴력을 갖게 되었습니다. 놀라운 사실은 우생학의 뿌리가 한 인물에 닿아 있다는 것입니다. 그는 인류 최고의 발견인 '진화'를 밝혀내며 수천 년간 흔들리지 않았던 '생명은 불변한다'라는 부동의 진리를 깨부순 생물학자 찰스 다윈Charles Darwin입니다. 그가 정립한 진화론은 신이 인간을 창조했다는 고정관념을 무너뜨렸습니다. 때문에 혹자는 다윈을 가리켜 기독교의 창시자 예수Jesus, 이슬람교의 창시자 마호메트Mahomet, 근대 과학의 창시자 뉴턴보다 위대한 인물이라 일컫기도 합니다. 대체 다윈은 우생학과 어떤 연관이 있는 걸까요?

오랜 시간 기독교적 세계관을 유지해 온 유럽은 신이 창조한 생명의 종은 불변하는 것이라고 믿었습니다. 따라서 모든 동식물은 처음부터 변하지 않는 하나의 종으로 만들어졌다고 생각했죠. 그런데 다윈은 생물은 고정불변하는 것이 아니며 자연환경에 따라 서서히 변화한다는 사실을 발견했습니다. 예를 들어 고래는 포유동물로 원래 육지에 살았으나 먹이다툼이 심해지자 바다로 이동했고, 그 결과 육지에 남은 고래보다 바다로 간 고래들이 더 많이 살아남았다는 것입니다. 이게 바로 진화론의 핵심인 '자연선택'입니다.

문제는 일부 사람들이 다윈의 자연선택 개념을 '강하고 우월한 자들만이 살아남는다'라는 '적자생존'으로 잘못 해석했다는 데 있습니다. 그들은 인류라는 종 전체를 진화시키려면 열등한 인간은 도태되어야 한다는 위험한 발상을 내놓았고, 다윈의 의도와는 전혀 다른 사이비 과학인 우생학이 탄생했습니다. 당시 영국의 수상이었던 윈스턴 처칠Winston Churchill, 미국의 시어도어 루스벨트Theodore Roosevelt 대통령과 사회 운동가 헬렌 켈러Helen Keller, 기업가 존 록펠러John Rockefeller 등 유명 인사들이 우생학을 지지하기도 했습니다. 이후 우생학은 사회적 약자를 향한 차별과 편견을 조장하며 엄청난 파괴력을 갖게 되었습니다. 지금부터 세계사에 큰 파장을 일으킨 다윈의 진화론부터, 인류 역사의 어두운 민낯이자 진화론이 낳은 돌연변이인 우생학의 실체까지 벌거벗겨 보겠습니다.

의사 집안의 금수저, 다윈

1809년 2월 12일, 영국 슈루즈베리에서 인류의 역사를 뒤바꾸게 될 생물학자 찰스 다윈이 태어났습니다. 다윈의 친가는 대대로 의사 집안으로, 특히 친할아버지는 영국 국왕 조지 3세George III의 주치의를 권유받을 만큼 뛰어난 실력과 사회적 명망이 두터웠습니다. 외할아버지는 영국에서 최초로 도자기 대량생산에 성공한 고급 브랜드 웨지우드의 창시자였죠. 다윈이 태어난 슈루즈베리는 여의도 면적의 약 7.5배나 되는 넓은 면적을 자랑했는데 이 땅의 4분의 3이 다윈 집안 소유라는 말이 있을 정도로 부자였다고 합니다. 덕분에 다윈은 평생 직업이라는 것을 가져본 적이 없었습니다. 게다가 돈복을 타고난 것인지 재테크에 능해 주식 투자로 큰돈을 벌었고, 말년에는 베스트셀러 작가가 되어 저작권료로 먹고살았습니다. 금수저로 태어나 평생 자신이 하고 싶은 연구만 한 것이죠.

2남 4녀 중 다섯째로 태어난 다윈은 집안이 소유한 넓은 산과 정원에서 마음껏 뛰어놀며 자연에 관심이 많은 아이로 자랐습니다. 원예가 취미였던 아버지의 영향으로 집안에는 온실과 다양한 식물들이 있었는데, 이런 식물을 가꾸고 돌보는 데 온통 정신을 빼앗겼죠. 하지만 다윈의 아버지는 공부는 내팽개친 채 산과 들로 뛰어다니는 아들을 혼냈습니다.

"너는 신경 쓴다는 일이 사냥하고 강아지 돌보고 쥐 잡는 것밖에 없구나. 그래서는 자신에게나 집안에나 망신거리밖에 되지 않을 게야."

사실 다윈의 아버지는 7세라는 어린 나이에 어머니를 여읜 아들에게 매우 다정했습니다. 그런데 기숙학교를 졸업할 무렵인 16세까지도 공부에는 전혀 관심이 없자 크게 혼낸 것입니다. 아들의 장래를 걱정하던 아버지는 결국 특단의 조치를 내렸습니다. 다윈과 형 이래즈머스Erasmus를 에든버러 의과대학에 보낸 것입니다. 집안의 도움으로 의대에 입학한 다윈의 대학 생활은 험난했습니다. 진도를 따라가지 못했고 학업에 흥미를 느끼지도 못했기 때문입니다.

게다가 의대 실습으로 수술실에 들어갔다가 잔인한 수술 방식을 보고 트라우마가 생길 정도로 큰 충격을 받기도 했습니다. 이 시기는 마취제를 발명하기 전이어서 환자들은 수술받을 때 고문과 다름없는 고통을 생생히 느껴야 했습니다. 수술실 풍경은 도살장을 연상케 했죠. 그림은 영국의 풍자만화가 토머스 롤런드슨Thomas Rowlandson이 1785년에 하지 절단술을 받는 환자의 모습을 그린 것입니다. 이때 의사의 실력을 판가름하는 독특한 기준이 있었는데, 수술 시간이 길어지면 환자가 고통을 느끼는 정도도 그만큼 커지므로 수술 시간이 가장 짧은 의사의 실력을 높이 평가했다고 합니다. 당시 한 의사가 하지정맥 수술을 2분 30초 만에 끝냈다는 이야기도 있습니다.

의대에서 어린아이의 수술 실습에 들어갔다가 몸부림치는 아이를 보며 큰 충격을 받은 다윈은 다시는 수술실에 들어가지 않았습니다. 이 소식을 들은 아버지는 다윈이 집에 돌아오는 것을 허락했습니다. 비위가 약했던

18세기의 하지 절단술

다윈의 아버지도 의대 수업을 힘들어했기에 더는 아들에게 의사가 되라고 강요할 수 없었던 것입니다. 대신 아버지는 다윈에게 성직자가 될 것을 권유했습니다. 다윈이 살던 빅토리아 시대에는 의사와 성직자가 가장 인기 있는 직업 순위를 다투었습니다. 세상의 중심에 기독교가 있었기에 성직자가 되면 사회적인 명성을 얻을 수 있었죠. 또 시간적인 여유가 있어 다윈이 좋아하는 식물 관찰을 하기에도 좋았습니다. 때문에 아버지는 사회적 체면을 유지하며 아들이 좋아하는 일도 할 수 있는 성직자를 권유한 것입니다. 당시 대학은 시험 없이 추천서와 면접만으로 입학이 가능했기에 다윈의 대학 입학은 어렵지 않았습니다. 아버지의 의견을 받아들인 다윈은 19세가 된 1828년에 케임브리지 대학에서 신학 공부를 시작했습니다.

곤충 채집에 빠진 수집광

성직자가 되길 바라는 아버지의 기대와 달리 다윈은 신학 대신 자신이 좋아하는 일에 한눈을 팔았습니다. 이 시기 다윈은 무언가를 수집하는 일에 빠져 있었습니다. 자연에 관심이 많던 어린 시절부터 수집욕이 강해 다양한 식물과 곤충을 모으던 수집광 다윈은 대학에서 만난 식물학 교수로부터 표본 만드는 방법을 배우면서 더욱 수집에 빠져들었습니다. 이때 가장 열성적으로 수집한 것이 바로 딱정벌레입니다.

당시 그가 얼마나 열성적으로 수집을 했는지 알 수 있는 일화가 있습니다. 어느 날 다윈은 나무껍질을 벗기다가 신기한 딱정벌레 두 마리를 발견했습니다. 양손에 딱정벌레를 한 마리씩 쥐어 든 그때 다윈의 눈에 또 다

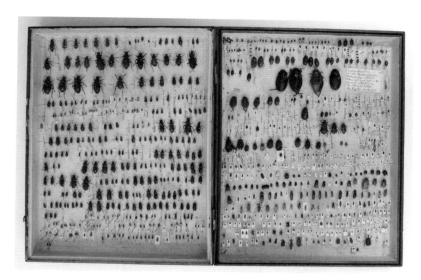

다윈의 딱정벌레 컬렉션

른 종의 딱정벌레가 들어왔습니다. 새로운 딱정벌레를 놓치고 싶지 않았던 다윈은 오른손에 든 딱정벌레를 입에 넣고 또 다른 딱정벌레를 손에 쥐었습니다. 하지만 딱정벌레가 입안에서 독액을 뿜어 양손에 든 딱정벌레를 모두 놓치고 입속의 것도 내뱉고 말았다고 합니다. 다윈은 여기서 그치지 않고 일꾼까지 고용해 오래된 나무의 이끼를 벗겨내고 그 안에 숨어 있는 희귀한 딱정벌레들을 찾아냈습니다. 이렇게 수집한 딱정벌레에 이름을 지어주고 많은 애정을 쏟았죠. 친구들은 그런 다윈을 '딱정벌레 사냥꾼'이라고 부르는가 하면 딱정벌레에 올라탄 다윈의 그림을 그리면서 놀리기도 했습니다.

다윈의 엄청난 수집욕과 탐구심은 훗날 벌레나 곤충을 잡아먹는 식충식물을 최초로 발견하는 계기가 되었습니다. 어릴 때부터 식물과 곤충에 관

딱정벌레 사냥꾼 다윈

심을 가져온 것이 새로운 발견에까지 영향을 미친 것입니다. 다윈과 평생을 함께한 관찰과 수집이라는 취미는 프랑스의 생물학자인 장 앙리 파브르 Jean-Henri Fabre와 친해지는 계기가 되었습니다. 다음은 다윈이 파브르에게 보낸 편지의 일부입니다.

> "곤충이 제집으로 돌아가는 길을 찾아낸다는 당신의 훌륭한 실험과 관련하여 한 가지 제안을 해도 될까요? 나는 전부터 비둘기가 집으로 돌아가는지 실험해 보고 싶었습니다."

다윈은 파브르와의 편지에서 곤충에 관한 다양한 견해를 주고받았으며, 때로는 자신이 하기 힘든 실험을 권유하는 내용의 편지를 보내기도 했습니다.

비글호 항해의 시작과 진화론의 첫걸음

대학에 다니며 생물 관찰과 수집에 열성을 쏟던 다윈은 어느 날 한 통의 편지를 읽고 흥분을 감추지 못했습니다. 평소 알고 지내던 식물학자 존 스티븐스 헨슬로John Stevens Henslow로부터 영국 해군 함선인 비글호 탑승을 제안받은 것입니다. 이 시기 영국은 빅토리아 여왕의 주도하에 유럽의 주도권을 잡아가고 있었습니다. 그와 함께 세계로 눈길을 돌리며 바닷길 탐사에도 심혈을 기울였죠. 유럽 밖으로 식민지를 늘리고 그곳에서 수탈한 자원을 영국으로 들여오기 위해서는 해양 지리를 꿰고 있어야 하는데, 비글호는 정확한 지도 제작을 위해 만든 해양 탐사선이었습니다. 강아지 비글처럼 이곳저곳을 돌아다니며 측량하라는 의미로 비글호라는 이름을 지었다고 합니다.

영국의 해양 탐사선 비글호

비글호가 전 세계의 바다를 누비기 위해 두 번째 출항을 준비하던 때, 다윈에게 비글호 탑승이라는 뜻밖의 기회가 찾아온 것입니다. 민간인이었던 다윈은 선장의 말동무 자격으로 군함에 탑승했습니다. 당시 선장은 귀족 출신으로 일반 선원들과 말을 섞거나 대화할 수 없었습니다. 한 번 출항하면 집과 가족을 떠나 몇 년씩 떠돌아야 하는데, 비글호의 첫 번째 항해를 이끈 선장은 말동무도 없이 극심한 외로움과 우울증에 시달리다가 자살해 버리고 말았습니다. 두 번째 항해를 맡은 선장 로버트 피츠로이Robert Fitzroy는 이 사실을 알고 자신의 말동무를 해줄 사람을 구했습니다. 그때 평소 호기심이 많고 새로운 동식물을 발견하길 좋아했던 수집광 다윈에게 비글호 탑승 기회가 주어진 것입니다.

아버지의 허락을 겨우 얻어낸 다윈은 소개 편지를 들고 피츠로이 선장을 찾아가 면접을 봤습니다. 그런데 선장은 다윈의 뭉툭한 코를 보고 열정과 의지가 부족할 것 같다며 다윈의 탑승을 고민했습니다. 1830년대 런던

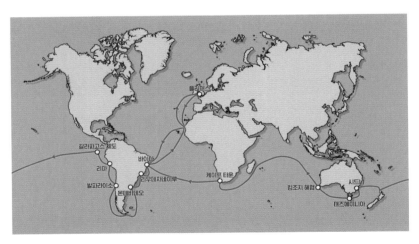

비글호의 항해 지도

에서는 두개골의 형상이나 이목구비로 인간의 성격과 심리적 특성, 지능, 능력, 의지, 운명 등을 추정하는 골상학이 유행했습니다. 얇은 눈매는 사기꾼일 확률이 높고, 턱이 튀어나오면 여자를 밝힌다는 식으로 외모와 성격을 연관 지어 파악한 것입니다. 우리나라에서 눈이 큰 사람은 겁이 많다고 생각하는 관상과 비슷합니다. 다행히도 다윈의 해박한 지식을 확인한 선장은 탑승을 승낙했습니다.

1831년 12월 27일, 다윈은 22세의 나이로 비글호에 올랐습니다. 그의 인생을 송두리째 뒤흔들고 인류 역사에 한 획을 긋는 대발견의 첫걸음을 내딛게 된 것입니다. 지도를 그리기 위해 영국 플리머스항에서 출발한 비글호의 계획은 남아메리카 해안을 따라 돌다가 태평양을 지나서 돌아오는 약 1년간의 항해였습니다.

처음에는 계획대로 남아메리카 대륙으로 향했습니다. 하지만 중간에 측량이 잘못돼 되돌아가기도 하고, 여러 풍파를 겪으면서 항로와 기간이 점점 늘어났습니다. 그러면서 호주와 뉴질랜드, 아프리카를 지나 다시 브라질을 경유해 영국에 돌아오기까지 무려 4년 10개월이 걸렸습니다.

호기심 많았던 다윈은 장거리 항해가 처음이었음에도 힘들어하기는커녕 수집광의 면모를 발휘했습니다. 그는 생물 1,529종과 기타 표본 3,907점이라는 엄청난 양을 수집했습니다. 항해 후 처음 상륙한 섬인 카보베르데에서는 문어를 채집했고, 각 지역에 머무를 때마다 다양한 물고기를 잡아 표본으로 만들었습니다. 조개 같은 해

비글호에서 채집한 문어 표본

양 생물도 채집했죠. 다윈은 여기서 그치지
않고 살아있는 동물을 직접 배에 실어서 가
져오기도 했습니다. 특히 1835년에 데려온
거북이는 큰 화제가 되기도 했습니다. 해리
엇이라는 이름의 이 거북이는 영국으로 가져
온 세 마리 거북이 중 하나로 1830년경 출생
한 것으로 추정됩니다. 해리엇은 2006년까

다윈이 데려온 거북이 해리엇

지 무려 176년을 생존했습니다.

이 시기 다윈은 깜짝 놀랄 만한 것을 발견하기도 했습니다. 1832년, 지금
의 아르헨티나에 도착했을 때 메가테리움이라는 화석을 찾은 것입니다. 나
무늘보의 먼 친척쯤 되는 고생물의 화석으로 몸길이 6m, 몸무게 4톤 정도
되었다고 합니다. 또 곰처럼 2족 보행도 가능했을 것으로 추정합니다. 메가
테리움 화석을 발견한 다윈은 지도교수에게 편지를 보내서 새로운 발견의
기쁨을 알리기도 했습니다.

거대 땅늘보 메가테리움 복원도와 화석

4년이 넘는 항해에서 발견의 즐거움은 컸지만 힘든 일도 많았습니다. 적도를 지날 때 구레나룻을 밀리고 얼굴에 우스꽝스러운 페인트칠을 하면서 적도제라는 제사를 지내기도 하고, 영국에서는 겪을 리 없는 화산 폭발로 인한 대지진으로 고생하기도 했습니다. 또 새로운 동식물을 채집하며 먹어보기도 했죠.

수집광이었던 다윈은 기록광이기도 했습니다. 그는 항해 도중에 발견한 동식물을 모두 기록하고 박제해서 영국에 있는 지도교수나 학자들에게 편지와 함께 보냈습니다. 기록과 편지를 즐겨한 덕에 다윈은 평생 1만 5,000통이 넘는 편지를 썼다고 합니다. 이 외에도 다윈은 발길이 닿는 곳마다 화석과 생물 표본을 수집하고 기록하면서 호기심과 수집 욕구를 충족했습니다. 1835년 10월 4일, 마침내 긴 항해를 끝낸 다윈이 고향으로 돌아왔습니다. 이때 항해를 반대했던 아버지는 다윈이 보낸 표본이 주목받고 그의 연구가 학술지에 실리자 크게 기뻐한 것으로 전해집니다.

갈라파고스 제도에서 진화의 비밀을 밝히다

집으로 돌아온 다윈은 곧바로 항해 중에 모은 표본들을 연구했습니다. 그런데 갈라파고스 제도에서 발견한 표본을 정리하던 중 수천 년간 믿어온 기독교적 세계관을 뒤흔들 위험한 의심을 품게 되었습니다. 갈라파고스 제도는 에콰도르에서 멀리 떨어진 섬으로 사람들의 발길이 닿지 않아 자연 그대로의 모습을 간직하고 있었습니다. 그러다 보니 육지에서는 볼 수 없는 이곳만의 신비로운 생물들이 존재했죠. 다윈에게 큰 고민을 가져다준 것은 '핀치'라고 불리는 새였습니다.

핀치는 갈라파고스에 서식하는 작은 새로 종류에 따라 부리 모양이 조금씩 다릅니다. 다윈은 동물학회에 포유류 80종과 조류 450종의 표본을 제출했는데 이 과정에서 생각지도 못한 대답을 들었습니다. 그가 가져온 표본을 연구하던 유명 조류학자 존 굴드John Gould가 수많은 새의 표본이 모두 핀치 한 종류라는 사실을 발견한 것입니다. 다윈은 부리 모양이 다른 이 새들이 한 종류일 거라고는 생각조차 하지 못했습니다. 대체 왜 핀치새는 종류에 따라 부리 모양이 다른 것일까요?

사진 속 첫 번째 새는 단단한 과일과 견과류를 주식으로 하는 '큰 땅 핀치'입니다. 이 새는 딱딱한 껍질을 부수기 위해 크고 짧은 부리로 무는 힘이 발달했습니다. 실제로 평균 무게는 33g이지만, 부리로 무는 힘을 몸집과 대비하면 티라노사우루스보다 320배나 강하다는 연구 결과가 있습니다. 두 번째 새는 큰 땅 핀치가 작은 씨앗에는 관심을 두지 않자, 먹이 경쟁을 피하고자 더 작은 부리가 발달한 '작은 땅 핀치'입니다. 세 번째는 가시가 있는 선인장을 파먹거나 선인장 씨앗을 먹기 편한 긴 부리를 가진 '선인장 핀치'입니다.

| 큰 땅 핀치 | 작은 땅 핀치 | 선인장 핀치 |

갈라파고스 제도에서 발견한 핀치새의 부리

다윈은 이렇게 환경에 따라 생물의 모습이 달라진다는 사실을 알아냈는데, 이것이 바로 세계사를 뒤흔든 위대한 발견 중 하나인 진화론입니다. 진화론은 '현존하는 동식물은 여러 세대를 거친 변화의 축적과 새로운 종이 등장한 결과'라는 이론입니다. 이전까지 인간은 기독교적 세계관에 따라 하나님이 모든 동식물을 처음부터 완벽한 모습으로 창조했다고 굳게 믿었습니다. 그런데 다윈이 자연환경에 따라 서서히 변화하며 진화한다는 사실을 발견한 것입니다.

그런데 핀치새만으로 진화론을 확신할 수 있는 것일까요? 핀치새 외에도 여러 생물이 진화론을 뒷받침하고 있습니다. 가령 지금 우리가 알고 있는 기린은 목이 긴 모습입니다. 사실 기린이 처음부터 긴 목을 가졌던 것은 아닙니다. 그림처럼 짧은 목을 가진 기린도 있고, 긴 목을 가진 기린도 있었죠. 하지만 낮은 곳의 먹이가 부족해지자 높은 곳에 있는 먹이를 먹을 수 있는 목이 긴 기린만 살아남았습니다. 이렇게 살아남은 목이 긴 기린끼리 번식하며 지금처럼 목이 긴 모습으로 진화한 것입니다. 이는 특정 환경에

자연선택에 따른 기린의 진화

적합한 형질을 가진 개체가 다른 개체에 비해 생존에 유리하고 더 많은 자손을 남길 가능성을 갖는다는 진화 이론인 '자연선택'입니다.

또 다른 자연선택의 증거는 동물인 말입니다. 말은 수천만 년에 걸쳐 크고 작은 변화를 겪었는데, 시간이 흐를수록 체격이 커지고 외형이 바뀌는 등 진화를 거듭했습니다. 특히 더 빨리 달리고, 무게를 지탱할 수 있도록 말발굽이 진화했죠. 기원전 약 5,800만 년 전에 활동했을 것으로 추정되는 말의 조상인 히라코테리움의 화석을 보면 말발굽의 발가락이 네 개나 되는 것을 확인할 수 있습니다. 그리고 말발굽의 발가락은 시간이 흐르며 네 개에서 세 개로 바뀌고, 다시 두 개로, 그리고 지금처럼 하나로 진화했습니다.

더 넓게 말의 진화 과정을 살펴보면 191쪽 아래의 그림처럼 말들은 다양한 형태로 뻗어나가면서 진화했습니다. 여기서 중요한 부분은 말발굽의 발가락이 무조건 네 개였다가 세 개가 되듯이 순차적으로 진화하는 게 아니

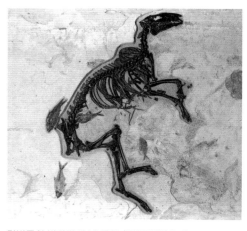
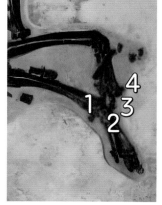

말발굽의 발가락이 네 개인 히라코테리움 화석

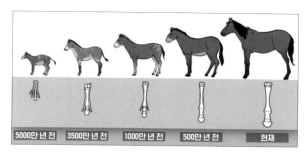

말발굽의 진화 과정

라, 당시에는 말발굽의 발가락이 네 개인 말도 있고 세 개인 말도 있었다는 사실입니다. 이렇게 같은 시기에 서로 다른 특징을 지닌 말들이 여러 종을 이루며 살다가 환경에 따라 말에게 필요한 특성이 진화를 거듭해 왔다는 것이 다윈이 말하는 진화론입니다.

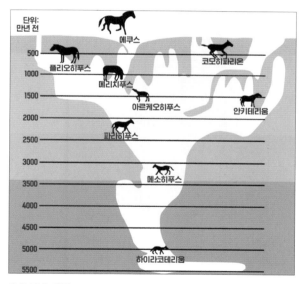

말의 진화 과정

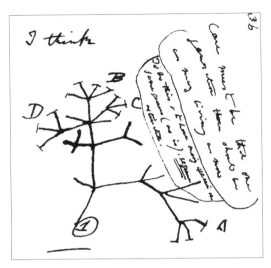
다윈의 진화론 메모 '생명의 나무'

　말의 진화 과정처럼 다윈도 나뭇가지 모양의 메모를 남겼습니다. '생명의 나무'라 불리는 이 그림은 20세기 최고의 메모로 꼽히기도 합니다. 생물이 하나의 종에서 시작해 여러 갈래로 뻗어나가면서 진화해 왔다는 사실을 나무에서 가지들이 이리저리 뻗어나가는 모습으로 한눈에 정리한 것입니다. 종의 분화를 거쳐 여러 종이 갈라져 나오는 생물 다양성을 확인할 수 있습니다.

다윈, 신의 존재에 대적하다

　1835년 10월에 비글호 항해에서 돌아온 다윈이 연구 끝에 핀치새가 한 종류라는 답변을 받은 시기는 1837년입니다. 그런데 다윈은 이때 진화론을 발표하지 않았습니다. 20여 년이 흐른 1859년 11월 22일에 진화론을 정리한 책《종의 기원》을 출판하며 비로소 진화론을 발표했습니다. 인류의 사상과 과학에 커다란 영향을 끼친 진화론을 발표하기까지 다윈은 오랜 시간 고민하고 망설였다고 합니다. 다음은《종의 기원》을 발표하기 전, 다윈의 복잡한 심경을 담은 편지의 일부입니다.

> "당초 제 생각과 달리 종이 변한다는 확신에 거의 도달했습니다. 저는 종이 다양한 방법으로 환경에 정교하게 적용해 나가는 방법을 알아냈다고 생각합니다. 마치 살인을 자백하는 것 같군요."

이 편지는 진화론을 정리하던 다윈이 친분이 있던 식물학자 조지프 후커Joseph Hooker에게 보낸 것입니다. 다윈은 진화론을 밝히는 것을 두고 '마치 살인을 자백하는 것' 같다고 표현했습니다.

당시 영국은 하나님이 모든 생명체를 계획하에 정교하게 만들었다는 창조론이 굳건한 국가로, 신의 논리에서 벗어나는 진화론은 금기의 대상이자 불경한 것이었습니다. 게다가 다윈은 기독교인이었기에 고민이 깊을 수밖에 없었습니다. 한편으로는 한창 과학이 발달하던 시기여서 다양한 과학적 발견이나 진보 사상을 받아들이기도 했습니다. 이에 용기를 얻은 다윈이 진화론을 발표한 것입니다.

다윈이 진화론을 발표한 또 하나의 이유는 앨프리드 러셀 월리스Alfred Russel Wallace라는 젊은 학자가 쓴 짤막한 논문이었습니다. 평소 다윈을 존경하던 월리스는 두 페이지 분량의 논문을 읽어봐 달라며 소포로 보냈습니다. 이 논문에는 다윈이 20여 년간 준비한 진화론의 핵심이 모두 들어 있었죠. 이에 놀란 다윈이 서둘러 월리스와의 공동 발견으로 진화론을 발표했다는 이야기도 있습니다.

이렇게 발표한 《종의 기원》은 발간 첫날 1,250부가 모두 판매되는 쾌거를 이뤘습니다. 하지만 뜨거운 관심 속에는 비난과 옹호의 시선이 모두 존재했죠. 이듬해인 1860년, 영국 옥스퍼드 대학교에서는 가장 큰 이슈였던 진화론을 주제로 뜨거운 토론이 벌어졌습니다. 이때 700여 명의 청중이 옥스퍼드 대학교로 몰려들었다고 합니다. 토론회에서 맞붙은 사람은 다윈의 친구이자 동물학자였던 토머스 헉슬리Thomas Huxley와 옥스퍼드 교구 주교인 새뮤얼 윌버포스Samuel Wilberforce였습니다. 두 사람은 이미 기사를 통해 진화론을 옹호하는 입장과 비난하는 입장을 드러내며 한 차례 신경전을 벌였는데, 이번에 정면으로 맞붙은 것입니다. 다음은 이들이 토론회에서 나눈 대화입니다.

(윌버포스) "댁들의 주장에 따르면 댁들의 조상 중에 원숭이가 있다는 거지요? 그렇다면 한 가지만 물어봅시다. 그 원숭이가 할아버지 쪽 조상입니까, 아니면 할머니 쪽 조상입니까?"

(헉슬리) "내 조상이 원숭이라는 사실은 부끄럽지 않습니다. 다만 주교님처럼 뛰어난 재능을 가지고도 진실을 왜곡하는 사람과 혈연관계라는 점이 부끄럽습니다."

대화에서 알 수 있듯이 진화론의 가장 큰 논쟁거리는 모든 생명체에 공통의 조상이 있으며, 지구의 긴 역사 속에서 서로 다른 종으로 갈라졌다는 부분이었습니다. 이에 윌버포스가 그렇다면 인간의 조상이 원숭이냐며 조롱했고, 헉슬리는 진화론의 당위성을 조목조목 설명하며 주교의 좁은 식견을 비난한 것입니다. 치열한 토론회가 끝난 후, 양측은 서로 승리했다고 여겼으나 윌버포스에게 한 방 먹인 헉슬리가 스타로 부상하면서 진화론은 급속히 퍼졌습니다.

막강했던 창조론이 한풀 꺾이긴 했으나 진화론에 대한 불쾌감은 여전히 높았습니다. 그 이유 중 하나는 18세기 후반에 산업혁명이 일어나고 대영 제국이 한창 번성하던 시기에 개의 품종 개량이 유행한 것입니다. 사진에서 보듯 품종 개량을 거친 불테리어는 얼굴이 짧아지고 날렵했던 몸의 굴곡이 사라졌습니다. 그 결과 민첩함이 줄어들고 유전적 결함으로 치아가 상했으며, 강박적으로 꼬리는 무는 습관이 생겼죠. 닥스훈트 역시 품종 개량으로 다리가 더 짧아지고 얼굴과 몸이 길어지면서 허리 디스크와 각종 관절에 문제가 생겼습니다. 퍼그는 더 큰 눈과 납작한 코를 갖도록 개량되

개의 품종 개량

었습니다. 그 때문에 호흡이 불편해져 조금만 움직여도 헉헉거리며 숨이 차게 됐죠.

이런 문제 속에서도 품종 개량은 계속 이어졌습니다. 영국에서 개와 고양이 다음으로 유행한 품종 개량은 비둘기였습니다. 비둘기의 색이나 깃털처럼 외형을 발달시키는 것이 인기를 끌었죠. 또 멀리 비행하거나 속도를 빠르게 키우는 개량도 성행했는데, 이렇게 개량한 비둘기를 뽐내는 경주대회가 열리기도 했습니다.

이 시기 품종 개량은 하나의 놀이 문화였습니다. 특히 다윈이 진화론을 발표한 1859년에는 영국 뉴캐슬에서 세계 최초로 '도그쇼'가 열리면서 개의 품종 개량은 일부 귀족들만 향유하던 문화에서 중산층까지 즐기는 대중적인 문화가 되었죠. 산업화로 점점 부유해졌고, 세상의 모든 것을 영국이 통제할 수 있다는 자신감이 차오른 이때 새로운 종을 만들어 내는 데 열광했던 것 같습니다.

그렇다면 품종 개량의 유행과 진화론은 어떤 연관이 있는 것일까요? 당시 모두가 품종 개량을 반기지는 않았습니다. 오히려 우려 섞인 시선을 보내는 이들도 많았죠. 그림은 1889년에 실린 만평입니다. 허리가 악어처럼 긴 닥스훈트와 하마 모습을 한 불도그 등 품종 개량한 개들의 모습이 기괴합니다. 만평은 사람들의 입맛에 따라 마구잡이로 품종이 개량되는 상황을 꼬집었습니다. 이런 상황에서 《종의 기원》까지 발표되자 사람들은 인간을 신이 만든 고귀한 존재가 아닌 품종 개량을 하는 동물과 다를 바 없는, 자연환경에 의해 우연히 진화해 온 하나의 생물체에 지나지 않는다는 것을 인정해야만 했습니다. 그러니 진화론에 거부반응을 보일 수밖에 없었던 것입니다.

DOG FASHIONS FOR 1889.

DOGRUFINE, CROCODACHSHUND, POMME-DE-TERRIER (BLACK-AND-TAN), VENTRE-À-TERRIER (SCOTCH), HIPPOPOTAMIAN BULLDOG, GERMAN SAUSAGE DOG HEDGE-DOG.
(By Our Special Dog-fancier.)

개의 품종 개량을 비판한 만평

진화론이 낳은 돌연변이, 우생학의 탄생

이렇게 진통을 겪은 진화론이 과학적 성과로 받아들여질 즈음 다윈은 또 다른 위기를 맞이하게 되었습니다. 인간이 신이 만든 창조물이 아니라 환경에 따라 변화해 온 동물이라면, 인간도 동물처럼 품종 개량을 할 수 있다는 위험한 생각을 품은 사람이 나타난 것입니다. 이 인물은 다윈의 외사촌인 프랜시스 골턴Francis Galton이었습니다. 《종의 기원》을 읽은 골턴은 "인간의 재능은 유전에 의해 결정되며, 인간의 교배를 인위적으로 선택함으로써 우수한 인간을 만들어 낼 수 있다"라고 주장했습니다. 이는 종의 형질을 인위적으로 육종해 우수한 종을 만들려는 학문인 '우생학'으로, 다윈의 진화론이 낳은 끔찍한 돌연변이라 할 수 있습니다.

우생학은 한마디로 유전자의 질을 개량해서 인간을 보다 나은 존재로 만들려는 것을 의미합니다. 이를 실현하기 위해서는 우월한 유전자는 물려주고, 그렇지 않은 유전자는 도태시켜야 한다고 생각했습니다. 모든 인간이 평등하지 않으며 가난, 범죄, 인종, 장애 등을 유전적 결함이자 제거해야 할 대상으로 여긴 것입니다.

골턴은 다윈의 진화론에서 영감을 얻어 우생학을 창조했다고 주장했습니다. 하지만 다윈은 골턴이 쓴 우생학에 관한 책을 읽고 허황된 계획이라고 평가했습니다. 문제는 1882년에 다윈이 사망한 후부터 우생학이라는 개념이 더욱 자리 잡고 학문으로 받아들여지면서 걷잡을 수 없이 퍼져나간 것입니다.

게다가 영국에는 우생학을 받아들일 사회적 분위기마저 형성돼 있었습니다. 영국은 1882년 《옥스퍼드 영어 사전》에 처음으로 '실업(unemployment)'이라는 용어가 등장할 만큼 경제 사정이 좋지 못했습니다. 이에 실직한 노동자들이 일자리를 찾아 도시로 몰리면서 빈민가가 우후죽순 생겨났고 동유럽 등에서 들어온 이민자들까지 증가해 이들이 영국의 새로운 사회 문제로 떠오른 것입니다. 이 같은 상황에서 인종차별과 빈부격차가 심해지며 범죄율이 증가했습니다.

게다가 1889년에 남아프리카에서 벌어진 제2차 보어전쟁도 우생학의 유행에 한몫했습니다. 당시 영국은 국내에서 자원병을 모집했는데, 하층민 지원자들이 대거 몰렸습니다. 생활 환경이 좋지 못한 이들의 건강 상태는 엉망이었고 곧 "국민의 건강 상태가 퇴화한다, 국가의 효율성이 땅에 떨어졌다, 큰일이다"라는 우려의 목소리가 커졌죠. 이런 분위기 속에서 영국의 기득권층은 빈민과 이민자, 사회적 소수자들을 어떻게든 관리하고 통제해야 한다고 생각했습니다. 이때 통제 방법으로 대두된 것이 우생학입니다. 급기야 1907년에는 '영국 우생학교육협회'라는 단체까지 생겼습니다. 그럼에도 불구하고 영국은 법 제정이 매우 까다로웠기에 다행히 우생학을 법률로 정하지 못한 채 하나의 캠페인으로 마무리할 수 있었습니다.

우생학은 어떻게 미국을 장악했나?

이렇게 끝나나 싶었던 영국의 우생학은 세계 곳곳에서 빈부격차와 사회혼란을 해결할 방법으로 떠오르기 시작했습니다. 특히 미국에서 절정을 이루며 어두운 민낯을 드러냈습니다. 우생학이 미국에 들어온 결정적인 계기는 미국 역사상 가장 참혹한 전쟁으로 꼽히는 남북전쟁입니다. 100만 명 이상의 사상자가 발생한 이 전쟁은 미국 전역을 초토화했습니다. 전쟁이 끝난 뒤 무너진 도시를 재건하고 일자리를 창출하기 위해 급속한 산업화와 도시화가 진행됐는데 그 과정에서 각종 범죄와 매춘, 알코올 중독과 전염성 질병 등이 사회문제로 떠올랐습니다.

설상가상으로 1870년대에 경기 침체의 늪에 빠지며 미국은 혼란에 휩싸였습니다. 이런 상황에서 미국인들은 빈민과 부랑자, 범죄자들을 사회의 악이라 여겼는데 자신이 내는 세금으로 이들을 부양하는 것에 불만을 느꼈습니다. 이내 '어떤 사람들은 태어날 때부터 남들에게 짐이 된다'라는 생각은 점점 더 널리 퍼졌고, 사회를 과학적으로 관리해야 할 필요성에 따라 정부의 개입을 주장하는 목소리가 나오기 시작했습니다. 이때 가장 효과적인 해결책으로 등장한 것이 우생학입니다.

영국에서 버림받은 우생학을 미국이 받아들인 데는 한 사건이 결정적 쐐기를 박았습니다. 1874년, 미국의 사회학자 리처드 덕데일Richard Dugdale 은 폭력, 살인, 강간, 강도 등으로 유죄를 선고받고 공포의 대명사로 떠오른 범죄자 주크Juke를 조사하게 됐습니다. 덕테일은 복역 중이던 주크의 가계 도를 살펴보던 중 충격적인 사실을 발견했습니다. 그의 혈연관계를 따라가 다 보니 조상 중에 애더 주크Ada Juke라는 인물이 나왔는데, 놀랍게도 그녀 가 18세기에 악명을 떨쳤던 여성 범죄자였던 것입니다. 애더 주크의 후손 은 100여 년에 걸쳐 뿔뿔이 흩어졌는데 그들 중 주크를 포함한 69% 역시 범죄자였습니다.

덕데일은 이 연구를 통해 '콩 심은 데 콩 나고, 팥 심은 데 팥 난다'라는 말처럼 "범죄는 유전된다"라는 사실을 밝혀냈다고 주장했습니다. 이후 덕 데일은 1875년에 미국 교도소 협회에 조사 보고서를 제출했으며, 2년 뒤에 는 같은 내용을 책으로 출간했습니다. 그는 책에서 주크가(家)로 인해 발생

범죄자 애더 주크의 가계도

한 사회적 비용이 130만 달러에 달한다는 사실을 강조했습니다. 범인 검거와 구금에 들어간 비용과 빈민 구제, 치료 등에 쓰인 돈을 모두 포함한 금액이었죠. 현재 가치로 환산하면 약 2,000만 달러, 한화로 262억 원에 달하는 엄청난 금액이었습니다. 물론 유전이 범죄의 전부는 아니며 환경에 따라 유전 요소는 쉽게 바뀔 수 있다는 전제를 달았지만 그 사실은 중요하지 않았습니다. 이 시기 미국에서는 경제와 사회문제를 통제할 강력한 사상이 필요했고, 그 대안으로 우생학이 떠오른 것입니다.

우생학이 대중의 지지를 받아 미국 사회에 뿌리내린 데는 거대 자본가들의 지원도 큰 역할을 했습니다. 1910년, 철도왕 에드워드 해리먼Edward Harriman의 미망인 메리 해리먼Mary Harriman은 미국인의 타고난 신체적, 정신적, 기질적 특성과 같은 정보를 수집해서 연구하고 우생학을 전파하는 우생학 기록보관소 설립을 지원했습니다. 이후 석유왕 존 록펠러John Rockefeller의 록펠러재단과 철강왕 앤드루 카네기Andrew Carnegie의 카네기 연구소가 차례로 이곳을 후원했죠.

우생학을 옹호하는 자본가들은 이뿐만이 아니었습니다. 시리얼을 판매해 엄청난 재산을 모은 존 켈로그John Kellogg는 1911년에 '인종 개량 재단'이라는 더 노골적인 이름의 재단을 설립해 우생학의 발전을 도모했습니다. 화학 재벌인 듀폰du Pont 가문이나 금융 재벌인 J. P. 모건Morgan 가문 역시 우생학 단체들의 주요 자금원이었습니다.

재벌들은 왜 이렇게 적극적으로 우생학을 지지했을까요? 이유는 간단합니다. 건강하고 우수한 노동자가 많아지는 것이 기업에 더 이득이기 때문입니다. 인간을 비용의 측면, 이익의 측면이라는 기준에서 본 것이죠. 루스벨트 대통령이나 하버드 대학교, 예일 대학교, 스탠퍼드 대학교와 같은 주요 대학의 총장들도 건강하고 우수한 사람들이 많아진다면 나쁠 것이 없다는 이유로 우생학을 열렬히 지지했습니다. 이때 대학에서 우생학을 하나의 학문처럼 받아들이면서 다양한 우생학 단체들이 우후죽순 생겨났습니다. 이런 인기 덕분에 1914년에만 44개의 대학이 우생학 과정을 도입했으며, 1928년에는 376개 대학으로 증가했습니다.

미국의 사회 운동가인 헬렌 켈러 역시 우생학 지지자 가운데 한 사람이었습니다. 생후 19개월에 뇌막염으로 추정되는 감염병에 걸려서 듣지도 말하지도 못하게 된 그녀는 7세 때 인생의 스승인 앤 설리번Anne Sullivan을 만나 말과 글을 배웠고 하버드 대학에도 진학했습니다. 그녀는 우생학과 관련해서 다음과 같은 글을 남겼습니다.

> "그들에게 삶은 단순히 숨 쉬는 것을 의미하지 않을까. (중략) 삶을 신성하게 만드는 것은 행복, 지성, 능력의 존재 가능성이다. 열등하고, 기형이며, 마비되고, 생각할 수 없는 생명체에게는 그런 것들이 존재하지 않는다."

1915년, 한 잡지에 기고한 이 글에서 헬렌 켈러는 수술을 거부해서 기형아를 죽게 한 의사를 옹호하며 그 기형아는 살 가치가 없고, 아이를 옹호하는 것은 비겁한 감상주의에 불과하다고 주장했습니다. 장애인이자 장애 인권 운동에 참여해 사회적 약자들을 위해 맞서 싸웠던 헬렌 켈러조차 이 시기에는 우생학을 옹호했던 것입니다. 다만 그녀는 1930년대 이후에 우생학 지지를 철회했습니다.

미국의 우생학, 혼인 금지법과 이민 제한법

더 좋은 인간을 만들겠다는 미국의 욕심은 한계를 모르고 커졌고, 급기야는 미국 전역에서 차별적 논리를 앞세워 우생학을 적극 장려하기 시작했습니다. 그 첫걸음이 혼인 금지법과 이민 제한법입니다. 혼인 금지법은 사회적 기준에 미치지 못하는 사람이 결혼하면 우월하지 못한 아이들이 태어나므로 아예 혼인을 금지하는 것입니다. 이 때문에 1905년 인디애나주를 시작으로 1914년까지 약 30개 주에서 새로운 혼인법이 제정되거나 기존의 법이 수정됐습니다. 대부분 정신적 장애가 있거나 정신 이상자의 결혼을 무효로 하는 것이었으며, 그밖에 유전적 질병이 있거나 습관성 알코올 의존자의 결혼도 금지했습니다. 미국의 경제학자인 프랭크 타우시그Frank Taussig의 말을 통해 당시 분위기를 알 수 있습니다.

"어떤 유형의 범죄자와 극빈자는 그들 종자만을 퍼뜨리는 경향을 보인다. 사회는 이런 기생충을 유지·보호하는 부담을 사회 구성원들이 계속해서 지지 않도록 보호할 권리와 의무가 있다."

이때는 이미 사회적으로 우생학을 자연스럽게 받아들인 것은 물론 오히려 하나의 밈처럼 상황을 소비하고 있었던 것입니다.

그림은 1924년에 미국에서 유행하던 우생학 엽서로 다음과 같은 내용이 담겨 있습니다.

미국에서 유행했던 우생학 엽서

"이 카드의 소지자는 검사

결과 완벽한 육체적, 정신적 균형과 이례적으로 강력한 우생학적 사랑의 가능성을 지닌 것으로 판명되었으므로 인간 종의 행복과 장래 복지를 촉진하는 데 적합한 사람임을 보장합니다."

당시 미국에서는 이런 우생학 증명서가 결혼의 건전함과 행복을 증명해 준다는 생각이 널리 퍼졌습니다. 그래서 자연스럽게 혼인 금지법도 받아들 여지는 분위기였죠.

이후 미국은 1924년에 우생학을 장려할 방법으로 이민 제한법을 시행했 습니다. 이 법의 주요 골자는 이민자 수를 1년에 15만 명으로 제한하고, 국 적별 이민자 수를 기존의 3%에서 2%만 허용한다는 것입니다. 미국인보다 열등한 인종의 이민을 막겠다는 의지를 보여준 것이죠. 이민자의 나라였던 미국이지만 대공황으로 실업이 증가하고 노동 파업이 이어지자, 일자리를 지키고 사회 혼란을 줄여야 하는 분위기가 조성되면서 이민 제한법 역시 큰 반발 없이 제정되었습니다.

미국의 우생학, 문화 선동

하지만 미국이 법이라는 강압적인 방식으로만 우생학을 시행한 것은 아 닙니다. 시민 참여라는 부드러운 방법으로 우생학을 홍보하기도 했죠. 우 월한 유전자를 가진 건강하고 아름다운 가족을 뽑는 '건강한 가족 경진대 회'가 대표적입니다. 이 대회는 사전 예약을 통해서만 참가할 수 있었으며 참가자들의 가계도 조사 후 등급을 부여했습니다. 그다음에는 세 시간에 걸친 엄격한 심사를 통과해야 합니다. 곧고 건강한 치아, 신체적 장애나 유전병이 없는 건강한 몸을 가졌는지 확인했으며, 혈액과 소변을 채취하거나 음악적 재능을 테스트하기도 했습니다. 그리고 지능 발달이 더디거나 학교에서 또래 아이들을 따라갈 수 없는 아이를 진단하기 위한 IQ 검사도 했습니다. 이때만 해도 지적 능력을 판별하는 자료로 널리 사용된 IQ 검사는 허술함이나 비논리적인 부분 때문에 객관성과 신뢰성을 잃었고, 이후 EQ와 같은 감성지수 개념이 등장했습니다. 가족 경진대회는 점차 미국의 국가적 박람회로 자리 잡았습니다.

건강한 가족 경진대회에서 수상한 사람들은 지역 신문에 사진이 실렸고 '저는 훌륭한 유전적 자질을 가지고 있습니다'라고 새겨진 메달을 받았다고 합니다. 탈락 가족은 우유를 더 많이 마시라는 구체적인 지시와 함께 내년에 다시 참가하도록 격려했죠. 이 시기 우생학을 알리기 위해 탄생한 것이 우량아 선발대회입니다. 건강하고 튼튼한 아이들을 선별하며 우월한 유전자에 대한 인식을 심은 것입니다.

미국의 우생학, 강제 불임수술

국가의 적극적인 홍보로 우생학에 대한 긍정적인 분위기가 확산되자 미국은 우생학 장려를 위한 세 번째 방법을 시행했습니다. 일명 단종법이라 부르는 강제 불임수술입니다. 1907년에 인디애나주에서 최초로 통과된 단종법은 1935년에 이르자 28개 주로 확장됐습니다. 206쪽 지도의 흰색은 단종법이 통과된 28개 주를, 붉은색은 법안을 발의한 뒤 의회 통과를 기다리

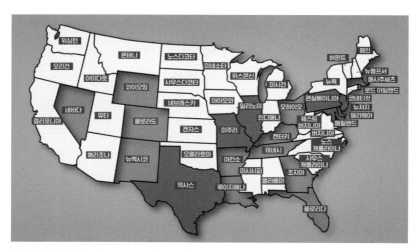

단종법을 통과시킨 미국의 28개 주(1935년)

는 7개 주를 표시한 것입니다.

　이렇듯 미국의 여러 주에서 동시다발적으로 단종법이 시작되면서 기준에 적합하지 않은 사람들은 강제로 불임수술을 받아야 했습니다. 주로 성범죄자, 성매매 여성, 강력 범죄자, 부랑자들이었고 어떤 주는 흑인이나 아메리카 원주민까지 불임수술을 받도록 했죠.

　국가가 개인에게 강제로 불임수술을 할 수 있는 단종법은 많은 논란이 있었지만 어느 사건을 계기로 미국 내에 급속도로 확산되었습니다. 사진 속 두 사람은 모녀 관계로 왼쪽은 딸인 캐리 벅Carrie Buck이고, 오른쪽은 엄마인 엠마 벅Emma Buck입니다. 1906년, 지적장애 선고를 받은 엠마는 캐리를 출산했습니다. 이혼 후 홀로 아이들을 키워야 했던 엠마는 구걸을 하다가 매춘의 길로 빠져들게 되었습니다. 이후 엠마가 지적장애 시설에 수용되면서 캐리는 양부모 밑에서 자랐습니다. 그런데 입양 간 양부모의 조카가 17세의 캐리를 강간하면서 그녀는 원치 않은 임신을 하게 되었습니다. 양부모는 집안 체면을 위해 오히려 피해자인 캐리를 정신 이상자로 몰아서 지적장애 시설로 보냈고, 시설에서 낳은 딸마저 빼앗았습니다.

캐리의 고통은 여기서 끝나지 않았습니다. 버지니아주의 단종법에 따라 지적장애 시설에 입소한 사람들은 강제 불임수술을 받아야 했던 것입니다. 억울하게 지적장애로 몰려 불임수술을 받게 된 캐리는 국선 변호인의 도움을 받아 소송을 진행했습니다. 다음은 대법원까지 간 이 소송의 판결문입니다.

> "범죄 때문에 타락한 후손들을 처형하거나 그들의 저능함 때문에 굶주리게 하는 대신에 명백히 부적자인 이들이 대를 잇지 않도록 사회가 막는 것이 세상을 위해 더 유익한 일이다. (중략) 지적장애는 3대로 족하다."

캐리 벅과 엠마 벅

지금 관점으로 보면 매우 황당한 판결문이지만 1927년 미국의 대법원은 버지니아주의 단종법이 다수의 안전과 복지를 추구한다는 헌법정신에 어긋나지 않는다면서 원고 패소 판결을 내렸습니다. 결국 캐리는 단종법의 희생자가 되고 말았습니다. 이런 사연을 가진 사람은 비단 캐리뿐만이 아니었습니다. 이후로도 미국에서는 공식적으로 1만 6,000명 이상이 강제로 불임수술을 받았고, 1974년에 법이 폐지될 때까지 수십만 명이 단종법의 피해자가 되었습니다.

이처럼 우생학은 미국에서 가장 활발하게, 그리고 가장 대중적인 성공을 거뒀습니다. 그러나 승승장구하던 우생학은 1930년대에 접어들면서 쇠퇴하기 시작했습니다. 먼저 1929년에 대공황이 닥치면서 지적, 사회적 능력과는 상관없이 모든 미국인이 동일하게 고통을 감수해야 한다는 사실을 깨달았기 때문입니다. 대공황이라는 위기 속에서 생물학적 차이보다는 사회적 환경이 더 중요하다는 현실을 체득한 것이죠.

그리고 제2차 세계대전이 일어나고 우생학이 나치 독일의 선전도구이자 대학살의 근거가 되면서 그동안 자신들이 꿈꿨던 우생학이 얼마나 끔찍한 발상인지를 비로소 알게 되었습니다. 나치 독일은 앞서 이야기했던 인간 개량 실험장이었던 레벤스보른, 히틀러의 의사라 불리는 요제프 멩겔레Josef Mengele가 자행한 각종 인체 실험, 그리고 이 모든 것을 합쳐 홀로코스트 대학살까지 자행했습니다. 영국에서 태어나 미국에서 꽃핀 우생학이 독일에서 최악의 결론을 맺게 된 것입니다. 이런 나치 독일의 파국을 지켜보면서 전 세계 사람들은 그동안 자신들이 꿈꿨던 우생학이 얼마나 가혹하고 터무니없는 발상인지 깨달았습니다. 무고한 희생을 겪고 나서야 우생학의 실체를 알게 된 것입니다.

마지막으로 1950년대 들어 DNA 구조를 밝혀낸 것이 결정적 역할을 했습니다. 유전학의 발달과 함께 유전학 초기 단계에 성행한 우생학이 점차 설 곳을 잃고 빠르게 무너지기 시작한 것입니다. 이런 변화 속에서 1939년에 미국의 우생학 기록보관소가 폐쇄되었습니다. 또한 1974년에 단종법이 폐지되며 한 시대를 풍미했던 미국의 우생학도 끝났습니다. 이제 세계사에서 우생학은 끔찍한 사이비 과학의 역사로 기억되며 금지된 분야가 되었습니다.

　　19세기와 20세기에 유럽을 비롯해 전 세계를 휩쓴 우생학은 인간을 해치겠다는 생각에서 비롯됐다기보다 더 나은 인간이 되고자 하는 욕망에서부터 시작되었습니다. 그렇다면 지금 우생학은 완벽하게 사라졌다고 할 수 있을까요? 우생학이라는 단어만 사라졌을 뿐 능력에 따라 줄 세우기를 하는 '능력 만능주의', 부모의 재력에 따라 자녀의 사회적 계급이 나누어진다는 '금수저·흙수저론'처럼 등급을 나누는 발상도 우생학의 연장선은 아닐까요? 우리가 주의해야 하는 것은 우생학이라는 단어보다 그 뒤에 숨은 비윤리적인 사고방식입니다. 인간의 우열을 나누고 줄 세우기를 하는 위험한 사고는 어떤 단어로 포장하더라도 허용될 수 없습니다.

　　앞으로 과학이 발전하면 할수록 이 같은 유혹과 선택의 순간은 계속 찾아올 것입니다. 그때 우리가 올바른 윤리와 인간의 존엄을 지키기 위해 어떤 생각을 경계해야 하는지, 어떤 선택을 해야 하는지를 고민해 보기 바랍니다.

벌거벗은 알프레드 노벨

희대의 발명가와 죽음의 상인 사이

이두갑

● 다이너마이트는 인류 문명에 발전을 가져다준 최고의 발명품이자 역사상 최악의 발명품으로 평가받습니다. 지구의 대지 형태를 가장 많이 바꾼 이 고체형 폭약은 다양한 산업에서 혁신을 가져온 것은 물론 경제 성장, 사회적 변화, 문화 발전까지 인류 역사에 큰 전환을 가져왔습니다. 19세기 미국 횡단 철도 개발에 도움을 주었으며, 뉴욕이 세계 최대 도시로 자리 잡는 데 영향을 끼쳤고, 미국을 부국으로 만드는 데 일조했죠. 또한 세계에서 가장 긴 터널인 코르하르트 터널 건설의 첫 단추이자 수에즈 운하 건설에도 사용되며 근대 문명 발전에 크게 기여했습니다. 동시에 발명한 의도와 다르게 전쟁터에서 사용되며 수많은 사람의 목숨을 빼앗기도 했습니다. 그 결과 지난 150여 년간 전쟁의 참상을 키운 강력한 살상 무기라는 비난을 받아 왔습니다.

인류에게 발전과 죽음을 동시에 선사한 양날의 검과 같은 다이너마이트를 개발한 인물은 알프레드 노벨Alfred Nobel입니다. 화학사에서 천재로 꼽히는 인물 중 하나인 노벨은 모두가 포기할 정도로 위험한 화학물질을 이용해 당시 세계에서 가장 강력한 폭발물인 다이너마이트를 발명했습니다. 특허받은 발명품만 300개가 넘고, 독일어와 영어, 프랑스어에도 능통했던 노벨은 사업에서도 천재성을 발휘했습니다. 발명가나 과학자가 연구에만 몰두할 때 노벨은 발명품을 상품화했으며 뛰어난 외국어 실력을 이용해 세계 최초의 글로벌 기업을 만들었습니다. 경영 능력도 뛰어나 사업이 크게 성공하며 엄청난 부와 명예를 누렸죠.

알프레드 노벨

그런데 노벨이 천재 발명가이자 세계적인 사업가로 성공한 원동력이었던 다이너마이트는 그에게 예상하지 못한 비극을 불러왔습니다. 사랑하는 사람이 다이너마이트 개발 중 목숨을 잃었고, 강력한 폭발력으로 세계 곳곳에서 사고가 잇따르며 엄청난 비난을 받게 된 것입니다. 다이너마이트가 전쟁에 사용됐을 때는 생명을 담보로 막대한 부를 축적했다며 '죽음의 상인'이라는 불명예스러운 꼬리표까지 얻게 되었죠. 이후 최악의 무기를 만들었다는 자책감에 빠진 노벨은 죽음을 앞두고 '노벨상'이라는 아이디어를 떠올렸습니다. 과연 그는 인류에게 불멸의 유산을 남긴 희대의 발명가일까요, 아니면 인류를 공포로 몰아넣은 죽음의 상인일까요? 지금부터 노벨상의 창시자인 알프레도 노벨의 숨겨진 이야기를 벌거벗겨 보겠습니다.

친구 대신 화약을 갖고 놀았던 병약한 소년

노벨은 1833년 10월 21일, 스웨덴 스톡홀름의 초라한 빈민가에서 태어났습니다. 아버지 임마누엘 노벨 2세Immanuel Nobel den yngre와 어머니 안드리에트 노벨Anbriete Nobell 사이에서 8남매 중 셋째로 태어난 노벨은 매우 병약했다고 합니다. 잦은 질병으로 다른 형제들처럼 밖에 나가서 놀지 못한 노벨은 발명에 심취한 아버지의 실험실을 놀이터 삼았습니다. 건축 기술자였던 노벨의 아버지는 사업적 수완은 별로였으나 압착 롤러, 자동 동력 장치 등을 발명해 특허를 얻으며 성공을 거뒀습니다. 하지만 노벨이 태어나던 해 집안에 설치한 실험실에서 화재가 일어나 파산하고 말았습니다. 그럼에도 아버지는 열정을 불태우며 발명을 이어나갔고, 노벨은 그런 아버지를 보며 발명을 놀이처럼 여기기 시작했습니다.

　노벨이 다섯 살이 되던 해 그의 아버지는 돈을 빌려 스웨덴 최초의 고무 공장을 세웠습니다. 여기서 매트리스와 구명조끼, 구명보트 등을 만들었으나 사업은 실패했고, 빚쟁이에게 쫓기던 아버지는 가족만 남겨두고 러시아로 도망쳤습니다. 당시 러시아는 산업혁명으로 공업이 발달한 다른 유럽과 달리 뒤늦게 공업이 발전하기 시작해 발명가나 사업가가 좋은 대접을 받았습니다. 이런 이유로 러시아로 간 것입니다.

　스톡홀름에 남은 노벨의 가족은 어머니가 우유와 채소를 파는 작은 가게를 열어 힘들게 생계를 꾸려나갔습니다. 노벨은 그런 어머니를 돕기 위해 두 형과 함께 길거리에서 성냥을 팔기 시작했습니다. 이때 노벨의 몸은 더욱 약해졌는데 다음은 당시 자신의 상황을 묘사한 노벨의 글입니다.

> "내 요람은 죽어 가는 사람의 침대와 같았다. 희망은 실낱같았지만 깜빡이는 작은 불꽃을 지키려고 어머니는 두려움 찬 사랑으로 수년간 그 곁을 지키셨다."

　힘든 시간이었지만 어머니의 정성스러운 보살핌 덕분에 노벨은 건강을 회복할 수 있었습니다.

　시간이 흘러 노벨이 9세가 된 어느 날 고급 마차가 집 앞에 멈춰 섰습니다. 또 빚쟁이가 들이닥친 건 아닌지 걱정하던 가족에게 전해진 것은 아버지의 편지였습니다. 러시아에서 무기 사업가로 성공한 아버지가 가족을 초청한다는 내용이었죠. 빚쟁이를 피해 러시아로 도망간 아버지는 기계를 수리하는 일을 하면서도 발명을 이어갔습니다. 그러던 중 유럽에서 잇따라 전쟁이 일어나는 것을 보고 지뢰와 수뢰 개발에 몰두했습니다. 때마침 러시아의 황제 니콜라이 1세Nicholas I가 관심을 보였습니다. 유럽 정치에 적극 개입해 '유럽의 헌병'이라 불린 니콜라이 1세는 군수 물품에 관심이 많았습니다. 그는 러시아의 수도인 상트페테르부르크를 비롯한 항구 도시를 보호하기 위해 수뢰 개발에 전력을 쏟았는데 노벨의 아버지가 이를 개발한다는 소식을 듣게 된 것입니다.

니콜라이 1세는 노벨의 아버지에게 수뢰의 성능을 보여달라고 요청했고, 1842년에 성능 실험이 진행됐습니다. 그림은 당시 현장을 노벨의 아버지가 직접 그린 것으로 바다에서 폭탄이 터져 물이 위로 솟구친 모습입니다. 실험은 성공적이었고 니콜라이 1세는 수뢰의 위력을 인정하며 상금을 지급했습니다. 또한 개발이 완성될 때까지 지원을 약속했죠. 덕분에 아버지는 빚을 갚고 무기 사업가로 큰 성공을 거뒀습니다.

수뢰 성능 실험 현장

아버지가 가족을 러시아로 부르면서 가난했던 노벨의 일상은 완전히 달라졌습니다. 스웨덴에서와 달리 저택에서 부유하고 안정적인 생활을 시작한 것입니다. 노벨의 아버지는 자녀들을 학교에 보내는 대신 러시아의 유명 교수들을 초청해 역사와 철학, 문학, 화학, 물리, 공학 등 개인 교습을 지원했습니다. 이때 노벨은 언어와 화학에 재능을 보였다고 합니다. 어린 나이였음에도 아버지의 어뢰와 수뢰 개발을 도울 만큼 화학에 흥미를 느꼈고 화약에도 큰 관심을 가진 것입니다. 그러면서 본격적으로 폭약 만드는 법을 연구하기 시작했습니다.

이듬해인 1843년, 동생이 태어난다는 소식을 들은 노벨은 직접 축하의 의미를 담은 폭죽을 만들기로 했습니다. 어느 날 하늘에서 화려하게 터지는 불꽃을 보며 화약이 즐거움과 아름다움을 준다고 생각했기 때문입니다. 폭죽은 비율이 조금이라도 안 맞으면 폭발할 위험이 있어 노벨은 아버

러시아 상트페테르부르크에 있던 노벨의 집

지의 도움을 받았습니다. 적당한 비율을 만들기 위해 실험을 거듭한 끝에 가족과 함께 막냇동생 에밀Emil의 탄생을 축하하는 폭죽을 터트렸습니다. 노벨이 직접 폭죽까지 만들어서 터뜨릴 만큼 동생의 탄생을 기뻐했던 데는 이유가 있습니다. 에밀이 태어나기 전 노벨에게는 세 명의 동생이 더 있었지만 태어난 지 얼마 안 돼 모두 죽고 말았습니다. 그런 이유로 에밀을 향한 노벨의 애정은 각별할 수밖에 없었습니다. 이후로도 두 사람은 돈독한 우애를 자랑했습니다.

이렇게 화학에 흥미를 느낀 노벨은 아버지의 공장에서 연구와 실험에 참여하며 자연스럽게 경험을 습득해 나갔습니다. 몸이 약해 잦은 탈진으로 어려움을 겪기도 했지만 폭파 기술 실험에서 아버지의 조수 역할을 할 정도로 실력을 쌓았습니다. 시간이 흘러 노벨이 16세가 되던 해에 아버지는 성인이 된 형들이 본격적으로 공장 일을 맡자 노벨에게 유학을 권했습니다. 이때 하루가 다르게 발전하는 선진국을 방문해 화학과 폭발물 기술 분야에서 지식과 경험을 쌓고, 아이디어를 얻어오라는 특별한 임무도 받았습니다.

1850년, 노벨은 아버지의 뜻에 따라 17세의 나이에 유학길에 올랐습니다. 그는 유럽 곳곳을 다니던 중 프랑스에서 파리의 에펠탑에 이름을 새길 만큼 명망 높은 산업 화학자 질 펠루즈Jules Pelouze의 실험실에서 일할 기회를 얻었습니다. 이때 노벨은 그의 인생을 뒤흔들 강력한 물질인 니트로글리세린을 만났습니다. 1847년에 이탈리아 출신의 화학자 아스카니오 소브레로Ascanio Sobrero가 발견한 화학물질인 니트로글리세린은 단 한 방울만 충격을 받아도 큰 폭발을 일으킬 수 있는 위험한 물질입니다. 이를 담은 병의 라벨에는 위험하다는 해골 마크와 주의하라는 경고 메시지가 적혀 있

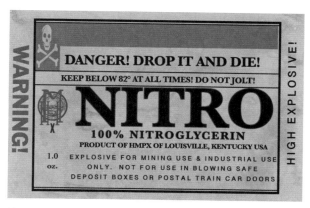

니트로글리세린 경고 메시지

습니다. 사진 속 라벨도 '위험! 떨어뜨리면 죽습니다! 항상 82℃ 이하로 유지하십시오! 충격을 가하지 마십시오!'라고 경고합니다.

당시 니트로글리세린은 과학자와 발명가 사이에서도 '악마의 물질'이라고 불릴 만큼 매우 위험한 것이었습니다. 강한 냄새가 나는 기름 같은 액체로 폭발하면 보통의 실온과 압력에서 순식간에 부피가 1,200배 이상 증가하는 기체로 바뀌고, 5,000℃ 이상 온도가 상승하기 때문입니다. 이렇게 강력한 폭발력을 가졌지만 적절한 용량을 사용하면 혈관을 확장하는 효과가 있어서 협심증 등의 심혈관계 질환 치료에 사용하기도 하죠.

노벨이 들어간 펠루즈의 실험실에서도 니트로글리세린 실험을 했는데, 어느 날 단 한 방울을 이용한 실험에서 엄청난 폭발 사고가 일어났습니다. 어릴 때부터 폭약에 관심이 많았던 노벨은 아버지에게 들었던 니트로글리세린이 궁금했습니다. 그런데 때마침 니트로글리세린의 폭발을 직접 목격했고, 이거야말로 미래에 혁신을 가져다줄 물질이라고 확신하게 되었습니다. 이는 인류 문명은 물론 전쟁사에 큰 전환점이 되는 결정적 순간이기도 했습니다.

그날 이후 니트로글리세린에 푹 빠진 노벨은 대부분의 시간을 니트로글리세린 안정화에 사용했습니다. 그리고 1년의 미국 유학을 통해 기계 기술과 미국식 사업 방식에 큰 인상을 받고 러시아로 돌아왔습니다. 그 사이 아버지와 형들은 '노벨과 아들들의 주물기계공장'으로 이름을 바꾸고 사업을 확장했습니다. 수뢰는 물론, 대포, 속사화기 같은 무기뿐 아니라 기계 바퀴까지 만들며 사업을 키웠기 때문에 화학과 기계에 능통한 노벨의 손이 필요했습니다.

노벨이 돌아온 후 회사가 더욱 안정되어 가던 1853년, 노벨 가문에 큰 기회를 가져다주는 사건이 일어났습니다. 1853년부터 1856년까지 러시아 제국과 연합군이 흑해의 크림반도를 둘러싸고 전쟁을 벌인 것입니다. 러시아는 흑해를 지배하고 있던 오스만 제국과의 전쟁에서 승리한 이래 크림반도를 거점 삼아 세력 확대에 나서며 강대국으로 성장 중이었습니다. 그래서 추운 겨울에도 다른 나라들과 원활하게 교류할 수 있는 얼지 않는 항구가 필요했고, 이를 위해 니콜라이 1세는 오스만 제국의 발칸 반도로 진출하려는 남하 정책을 추진했습니다. 그러자 러시아의 확대를 두려워하던 영국이 프랑스 등의 서유럽 국가들과 연합해 오스만 제국과 손을 잡으면서 오스만 제국이 러시아에 전쟁을 선포한 것입니다.

크림전쟁이 발발하자 러시아 정부는 노벨 아버지의 공장을 군대에 물품을 조달하는 곳으로 지정했습니다. 그리고 당장 필요한 무기는 물론 앞으로 계속될 전쟁에 대비할 엄청난 양의 폭탄과 증기기관을 주문했죠. 덕분에 노벨 가문의 공장은 엄청난 돈을 벌어들였습니다. 가장 번창하던 시기에는 1,000명이 넘는 직원을 고용할 만큼 주문량이 밀려들었다고 합니다.

크림전쟁

모두가 이런 성과에 기뻐하고 있을 때 노벨은 한 가지 걱정에 빠졌습니다. 어느 날 러시아 정부가 말을 바꿔 이미 생산한 무기 주문을 취소하고 대금을 주지 않으면 공장이 휘청일 수도 있다고 생각한 것입니다. 이를 들은 노벨의 아버지는 오히려 지금이 기회라며 공장을 쉴 없이 가동했습니다.

3년 후인 1856년, 전쟁은 러시아의 패배로 끝났습니다. 러시아 정부는 지출을 줄이는 방편으로 군비를 축소했고 이 과정에서 노벨 가문의 공장과 맺었던 발주 계약을 일방적으로 취소했습니다. 노벨의 우려가 현실이 되고 만 것입니다. 위기에 빠진 노벨 가문은 극심한 재정 위기를 극복하지 못하고 1859년에 공장을 매각했습니다. 이후 노벨의 어머니와 동생 에밀은 스웨덴으로 돌아갔습니다. 이때 공장을 경영해 본 경험이 없는 새로운 공장주가 큰형에게는 설계를, 둘째 형에게는 공장 운영을, 26세의 노벨에게는 기계를 맡기며 노벨은 형들과 함께 러시아에 남았습니다. 이렇게 노벨은 아버지의 사업 실패로 15년 만에 또다시 빈손이 됐습니다.

다이너마이트의 전신, 액체 폭약

공장의 몰락과 가난 속에서도 노벨은 유학 시절 마음을 빼앗긴 니트로글리세린에 몰두했습니다. 시간이 생길 때마다 니트로글리세린을 안전하게 실용화할 방법을 고민했죠. 아마도 어릴 때부터 몇 차례나 죽음의 고비를 넘겼을 정도로 허약했던 노벨이 상대적으로 강한 힘을 가진 니트로글리세린에 매력을 느낀 듯합니다. 또 어릴 때부터 폭약 실험을 해오며 니트로글리세린에서 폭약의 미래를 보지 않았을까 생각합니다.

니트로글리세린을 폭약으로 사용할 때 가장 큰 문제점은 불이 붙은 즉시 폭발한다는 것입니다. 이 문제를 해결하기 위해 긴 시간 연구를 거듭하던 노벨은 어느 날 우연히 기막힌 방법을 생각해냈습니다. 고무줄놀이하는 아이들을 보며 심지를 고무줄처럼 길게 만들면 타들어 가는 동안에는 폭발하지 않는다는 사실을 떠올린 것입니다. 쉽게 말해 도화선을 이용하는 것이죠.

그리고 노벨은 니트로글리세린이 한 번에 전체를 뜨겁게 만들거나 세게 때려야 폭발한다는 새로운 성질도 알게 되었습니다. 그는 이 성질을 이용하기 위해 도화선과 더불어 가루 형태인 흑색 화약으로 뇌관을 만들었습니다. 뇌관은 이후 폭발물의 사용 방식을 바꾼 혁명적인 발명품으로, 쉽게 말해 성냥의 머리 부분과 같다고 생각하면 됩니다. 성냥이 작은 불꽃으로 불을 만들 듯이 폭발물이나 화약을 터뜨릴 때 사용하는 작은 장치라고 할 수 있습니다. 작동 원리는 금속이나 플라스틱으로 만든 캡슐 안에 폭발 물질을 넣은 후 열이나 전기 신호로 점화하면 뇌관 안의 폭발 물질이 반응하면서 폭발하는 것입니다. 이때 발생한 충격과 열이 주요 폭발물과 만나 더 큰 폭발을 일으키는 것이죠. 노벨이 개발한 이 뇌관은 안전하게 원하는 장소와 시간대에 폭발물을 터트릴 수 있어 오늘날 수류탄에서 핵폭탄까지 모든 폭탄에 적용되고 있습니다.

그렇다면 노벨은 어떤 방식으로 뇌관과 도화선을 이용해 니트로글리세린을 안전하게 터트렸을까요? 그가 만든 폭약의 원리는 간단합니다. 뇌관 안에 흑색 화약을 넣고 도화선을 연결한 다음 이를 액체 상태의 니트로글리세린에 담아 기폭장치를 만드는 것입니다. 그런 다음 도화선에 불을 붙이면 흑색 화약이 담긴 뇌관이 폭발하는데, 그 순간 발생하는 열과 충격으로 니트로글리세린까지 폭발하는 것이죠.

이제 노벨에게 남은 것은 이 방법을 적용해 니트로글리세린을 안전하게 터뜨릴 수 있는 폭약을 만드는 일이었습니다. 하지만 실험에 가진 돈을 다 써서 액체 폭약을 개발할 수 없었죠. 그때 프랑스의 초대 대통령인 나폴레옹 3세Napoléon III가 노벨의 폭약 이론에 관심을 보였습니다. 그는 노벨에게 10만 프랑, 현재 한화 가치로 8억 원이 넘는 자금을 전달하며 노벨이 연구를 계속할 수 있도록 지원했습니다. 19세기는 과학이 철학과 신학에서 벗어나 독립된 학문으로 자리 잡아가는 시기였습니다. 과학을 전문 직업으로 삼은 과학자도 이때 처음 등장했죠. 당시 유럽의 왕실은 상업적으로 도움이 될 만한 과학자들을 아낌없이 지원했는데 나폴레옹 3세도 이런 분위기 속에서 도움을 준 것입니다.

프랑스의 지원을 받은 노벨은 1863년에 뇌관을 이용한 액체 폭약을 만드는 데 성공했습니다. 액체 폭약의 원리를 나타낸 단면도에서 보듯이 노벨은 액체 상태의 니트로글리세린을 유리관에 담고 마개를 막은 다음 그 유리관을 아연 용기에 넣고 흑색 화약을 가득 채웠습니다. 그리고 아연 용기 밖으로 나온 도화선에 불을 붙인 후 전체 장치를 운하에 던졌죠. 그러자 날카로운 폭발음과 함께 엄청난 양의 물이 위로 솟구

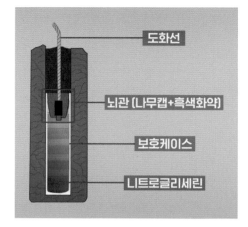

노벨이 만든 액체 폭약

쳐 오르며 액체 폭약의 위력을 보여주었습니다. 형들이 지켜보는 가운데 얼어붙은 강에서 액체 폭약을 수중 폭발시키는 데 처음으로 성공한 것입니다. 이때 노벨의 나이는 30세였습니다.

폭약 개발에 성공한 노벨은 고향인 스톡홀름으로 돌아가 '폭약 제조 방법'에 대한 특허를 받았습니다. 특허장은 신호나 경고를 통해 폭발하는 뇌관의 특징과 폭발 시점을 조절할 수 있는 장점에 대해 언급하고 있습니다. 다음은 특허장의 일부 내용입니다.

"알프레드 노벨 소유, 특허 왕립 상업위원회는 알프레드 노벨에게 10년 동안 유효한 특허를 부여합니다. 이 특허는 화약을 사용하는 폭발 장치의 제작 및 사용법에 관한 것입니다."

노벨이 폭약 개발에 성공하기 전까지 사용했던 화약은 고대 중국의 4대 발명품 중 하나인 흑색 화약이었습니다. 숯과 황, 초석이라 불리는 질산칼

류의 혼합물인 흑색 화약은 폭발력이 약해서 많은 양을 사용해야만 효과를 볼 수 있었습니다. 그러다 보니 대규모 폭발 작업에는 비효율적이었고 연소 속도가 느리고 일정하지 않아서 폭발 시기를 통제하기도 어려웠습니다. 폭발 후 많은 연기와 잔여물이 발생해 시야를 방해하는 것도 문제였습니다. 그런데 노벨의 액체 폭약은 같은 질량의 흑색 화약보다 1,000배나 강력한 폭발력을 가졌을 뿐 아니라, 적은 양으로도 큰 폭발을 일으킬 수 있었습니다. 연기발생이 적고 연소 속도도 빨라서 폭발 시점을 맞추기에도 용이했죠.

특허권을 받은 노벨은 공장을 세우고 본격적으로 액체 폭약을 판매하기 시작했습니다. 곧 액체 폭약은 혁신적인 발명품으로 인정받으며 큰 인기를 얻었습니다. 여기에는 시대적 변화가 큰 몫을 했습니다. 19세기 중반은 자본

특허장과 흑색 화약

주의의 발전으로 수많은 원자재와 상품, 사람들이 전 세계적으로 이동하던 시기였습니다. 이 과정에서 빠른 길을 만들기 위해 바위나 산을 부수거나 지형을 바꾸는 대규모 토목공사를 진행했는데, 워낙 위험한 작업이다 보니 인명 피해가 컸습니다. 정확하고 안전한 폭약의 필요성이 절실한 상황에서 노벨의 액체 폭약에 관한 소문이 퍼진 것입니다. 이후 흑색 화약은 폭죽에만 사용하고 터널 굴착이나 건설 등에는 액체 폭약을 사용하며 폭약의 트

렌드가 바뀌었습니다.

노벨을 뒤흔든 끔찍한 비극

액체 폭약이 날개 돋친 듯 팔리며 노벨은 엄청난 돈을 벌어들였습니다. 발명가이자 사업가로 승승장구하던 노벨은 인생에서 씻을 수 없는 엄청난 비극을 맞이했습니다. 1864년 9월에 액체 폭약 폭발 사고로 공장이 완전히 파괴된 것입니다. 다음은 당시 사고 현장을 생생하게 묘사한 기사의 일부입니다.

> "사고 현장에 도착한 사람들은 참혹한 광경을 목격했습니다. (중략) 주변 모든 집과 건물의 창문은 물론 창틀과 지붕 장식까지 파괴되었습니다. 가장 끔찍했던 것은 여기저기 흩어져 있는 시신들이었습니다. 옷은 찢어졌고, 일부는 머리가 없었으며, 뼈는 살이 벗겨진 상태였습니다. 말 그대로 사람의 시신이 아닌 형체 없는 살덩어리와 뼈였습니다."

이 사고로 공장에 있던 5명이 그 자리에서 숨을 거뒀습니다. 사고의 원인은 정확하게 밝혀지지 않았지만, 이때 폭발한 니트로글리세린의 양이 무려 226kg이었다는 사실이 알려지며 사람들은 경악했습니다. 보통 하나의 다이너마이트에 약 70g의 니트로글리세린이 들어 있는데 이게 터지면 반경 1.5m에 있는 사람은 사망, 반경 2.5m에 있는 사람은 폐 손상으로 응급

EFTER EXPLOSIONEN VID DYNAMITFABRIKEN Å VINTERVIKEN, DEN 26 MAJ. Tecknadt af R. Haglund.

스톡홀름 공장 폭발 현장

치료, 반경 6m에 있으면 고막 손상을 경험한다고 합니다. 그러니 이보다 3,000배나 많은 226kg의 니트로글리세린은 공장 하나를 잿더미로 만들기에는 충분한 양이었죠.

사고 소식을 듣고 공장으로 달려간 노벨은 그 자리에서 무너지며 절망했습니다. 불에 탄 시신이 차고 있는 시계가 자신이 동생 에밀에게 선물한 것이었기 때문입니다. 에밀은 노벨이 폭죽을 터뜨리며 탄생을 기뻐했던 막냇동생입니다. 당시 21세였던 에밀은 대학에서 화학을 공부하던 학생이었습니다. 그는 졸업 후 노벨과 함께 공장을 운영하기 위해 틈만 나면 노벨을 도와 액체 폭약을 연구했습니다. 당시 에밀이 가장 몰두했던 부분은 액체 폭약의 안정성으로 그날도 실험을 하던 중 끔찍한 사고에 휘말리게 된 것입니다. 사고의 여파로 에밀의 죽음에 충격받은 노벨의 아버지는 한 달 후 뇌

졸중으로 쓰러져 식물인간이 되었습니다. 또 스웨덴 정부는 주거지역 인근에서의 액체 폭약 생산과 저장을 즉시 금지했습니다.

이런 최악의 상황들이 잇따르자 노벨의 형들은 노벨에게 불행만 가져다주는 액체 폭약 연구를 하루빨리 그만두라는 충고의 편지를 보냈습니다. 하지만 노벨은 포기할 수 없었습니다. 액체 폭약의 안정성을 실험하다 목숨을 잃은 에밀을 위해서라도 완성도를 높여야 한다고 생각했습니다. 또 폭발 사고로 막대한 경제적 손실을 입은 데다 스웨덴 철도청에서 터널 공사에 사용할 액체 폭약의 주문도 밀려 있었죠. 노벨로서는 어쩔 수 없이 계속해서 액체 폭약을 생산해야 했지만 공장을 다시 세우는 것부터 문제였습니다. 스웨덴 정부가 주거지역 인근에 공장 건설을 금지했고, 교외에 공장을 세우는 것 역시 반대하는 시민들의 목소리가 끊이지 않았습니다.

결국 노벨은 주거지역에서 멀리 떨어진 호수 위에 배를 띄우고, 그곳에 공장을 지었습니다. 그리고 다시는 끔찍한 사고가 일어나지 않도록 직원들을 엄중히 감독했죠. 그러자 대규모 토목공사 현장에서 다시 주문이 들어

맬러렌 호수의 화물선 공장

오기 시작했습니다. 이후 철도 공사, 광산과 터널 공사 등에 액체 폭약이 사용되며 여론은 다시 좋아졌습니다. 스톡홀름시도 안전한 지역이라면 공장을 지어도 좋다는 허가를 내렸습니다. 액체 폭약의 위험성이 사라지지 않았음에도 여전히 인기를 얻었던 것은 특허 덕분에 노벨의 제품만이 니트로글리세린을 이용할 수 있었기 때문입니다. 다른 폭약으로는 그보다 강력한 폭발력과 효율성을 얻기 힘들었죠.

이렇게 명성을 되찾은 노벨의 액체 폭약은 스웨덴을 넘어 유럽 전역으로 퍼져나갔고 미국과 오스트레일리아 등 세계 각국에서도 날개 돋친 듯 팔렸습니다. 덕분에 큰돈을 벌게 된 노벨은 32세에 지금까지 번 돈을 모두 투자해 독일 함부르크에 자신의 이름을 건 첫 해외 공장을 설립했습니다. 노벨의 공장 중에서 니트로글리세린을 다뤘던 곳을 자세히 살펴보면 안전에 각별히 신경 쓴 것을 알 수 있습니다. 공장 옆의 담이 높은 것은 폭발 사고로

독일 함부르크의 노벨 공장 중 니트로글리세린을 다루는 건물

인한 엄격한 조건 때문입니다. 우선 공장이 주위로부터 격리되어야 하고 사방에 높이 약 4.5m, 너비 약 6m의 흙담을 쌓아야 했습니다. 그럼에도 사고가 나면 공장주가 사고로 인한 인적·물적 피해를 보상할 의무가 있다는 계약 조건도 함께였죠.

이렇게 철저히 대비했음에도 사고는 다시 발생했습니다. 이번에는 공장이 아닌 배송 과정에서 생기는 사고였죠. 액체 폭약 속의 니트로글리세린은 충격이나 온도 상승 등의 이유로 폭발할 수 있는 물질입니다. 그런데 이를 마차로 이동하다 보면 심하게 흔들리거나 날씨로 열이 발생하면서 폭발이 일어나는 것입니다. 사고가 계속되자 노벨은 고민 끝에 액체 폭약이 필요한 나라에 공장을 세우기로 했습니다. 19세기에 사업을 세계로 확장할 결심을 내린 것이죠.

하지만 노벨의 이런 노력은 한발 늦고 말았습니다. 공장 설립을 준비하는 동안 세계 곳곳에서 걱정했던 폭발 사고가 터지기 시작한 것입니다. 1865년 4월에 사고가 발생한 곳은 파나마 앞바다였습니다. 액체 폭약과 군수물자를 적재한 배가 폭발해 47명의 사상자가 발생했고, 같은 해 12월에는 뉴욕의 호텔에서 투숙객이 맡겨놓은 액체 폭약 병을 종업원이 실수로 떨어뜨리면서 대폭발이 일어났습니다. 그로 인해 인근의 건물들이 파손되고 도로가 수십 미터 깊이로 파이는 등의 피해가 발생했습니다. 다음 해인 1866년 4월에는 샌프란시스코의 한 사무실에서 폭발 사고가 터졌습니다. 폭발 당시 사고 발생지역 인근은 지진이 난 것처럼 지면이 흔들렸고, 반 마일 이내의 모든 유리창은 산산조각이 났습니다. 더욱 심각한 문제는 현장에 있던 사람들 대부분이 사망했다는 것입니다. 사고는 액체 폭약 속 니트로글리세린이 새어 나오는 상자를 망치와 끌을 이용해 열던 중 발생했습니다.

배송 중인 액체 폭약이 폭발하는 또 다른 이유는 이동 시 통을 부식시킨 니트로글리세린이 밖으로 새어 나왔기 때문입니다. 마부들은 이를 마차의 윤활유로 사용하거나 등유나 구두약 대신 썼는데, 이런 안전 불감증이 폭발 사고를 키우는 원인이 되었죠. 끔찍한 사고가 계속되자, 노벨을 향한 비난이 다시 쏟아졌습니다. 얼마 후에는 액체 폭약을 수입하던 프랑스, 벨기에 등 여

샌프란시스코의 폭발 현장

러 나라가 니트로글리세린의 소지와 수송은 물론 사용 자체를 금지했습니다. 어느새 액체 폭약을 찾는 사람도 점점 줄어들었습니다.

이렇게 되자 누구보다 안전을 신경 썼던 노벨은 위험한 환경에서도 폭발하지 않는 폭약을 만드는 데 몰두했습니다. 이때 떠올린 것이 고체 형태의 폭약입니다. 먼저 노벨은 액체인 니트로글리세린에 다른 물질을 섞어 고체로 만드는 실험을 했습니다. 숯, 갈아 으깬 종이, 벽돌 가루, 시멘트 등을 섞어봤지만 실험 결과는 신통치 않았습니다. 그러던 어느 날 실험 도중 실수로 니트로글리세린을 담은 약병이 바닥에 떨어져 깨져버렸습니다. 엄청난 폭발로 그 자리에서 죽을 것이라는 노벨의 생각과 달리 어째서인지 아무 일도 일어나지 않았습니다. 공장 바닥에 깔려 있던 규조토 덕분이었죠.

규조토는 규조라고 불리는 식물성 플랑크톤이 죽어서 바다나 강 밑에 쌓여 생긴 흙으로, 곱고 가벼우면서도 흡수력이 강한 것이 특징입니다. 사고 당시 공장 바닥에 있던 흙이 니트로글리세린을 흡수하는 것을 목격한

노벨은 그 흙의 성분을 분석하다가 규조 토가 섞여 있었다는 것을 알게 됐습니다. 다수의 미세한 구멍을 가진 규조토는 니트로글리세린을 완벽하게 흡수했고, 이런 구조를 통해 액체 상태에서 불안정해지며 폭발하는 니트로글리세린을 고체로 만들어 안정화한 것입니다.

규조토

희대의 발명품, 다이너마이트의 탄생

노벨의 우연한 발견은 인류의 운명을 바꿨습니다. 1867년, 노벨은 고체 형태의 폭약이라는 희대의 발명품을 만들었습니다. 노벨은 이 폭약에 '다이너마이트'라는 이름을 붙였습니다. 이는 그리스어로 힘을 뜻하는 '뒤나미스(δύναμις)'에서 가져온 것으로, 노벨은 그 이유를 다음과 같이 기록했습니다.

> "내가 이 폭약에 새로운 이름을 붙인 것은 그 진짜 성분을 숨기기 위함이 아니라, 이전의 것과는 아주 많은 차이가 나는 이 새로운 형태의 폭발물을 일반인들에게 널리 알리기 위함이다. 그러므로 이 새로운 이름은 전적으로 정당하다."

노벨이 다이너마이트에 거는 기대와 확신이 느껴집니다.

노벨의 다이너마이트

노벨은 곧장 영국과 스웨덴, 미국에서 특허를 받았습니다. 다이너마이트의 가장 큰 특징은 충격과 열에 반응하면 폭발하는 액체 폭약의 고질적인 문제를 해결했다는 것입니다. 도화선에 직접 불을 붙이지 않으면 온도가 올라가지 않고, 높은 곳에서 떨어뜨려도 폭발하지 않았죠. 니트로글리세린이 흘러나와 액체 폭약을 감싸고 있던 통이 부식되어 터지는 일도 없었습니다. 열을 흡수하는 규조토의 성질 덕분에 불에 던져도 괜찮을 만큼 안전했습니다. 그럼에도 같은 질량의 흑색 화약의 1,000배가 넘는 폭발력을 가졌다고 합니다. 노벨이 그토록 바라던 좀 더 안전하고 강력한 폭약을 만드는 데 성공한 것입니다.

이렇게 탄생한 다이너마이트는 지구의 지형을 가장 많이 바꾼 인간의 발명품으로 평가받습니다. 도로, 철도, 운하의 건설로 산업혁명을 가속화했고 금, 은, 철 등의 채굴로 경제 성장에도 큰 도움을 주었습니다. 노벨은 다이너마이트를 시작으로 폭발력을 더 강하게 만든 '젤라틴 폭약', 무연 폭약인 '발리스타이트' 등 몇 차례의 개선을 통해 점차 완벽한 성능의 폭약을 만들었습니다.

"다이너마이트는 일반적인 불꽃으로도 점화되며 빠르고 조용하게 전소됩니다. 그리고 니트로글리세린과 다르게 충격이나 열에 폭발하지 않습니다. 그리고 다른 물질들과 함께 안전하게 보관 및 운반할 수 있어, 철로 관리자들과 기타 화물운송업자들에게 중요하다고 전해집니다."

기사에서 알 수 있듯이 다이너마이트에 관한 반응은 폭발적이었습니다. 이에 힘입어 노벨의 회사는 빠르게 성장했고 미국과 영국, 프랑스, 스페인, 이탈리아를 비롯한 세계 각지에 공장을 세웠습니다.

산업 현장의 핫 아이템, 다이너마이트

이 시기 다이너마이트는 전 세계 랜드마크와 주요 시설을 만들 때 활약했습니다. 미국을 가로지르는 횡단 철도, 태평양과 대서양을 잇는 파나마 운하, 알프스산맥의 터널 건설과 시드니의 오페라 하우스 등이 대표적입니다. 이렇게 산업과 건설 분야에서 혁신적인 해결책을 제시한 다이너마이트는 뉴욕의 미래를 바꾸는 데도 결정적인 역할을 했습니다. 19세기 뉴욕은 대서양 항로의 서쪽 끝에 위치한 지리적 이점 덕분에 미국에서 가장 중요한 항구 도시로 손꼽혔습니다. 다만 배가 항구로 들어오려면 뉴욕의 이스트강을 거쳐야 했는데, 이곳에 있는 '지옥의 문'이라는 좁은 구역이 문제였습니다. 이 구간의 거대한 소용돌이와 많은 바위, 수중 암초 때문에 항해가 너무 어려웠기 때문입니다.

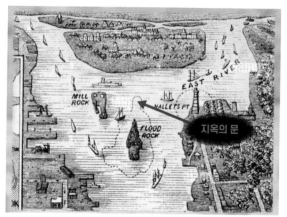

지옥의 문과 수중 암초

    그림은 이스트강에서 지옥의 문 위치를 표시한 지도와 그 가운데 우뚝
솟아 있는 수중 암초 중 하나인 홍수바위의 모습입니다. 당시 50척 중 1척
의 배가 이곳을 통과하려다 손상되거나 침몰했고, 해마다 1,000대 이상의
선박이 좌초됐습니다. 뉴욕은 이 문제를 해결하기 위해 1851년부터 화약을
이용해 홍수바위를 폭파하려 했으나 워낙 거대해 완전히 제거할 수 없었습
니다. 이후 30년이 넘도록 폭파 작업을 시도했지만 홍수바위는 여전히 골
칫덩이로 남아 있었습니다. 그러던 중 노벨의 다이너마이트 발명 소식이 전
해졌고, 1885년에 드디어 완전 폭파를 시도한 것입니다.

    당시 폭파 장면을 보기 위해 5만 명의 관중이 모여들었다고 합니다. 이
폭발은 60년 후 최초의 원자폭탄이 터질 때까지 인간이 만든 가장 큰 단일
폭발로 기록될 만큼 규모가 컸습니다. 다음은 홍수바위 폭발에 관한 기사
일부입니다.

홍수바위 폭파

> "지난 토요일 지옥의 문 해협 홍수바위에서 발생한 폭발은 완전한
> 과학적 성공이자 경이로운 장관이었다. 지옥의 문 할레트 암초가
> 9년 전 같은 수단으로 폭파되었을 때는 당시로서 가장 큰 폭발물
> 이 사용된 것이었다. 그러나 지난 토요일의 폭발은 그보다 6배나
> 강했다."

당시 언론은 지옥의 문 폭파를 지상 최대 규모의 인공 폭발이라고 보도
했습니다. 다이너마이트의 활약으로 지옥의 문 제거 프로젝트가 성공하면
서 뉴욕 항구로 접근하는 선박의 안정성과 효율성도 크게 높아졌습니다.
이후 뉴욕은 40년 만에 런던을 추월하며 세계에서 가장 큰 도시로 성장했
습니다.

미국에서 다이너마이트를 사용한 또 다른 사례는 랜드마크 중 하나인
러시모어 조각상입니다. 러시모어 조각상은 1927년 10월부터 1941년 10월
까지 총 400명의 노동자가 미국의 위대한 대통령 4인의 얼굴을 18m 높이
로 조각한 것입니다. 이를 위해 수시로 폭파 작업을 했는데 이때 다이너마
이트를 활용했다고 합니다. 현재는 로켓의 연료, 도로나 운하 건설 등에 쓰

이고 있습니다. 만약 다이너마이트를 발명했을 당시 노벨상이 있었다면 노벨은 무조건 수상했을 것입니다.

이렇게 다이너마이트는 각종 산업 현장에서 문제를 해결하고, 수많은 사람의 노동력을 대신하며 전 세계적인 관심을 받았습니다. 하지만 노벨의 고민은 여기서 끝나지 않았습니다. 공장에서 다이너마이트를 제작하면서 벌어질 수 있는 사고가 여전히 마음에 걸렸던 것입니다. 이에 노벨은 니트로글리세린을 만드는 과정에서 생길 사고에 대비하기 위해 설비 엔지니어를 고용하고 공장 장비를 최신식으로 교체했습니다. 이때 노벨이 직원들의 안전을 위해 설치한 것 중 하나가 외다리 의자입니다. 니트로글리세린을 만드는 과정은 매우 예민해서 일정한 온도를 유지하면서 계속 저어주지 않으면 폭발할 위험이 있습니다. 노벨은 이를 방지하기 위해 기계 안의 니트로글리세린을 젓는 직원들이 잠들지 않도록 외다리 의자에 앉아 일하게 한 것입니다.

노벨이 성능과 안전에 최선의 노력을 기울인 덕분에 다이너마이트는 10년도 되지 않아 영국, 프랑스, 스페인, 핀란드, 이탈리아 등 세계 14개국에

러시모어산의 변화

16개의 공장을 설립하게 됐습니다. 이후 노벨은 1886년에 세계 최초의 국제 지주회사이자 글로벌 기업인 '노벨 다이너마이트 신탁회사'를 설립했습니다. 그의 나이 53세 때의 일이었죠. 이를 밑거름으로 엄청난 부를 쌓은 데다 사업 투자까지 성공하면서 세계적인 재벌로 올라섰습니다. 당시 노벨의 형들은 아제르바이잔에 있는 바쿠 지역에서 유전 사업을 했는데, 자본이 부족하자 노벨에게 경제적 지원을 요청했고 성공을 확신한 노벨이 아낌없이 투자한 것입니다. 얼마 후 이곳에서 유전이 터졌습니다. 노벨의 형들이 세운 회사는 소련이 탄생하고 국유화되기 전까지 석유왕 록펠러의 경쟁사가 될 만큼 성장했습니다.

외다리 의자에서 일하는 직원

불꽃 같았던 노벨의 사랑

발명뿐 아니라 전 세계에 걸친 사업까지 관리해야 했던 노벨은 하루에 업무 관련 편지만 40통 이상 썼다고 합니다. 그러니 결혼은커녕 잠잘 시간조차 없었죠. 이렇게 일만 하느라 바빴던 노벨이 사랑에 빠진 것은 43세 때의 일이었습니다. 오스트리아 빈으로 출장을 간 노벨은 꽃가게에서 한 여인과 운명적으로 만났습니다. 그녀는 자신을 아버지와 계모의 학대로 집에

서 도망친 18세의 소피 헤스Sophie Hess라
고 소개했습니다. 소피의 안타까운 사정
에 마음이 쓰였던 노벨은 그녀와 꾸준히
만났고 어느새 사랑에 빠지게 되었습니다.

소피 헤스

　사실 노벨은 아직 어린 소녀였던 소피와
의 관계가 알려지면 비난받게 될까 봐 걱
정하기도 했습니다. 하지만 일에 빠져 사
는 외로움을 끝내고 소피와 함께 평온하
고 가정적인 삶을 보내고 싶다는 꿈을 꾸
기 시작했습니다. 소피를 향한 마음을 키
워가던 노벨은 얼마 후 그녀의 말이 모두
거짓이었다는 충격적인 사실을 알게 되었습니다. 첫 만남 당시 소피의 나이
는 25세였으며 계모의 학대도 노벨의 동정심을 자극하기 위해 지어낸 말이
었던 것입니다. 노벨은 큰 충격을 받았으나 이미 소피에게 마음을 빼앗겼기
에 그녀를 위해 하인들이 딸린 집을 주었습니다. 얼마 후에는 파리에도 거
처를 마련해 소피를 데려오기까지 했습니다. 그리고. 그녀에게 프랑스인 가
정교사를 붙여주며 교양을 쌓고 공부도 할 수 있는 환경을 만들어주었습
니다.

　하지만 소피는 노벨의 배려를 전혀 고마워하지 않았습니다. 오히려 사치
와 향락에 빠져 노벨에게 무례하고 오만한 태도를 보였죠. 그럼에도 노벨은
사업으로 멀리 떠나 있을 때면 거의 매일 소피에게 편지를 썼다고 합니다.
다음은 당시 노벨이 쓴 편지의 내용입니다.

"사랑하는 내 마음의 아이야, 방금 7월 5일 자로 작성된 당신의 오래 기다리던 편지를 받았어요. (중략) 당신은 돈이 충분히 있나요? 아직 조금 남아 있을 거라 생각해요. 만약 그렇지 않다면 적절한 때에 편지를 써서 알려주세요. 제가 돈을 좀 보내드리겠습니다."

"런던에서 내 주소가 적힌 봉투를 보냈어요. 나에게 몇 줄의 애정 어린 편지를 보내줘요. 편지에 모든 걸 말해주세요. (중략) 나 모르게 불필요한 돈이 많이 쓰였지만, 그것에 대해서는 이야기할 가치도 없어요."

이처럼 노벨은 소피의 애정을 갈구하며 자신의 마음과 함께 많은 돈을 보냈습니다. 소피는 가끔 노벨의 편지에 짧은 답장을 보내곤 했습니다.

"사랑하는 알프레드, 오늘에서야 당신의 편지와 함께 동봉된 2,000플로린에 대해 감사의 인사를 전합니다. 그 이유는 아직 아파트를 구하지 못했고, 편지를 쓸 시간조차 없었기 때문입니다."

2,000플로린은 현재 우리 돈으로 약 4,000만 원입니다. 소피의 답장은 대부분 용돈을 올려달라거나 가족에게 돈을 보내야 한다는 내용이었다고 합니다. 소피는 노벨에게서 많은 돈을 받았지만 그가 마련해 준 집에는 머물지 않았습니다. 대부분 유럽의 휴양지를 돌아다니며 지냈기 때문입니다. 노벨은 그런 소피에게 절망했으나 그녀가 보내는 호텔 계산서를 비롯해 프랑스제 옷과 헝가리산 포도주 대금 등을 지불해 주었습니다. 나중에는 고급 빌라까지 사주었죠. 당시 노벨은 소피에게 연간 35만~60만 유로를 사용

했는데, 현재 가치로 매년 5억 2,000만 원에서 9억 원에 달하는 돈을 쓴 것입니다.

이 같은 노벨의 행동은 당시 그의 상황을 살펴보면 이해할 수 있습니다. 1864년 막냇동생 에밀이 폭발 사고로 죽은 이후 노벨은 1872년에 아버지를, 1888년에는 둘째 형을, 그리고 1년 뒤에는 어머니까지 잃었습니다. 그런 그가 마음 붙일 유일한 사람이 소피였던 것입니다. 당시 노벨이 남긴 글을 보면 그의 고독함이 잘 드러나 있습니다.

> "나는 이 거대한 도시에 홀로 있다. 모든 사람들로부터 홀로 있다. 인생은 고독하고 슬픈 것이다. 내 나이가 되면 옆에 누군가가 있어야 하고 사랑하는 사람도 필요하다."

노벨은 소피를 만나는 동안 200통이 넘는 편지를 쓰며 외로움과 힘든 상황 등 자신의 심경을 고스란히 전했습니다. 그럼에도 두 사람은 가끔 만나기만 할 뿐 함께 살지는 못했습니다. 세계 곳곳에 세운 회사를 돌아봐야 했기 때문입니다. 프랑스의 시인이자 극작가였던 빅토르 위고Victor Hugo는 이런 노벨을 향해 '세상에서 가장 부유한 방랑자'라고 말하기도 했습니다.

그렇게 1891년까지 16년간 소피와 만남을 이어가던 노벨은 그녀와 헤어지기로 했습니다. 소피가 다른 남자의 아이를 가진 것을 알게 되었기 때문입니다. 처음에 소피는 아이의 아빠가 노벨이라고 주장하며 결혼을 요구했지만 결국 다른 남자의 아이임을 인정하며 헤어졌다고 합니다. 이후에도 소피는 계속해서 노벨에게 금전적인 도움을 요청했고, 이에 지친 노벨은 매달 현재 한화 가치로 약 1,000만 원의 생활비를 제공했습니다. 소피와의 사랑을 끝으로 노벨은 일에만 매진하며 평생 독신으로 지냈습니다.

노벨, '죽음의 상인'이 되다

노벨이 사랑에 괴로워하며 고독에 빠져 있을 때, 아이러니하게도 그의 사업은 날로 번창했습니다. 그러던 어느 날 노벨의 인생을 통째로 뒤흔드는 충격적인 일이 벌어졌습니다. 1888년 프랑스의 한 신문에 노벨의 부고 기사가 실린 것입니다.

> "죽음의 상인 사망하다! 사람을 더 많이, 더 빨리 죽이는 방법을 개발해 부자가 된 알프레드 노벨이 어제 죽었다."

사실 프랑스 칸에서 사망한 것은 둘째 형인 루드비그 노벨Ludvig Nobel이 었습니다. 그런데 이름을 헷갈렸던 기자가 실수로 오보를 낸 것입니다. 이때 노벨을 충격에 빠뜨린 것은 기사를 통해 사람들이 자신을 '죽음의 상인'이라고 평가한다는 사실이었습니다.

노벨을 향한 부정적인 시선은 다이너마이트가 전쟁에 사용됐기 때문입니다. 최초로 다이너마이트를 사용한 전쟁은 보불전쟁이라 불리는 프로이센-프랑스 전쟁이었습니다. 1870년, 독일 통일을 이루려는 프로이센과 이를 막으려는 프랑스 간에 전쟁이 벌어졌습니다. 이때 프로이센군은 다이너마이트를 터트려 프랑스 요새를 파괴했습니다. 1년간 이어진 이 전쟁에서 프로이센이 크게 승리하며 독일은 통일을 이뤘지만, 다이너마이트가 전쟁 무기로 사용되며 양쪽 모두 엄청난 사상자가 발생했습니다. 이때부터 다이너마이트를 발명한 노벨에게 '죽음의 상인'이라는 명칭이 붙었습니다.

게다가 1881년 러시아의 황제인 알렉산드르 2세Aleksandr II가 다이너마이트 폭발로 암살당한 사건과 미국 시카고 광장에서의 다이너마이트 폭발로 경찰관 7명과 행인 4명이 목숨을 잃는 사건까지 일어났습니다. 실제로 19세기 말에는 다이너마이트를 이용한 암살사건이 일평균 3건씩 벌어지기도 했죠. 이 때문에 언론은 암살자들에게 '다이너마이트 사용자'라는 의미의 'dynamitard'라는 별명을 붙여주었습니다. 현재는 폭발물을 사용하는 테러리스트나 범죄자를 지칭하는 용어로 사용되고 있습니다.

이렇게 다이너마이트가 일부에서 살상용으로 사용되자 호의적이었던 여론도 변하기 시작했습니다. 1889년 미국의 시사 잡지 〈저지〉에는 다이너

보불전쟁

마이트를 비판하는 만평이 실렸습니다. 한 소년이 다이너마이트를 들고 있는데 여기에는 폭동, 폭력, 방화, 살인과 같은 단어들이 쓰여 있었죠. 그리고 만평 하단에는 '폭죽 가지고 쓸데없이 장난치기', '이런 짓거리를 조금만 더 하면 심각한 폭발이 일어날 것'이라고 경고하는 문구도 적혀 있었습니다. 다이너마이트의 위험성과 무분별한 사용을 비판한 것입니다.

이렇게 여론의 비판과 사고들이 이어지며 노벨에게는 다이너마이트를 판매해 거액을 버는 죽음의 상인이라는 낙인이 찍혔습니다. 게다가 노벨의 뜻과 상관없이 다이너마이트를 폭탄과 수류탄 형태로 만들면서 대표적인 살상 무기로 자리 잡았고, 죽음을 대표하는 노벨의 이미지는 더욱 굳어졌습니다. 1892년 경찰서를 대상으로 한 파리 다이너마이트 테러, 1893년 무정부주의자의 바르셀로나 오페라 극장 테러 등이 벌어진 것입니다. 스스로를 인류를 위해 연구하는 발명가라고 생각했던 노벨은 자신의 평을 듣고

다이너마이트 만평

큰 충격에 빠졌습니다. 그는 고작 '죽음의 상인'으로 역사에 남기 위해 평생을 노력해 왔다는 생각에 하루하루를 자책과 절망으로 보냈습니다. 그리고 그때부터 자신의 오명을 씻을 방법에 대해 고민하기 시작했습니다.

잇따른 전쟁으로 시작된 국제 평화운동

다이너마이트가 살상 무기로 활용되는 일로 실의에 빠져 있던 노벨은 어느 날 《무기를 내려놓으라!》라는 반전(反戰)소설을 읽고 큰 감명을 받았습니다. 전쟁 속에서 피어난 비극적인 사랑과 고뇌를 그린 이 소설은 오스트리아 출신의 여성 작가 베르타 폰 주트너Bertha von Suttner의 작품이었습니다. 주트너는 국제 평화운동의 태동기에 활동한 대표적인 평화 운동가이자 1876년에 노벨의 비서로 일했던 인물이었습니다. 두 사람이 함께 일했던 기간은 짧았지만 평생 편지를 주고받았을 만큼 대화가 잘 통했다고 합니다.

19세기 유럽은 크림전쟁, 프로이센- 오스트리아 전쟁, 보불전쟁 등 크고 작은 전쟁들로 민족과 국가 간 갈등이 깊어져 시한폭탄과 같았습니다. 이 시기에 뜻이 있는 사람들 사이에서 작은 움직임이 일어났고, 1890년경에 국제적 평화 기구인 '국제평화국'이 설립되었습니다. 이를 시작으로 유럽에서 본격적인 국제 평화운동이 펼쳐졌습니다. 전쟁 반대부터 군비 축소까지 다양한 분야에서 세계의 평화를 지키기 위한 활발한 움직임을 보인 것입니다. 이런 분위기에서 다이너마이트를 개발해 죽음의 상인이라 평가받던 노벨은 주트너의 소설을 읽었습니다. 그는 곧장 자신도 인류의 평화에 기여하고 싶다는 내용의 편지와 성금을 보냈습니다. 이후 인류를 위해 자신이 할 수 있는 일을 고민하던 노벨은 주트너에게 인류를 위해 공헌한 사람에게 상을 주는 일에 대해 논의하기 시작했습니다. 이렇듯 노벨상에 관한 아이디어는 '죽음의 상인'이라는 오명과 '국제 평화운동' 속에서 시작되었습니다.

1893년, 60세가 된 노벨은 '노벨상'을 제정하기로 마음을 굳혔습니다. 이 결심은 두 번의 수정을 거친 유언장에 담았습니다. 첫 번째 수정에서 노벨은 최초의 유언장에 기록한 자산과 재산의 분배 방법에 일부 재산을 자선 단체나 교육, 과학 연구를 지원하는 기금으로 사용하라고 덧붙였습니다. 1895년, 노벨은 오랜 고민 끝에 두 번째 수정을 거쳐 마지막 유언장을 완성했습니다. 마지막 유언장에는 친척, 친지, 동업자, 직원 등에게 배분할 재산 내역이 담겨 있었습니다. 그 금액은 약 150만 크로나로 현재 가치로는 100억여 원입니다. 그리고 남은 재산은 모두 기금에 사용할 것을 명시했습니다. 여기에는 노벨상의 다섯 개 부문과 상금의 분배, 그리고 노벨상을 수여할 때 수상자의 국적에 관해 어떠한 고려도 하지 않아야 한다는 매우 구체적인 내용까지 제시했습니다. 첫 세계화의 시대, 다국적 기업을 경영한 노벨답게 세계적이면서 인류 공동체에 기여한 활동에 더 많은 상을 주고 싶었던 것입니다. 자신의 재산을 가치 있게 쓰기 위한 마지막 유언장을 만든 노벨은 1896년 12월 10일 새벽 2시, 갑작스럽게 일으킨 뇌출혈로 63세에 눈을 감았습니다. 다음은 노벨의 유언장 내용입니다.

> "유언 집행인은 안전한 유가 증권에 투자한 재산으로 기금을 만든다. 수상자 선정에 있어 국적을 일체 고려해서는 안 된다. 조금도 차별하지 않고 최고의 적임자가 상을 받아야 한다는 것이 내 확고한 뜻이다."

노벨의 유언장이 공개되자 스웨덴은 발칵 뒤집혔습니다. 노벨의 막대한 유산을 상속받을 것으로 기대했던 친척들은 재산 대부분을 기부한다는 유언장의 내용을 인정할 수 없다며 소송을 걸었습니다. 게다가 스웨덴 국민은 물론 국왕이었던 오스카르 2세Oscar II까지 노벨의 유언에 불만을 표시했습니다. 스웨덴인인 노벨이 자신의 유산을 스웨덴 국민만을 위해 사용하지 않고, 국적에 관계없이 수여하는 상에 쓴다며 노벨의 애국심을 비난한 것입니다. 국제 평화운동만이 노벨의 유언장에 환호했죠.

노벨은 사망 당시 20개 국가에 93개 공장을 소유하고 있었습니다. 그가 노벨상에 기증한 재산은 지금 가치로 환산하면 2,000억 원이 넘는 엄청난 금액입니다. 이후 노벨의 뜻대로 노벨 재단이 만들어졌고 노벨상 수여 작업이 시작됐습니다. 노벨이 세상을 떠난 지 5년이 지난 1901년 12월 10일, 첫 번째 노벨상이 수여됐습니다. 영광의 수상자는 X선을 발견한 독일의 물리학자 빌헬름 뢴트겐Wilhelm Röntgen을 포함한 6인이었습니다.

노벨상의 A to Z

노벨상은 현재 수많은 혁신가의 노력과 헌신을 기리는 상으로 인정받고 있습니다. 미국 최대의 시사 주간 잡지 〈타임〉은 노벨상을 '세계를 바꾼 혁신적인 업적'이라고 평가했고, 영국의 공영방송사인 BBC는 '가장 권위 있는 국제상'으로 선정했습니다. 노벨상 수상을 최고의 명예이자 권위로 평가하는 이유는 전 세계인을 대상으로 하기 때문입니다. 노벨이 이 상을 만들 때만 해도 대부분의 상은 그 나라의 명예를 드높인 사람에게 수여했습니다. 그런데 노벨상은 스웨덴인이 아닌 외국인들에게까지 수상하며 세계화 시대의 변화를 반영한 것입니다.

1901년에 수여한 최초의 노벨상은 약 15만 크로나의 상금을 지급했습니다. 우리 돈 약 10억 원에 해당하는 이 금액은 당시 스웨덴 대학교수 연봉의 30배, 미국 대학교수 연봉의 15배, 숙련 노동자가 받는 연봉의 200배에 달했습니다. 공동 수상자가 나올 경우에는 수상자별로 연구에 공헌한 기여도를 평가해서 차등 배분하고 있죠. 실제로 노벨 물리학상에서 세 명의 수상자를 배출한 2005년에는 한 사람이 상금의 50%를, 나머지 두 사람이 각각 25%씩 나눠 가졌다고 합니다.

노벨상의 재미있는 사실 중 하나는 매년 상금이 다르다는 것입니다. 노벨은 투자 수익으로 상금을 분배하라는 유언을 남겼습니다. 이에 따라 노벨 재단은 노벨의 유산 투자로 얻은 수익금을 상금과 메달 제작, 수상자 선정, 시상식 진행에 드는 비용으로 충당하고 있습니다. 한 해 동안 운영한 기금 이자 수입의 67.5%를 5개 부문으로 나누는데 그러다 보니 자연스럽게 투자 수익이 높은 풍년에는 예년보다 상금이 많아지고, 반대로 흉년에는 줄어드는 것이죠. 노벨상 위원회가 발표한 자료에 따르면 2022년 기준 노벨 재단의 자산은 우리 돈으로 약 8,248억 4,900만 원입니다. 이는 노벨이 남긴 유산의 4배가 넘는 금액입니다.

그렇다면 매년 달라지는 상금이 가장 많았던 때와 가장 적었던 때는 언제일까요? 2001년 상금이 약 15억 원으로 가장 많았다고 합니다. 그중에서도 노벨 문학상 수상자가 가장 많은 금액을 받은 것으로 추정하는데, 그 이유는 다른 분야는 대부분 공동 수상이었지만 문학상만큼은 단독으로 수상했기 때문입니다. 역대 최저 금액은 제1차 세계대전이 끝난 1919년과 1920년입니다. 이때는 약 3억 2,500만 원을 상금으로 지급했습니다. 2000년에 노벨 평화상을 받은 김대중 전 대통령은 현재 가치로 약 14억 5,800만 원을, 2024년에 노벨 문학상을 받은 한강 작가는 약 14억 3,000만 원을 상금으로 받았습니다.

역대 수상자 중 독특한 용도로 상금을 사용한 인물은 1921년 노벨 물리학상을 받은 알베르트 아인슈타인Albert Einstein입니다. 그는 노벨상 상금을 첫 번째 아내였던 밀레바 마리치Mileva Maric와의 이혼 위자료로 지급했습니다. 아인슈타인은 마리치와 이혼할 당시 미래에 노벨상을 받으면 그 상금을 그녀와 두 아들에게 양도하기로 합의했습니다. 몇 년 후 아인슈타인은 노벨상을 탔고 약 3억 원의 상금을 밀레바에게 전달했습니다.

아인슈타인을 비롯해 세계적으로 권위 있는 학자들이 수상하며 노벨상의 권위는 점차 높아져 갔습니다. 그런데 이런 노벨상의 명성에 먹칠한 인물이 있습니다. 나치 독일의 수장 아돌프 히틀러입니다. 히틀러가 노벨상에 끼친 영향은 독일의 시민운동가인 카를 폰 오시에츠키Carl von Ossietzky

와 관계가 깊습니다. 오시에츠키는 히틀러가 집권하기 전인 제1차 세계대전 때부터 반전주의자로 유명했습니다. 잡지에 반전 논설을 잇달아 싣다가 반역 혐의로 수감되기도 했고, 히틀러 집권 이후에는 반(反)나치 운동의 선봉에 섰습니다. 이런 활동으로 1935년 노벨 평화상 수상이 유력했는데, 나치의 무력 개입을 두려워한 노벨상 위원회가 1년이 지난 뒤에야 전년도 수상자로 오시에츠키를 선정했다고 발표한 것입

1921년 노벨 물리학상 수상자 아인슈타인

니다.

　그런데 당시 오시에츠키는 나치 독일의 가장 악명 높은 정치경찰인 게슈타포에 체포돼 고문을 받는 중이었습니다. 그런 그에게 노벨 평화상을 수여한다는 사실을 발표하자 히틀러는 이 사건을 독일인에 대한 모독이라며 분노했습니다. 그리고 모든 독일인에게 노벨상 수상을 금지한다는 명령을 내렸습니다. 이후 1938년에 독일인 리하르크 쿤Richard Kuhn이 노벨 화학상을, 그다음 해인 1939년에는 아돌프 부테난트Adolf Butenandt가 노벨 화학상을, 게르하르트 도마크Gerhard Domagk가 노벨 생리의학상을 받았으나 모두 수상을 거절할 수밖에 없었죠.

　그런가 하면 1918년 노벨 화학상을 받은 프리츠 하버Fritz Haber는 노벨상을 제정한 의도에서 벗어나 논란이 되었습니다. 독일의 유대계 화학자인 하버는 질소 정제 방법을 발견해 인공비료의 개발을 가능하게 만들었습니다. 이는 인류의 오랜 염원이었던 식량 생산 문제를 해결했죠. 현재도 세계 인구의 절반은 질소 비료를 사용해 생산한 식량을 먹고 있습니다. 문제는 인류를 기아에서 벗어나게 해준 하버가 비뚤어진 애국심에 사로잡혀 제1차 세계대전 당시 수많은 목숨을 빼앗아 간 독가스를 개발했다는 것입니다. 그는 1915년에 독일군과 프랑스군이 대치 중인 전선에 뛰어들어 직접 독가스를 살포했습니다. 이는 인류 역사상 최초로 전쟁에서 대대적으로 화학가스를 사용한 사례로 남았고 약 5,000명의 프랑스 병사가 한 시간도 버티지 못하고 사망했습니다.

　이후 또다시 논란의 대상으로 떠오른 사람은 1953년 노벨 문학상을 받은 윈스터 처칠입니다. 영국의 총리였던 그가 논란의 수상자가 된 것은 또 다른 후보자가 세계적인 대문호 어니스트 헤밍웨이Ernest Hemingway였기 때문입니다. 게다가 직업 문인이 아닌 사람이 노벨 문학상을 탄 최초의 사례였기에 더욱 화제가 됐습니다. 헤밍웨이를 제치고 노벨 문학상을 탄 작품은 처칠의 전쟁 회고록이었습니다. 노벨상 위원회는 '역사적이고 전기적인 글에서 보인 탁월한 묘사와 인간의 가치를 옹호하는 빼어난 웅변술'을 꼽으며 처칠의 수상 이유를 설명했습니다. 그러나 사람들은 헤밍웨이를 이긴 전쟁 회고록이라며 비아냥거렸죠. 다행히 헤밍웨이는 다음 해 노벨 문학상을 받았습니다.

1918년 노벨 화학상 수상자 프리츠 하버

이렇게 많은 논란 속에서도 매년 인류의 발전에 큰 공헌을 한 이에게 수여하는 노벨상은 평화를 꿈꿨던 발명가 노벨에 의해 시작되어 124년간 세계에서 가장 권위 있고 명망 높은 상으로 자리매김하고 있습니다. 지금까지 627회의 시상과 1,000명이 넘는 수상자를 배출했습니다.

노벨은 다이너마이트라는 희대의 발명품을 개발해 인류 문명에 엄청난 발전을 가져다주며 천문학적인 부를 쌓았지만, 무기를 제조했다는 이유로 '죽음의 상인'이라 불리며 비난을 받고 생을 마감했습니다. 그러나 노벨상을 제정함으로써 인류의 평화를 위해 공헌한 위대한 인물로 현재까지 기억되고 있습니다. 평생 발명에만 힘썼던 천재 과학자의 까다로운 유산이 그의 유언대로 '사람'을 위해 쓰이기를 바라며, 2000년 김대중 전 대통령의 노벨 평화상과 2024년 한강 작가의 노벨 문학상 수상에 이어 과학 분야에서도 우리나라가 수상자를 배출하는 영광의 순간이 오기를 기대합니다.

벌거벗은 토머스 에디슨

위인전은 알려주지 않는 발명왕의 실체

맹성렬

● 지금 우리가 TV를 보고, 핸드폰을 사용하고, 학교에서 공부하고, 회사에서 일하는 것은 모두 19세기에 전기를 발명했기 때문에 가능한 일입니다. 그리고 20세기에 컴퓨터와 통신 등의 기술이 발달한 것과도 관련 깊습니다. 이처럼 산업혁명 이후 인류의 발전과 현대사의 흐름을 완전히 바꿔놓은 것 중 하나가 전기 전자 분야입니다.

전기는 사형수의 죽음에도 영향을 주었습니다. 19세기에는 대부분의 사형수가 목을 옭아매어 죽이는 교수형을 받았습니다. 이는 죽기까지 오랜 시간이 걸리고 그만큼 고통도 컸기 때문에 사형 방식을 바꿔야 한다는 의견이 많았죠. 미국은 여러 고민 끝에 고압 전류를 흘려보내서 감전시키는 전기의자를 새로운 사형 방식으로 결정했습니다. 1890년, 뉴욕주를 비롯한 미국의 20여 개 주에서 전기의자를 이용한 사형법이 시행됐습니다. 이때 이 시스템을 완성하는 데 개입한 인물이 발명왕 토머스 에디슨Thomas Edison입니다.

19세기 말에 사용한 전기의자

에디슨은 전화기와 녹음기, 전구뿐 아니라 영화와 전기 자동차에 사용하는 2차 전지까지 현재 우리가 일상에서 누리고 있는 대부분의 제품과 시스템에 영향을 주었습니다. 그런데 이 천재 발명가는 대체 왜 전기의자 같은 끔찍한 발명품을 만드는 데 손을 보탠 것일까요? 여기에는 19세기 말 ~20세기 미국에서 직류와 교류를 두고 벌어졌던 '전류 전쟁'이 존재합니다. 에디슨은 이 전쟁에서 승리하기 위해 라이벌인 발명가 조지 웨스팅하우스 George Westinghouse와 니콜라 테슬라Nikola Tesla에게 치열하게 맞섰고, 때로는 비열한 일도 서슴지 않았습니다. 이들의 대결이 극심해질수록 에디슨의 고뇌는 깊어졌고 발명왕에 어울리지 않는 오점을 남기기도 했죠.

지금부터 발명왕 에디슨의 숨겨진 사업가적 면모와 시대를 앞서 나간 도전 정신, 그리고 비열한 면모까지 그에 관한 모든 것을 알아보려 합니다. 위인전에서는 절대 알려주지 않는 발명왕 에디슨의 실체를 벌거벗겨 보겠습니다.

호기심 많은 문제아 에디슨

에디슨은 1847년 2월 11일 미국 오하이오주의 밀란에서 7남매의 막내로 태어났습니다. 어린 시절의 에디슨은 부모에게 기쁨보다는 걱정을 더 많이 끼치는 아이였습니다. 갓 태어난 에디슨은 의사가 뇌척수막염일지도 모른다고 염려할 정도로 머리가 비정상적으로 컸다고 합니다. 다행히 의사의 걱정은 우려에 그쳤지만 호흡기 질환과 귀앓이 등 잦은 병치레에 시달렸던 병약한 아이였죠.

에디슨의 위인전을 보면 그가 어린 시절 호기심 때문에 알을 품었다는 내용이 나옵니다. 어느 날 학교에 들어가기도 전이었던 어린 에디슨이 한밤중이 되어도 집에 들어오지 않았고, 온 식구들이 그를 찾아 나섰습니다. 겨우 발견한 곳은 헛간이었는데 거위알을 부화시키겠다며 직접 알을 품고 있었다고 합니다. 이뿐 아니라 마른 짚이 얼마나 잘 타는지 보려고 헛간에 불을 지를 만큼 호기심이 넘치는 아이였습니다.

시간이 흘러 학교에 입학한 에디슨은 잘 적응하지 못했습니다. 사립학교에서 공립학교로 전학을 가기도 했지만 이번에도 적응에 실패했습니다. 호기심과 상상력이 풍부했던 에디슨은 암기 위주의 학교 교육을 견디기 힘들어했는데, 왕성한 호기심만큼이나 장난이 심해서 선생님들이 혀를 내두를 정도였다고 합니다. 특히나 수업을 방해하는 일이 허다했는데 선생님이 1+1=2라고 말하면 "물 한 방울에 물 한 방울을 더해도 물은 그대로 한 방울이잖아요"라면서 교사의 의도와는 다른 이야기로 수업 분위기를 흐렸습니다. 하늘을 날고 싶다는 친구에게는 몸을 가볍게 만들면 하늘을 날 수 있을 거라면서 정체불명의 약을 먹여서 큰일 날 뻔한 적도 있었죠. 또 동네 운하를 기웃거리다가 물에 빠져서 죽을 고비를 넘기기도 했습니다.

이처럼 불량한 수업 태도에 수위 높은 장난으로 사건 사고가 끊이지 않는 에디슨을 감당할 학교도, 선생님도 없었습니다. 결국 에디슨은 초등학교에 입학한 지 3개월 만에 학교를 그만둬야 했습니다. 이때 어머니가 에디슨의 손을 잡아주었습니다. 전직 교사였던 어머니가 홈스쿨링으로 에디슨을 직접 가르치기로 한 것입니다. 그녀는 특히 독서에 열성을 쏟았는데, 이 시기 에디슨은 인생을 바꿔놓을 책을 만나게 되었습니다. 과학자 리처드 그린 파커Richard Green Parker가 쓴 《자연 과학과 실험 과학 입문》이라는 책

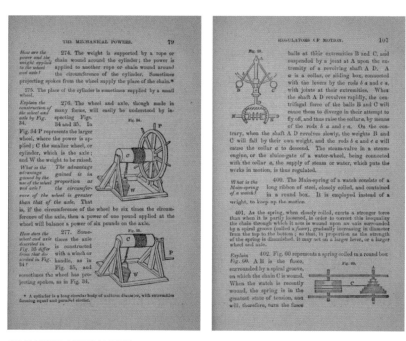

《자연 과학과 실험 과학 입문》

입니다.

3개월밖에 학교에 다니지 않았던 에디슨은 과학 원리에 대한 설명과 다양한 실험 방법이 적혀 있는 이 책을 읽고 독학으로 실험을 따라 했습니다. 부모님은 실험에 몰두한 아들을 위해 지하실에 실험실을 만들어주었는데, 9세의 에디슨은 이때부터 밤낮없이 실험실에 머물렀다고 합니다.

하지만 에디슨이 꼬마 과학자를 즐기던 시간은 짧았습니다. 목수였던 아버지의 사업 부진으로 빚이 늘어나면서 12세가 되던 해 기차에서 신문과 사탕을 파는 판매원 일을 시작한 것입니다. 당시 에디슨은 시골 동네였던 포트 휴런에서 대도시인 디트로이트까지 왕복 8시간이 걸리는 노선에서 근무했습니다. 훗날 에디슨은 긴 시간 고된 일을 했던 이때를 '내 생에 가장 행복했던 시기'라고 회상했습니다. 당시 기차는 첨단 문명의 상징이었는데 과학에 흥미가 컸던 에디슨에게는 호기심을 충족할 만한 탁월한 근무지였던 것입니다.

그런데 힘들지만 행복한 나날을 보내던 에디슨에게 한쪽 청력 상실이라는 불운이 닥쳤습니다. 이와 관련해 몇 가지 설이 있는데 출근 시간에 늦은 에디슨이 이제 막 출발한 기차를 타기 위해 달리자 이른 본 승무원이 귀를 억지로 잡아끌어 태운 것이 원인이라는 이야기와 어린 시절 열병을 앓았기 때문이거나, 유전 때문이라는 말도 있습니다. 가세가 기운 것도 모자라 한쪽 귀까지 들리지 않게 되었으나 에디슨은 크게 동요하거나 좌절하지 않고 자신의 상황을 받아들였습니다.

기차 판매원으로 살아가며 15세가 된 에디슨은 사업에 도전했습니다. 그의 첫 번째 사업 아이템은 신문 제작이었습니다. 장시간 기차를 타며 지루해하는 승객들을 본 에디슨이 〈위클리 헤럴드〉라는 신문을 직접 만들어 팔기 시작한 것입니다. 1862년 2월에 발행한 이 신문에는 발행인으로 에디슨의 이름이 실려 있습니다. 주간 신문으로 가격은 월 8센트였으며, 지역 소식란과 출생 및 사망 소식란도 있었죠. 이 외에도 자신이 근무하는 그랜드 트렁크 철도의 열차 시간표와 열차 안에서 분실한 물건 알림, 호텔 광고, 식료품 가격 소식 등을 실었습니다.

사실 에디슨이 신문을 만들게 된 진짜 계기는 남북전쟁입니다. 이때 사람들이 전투 상황을 궁금해하자 에디슨은 꾀를 내서 신문대 옆에 '전투 발생, 결과 지금 막 나와'라는 커다란 문구를 써 붙여 승객의 관심을 끌기로 했습니다. 그러자 가뜩이나 기차를 타는 동안 지루했던 승객들이 저마다

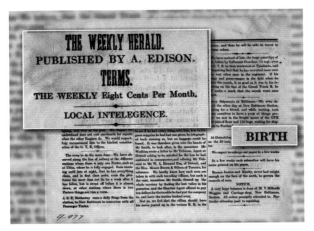
에디슨이 발행한 〈위클리 헤럴드〉

신문을 구매하기 시작했습니다. 이때 에디슨은 자신의 또래를 조수로 둘 만큼 많은 양의 신문을 팔았고, 신문이 돈이 된다는 사실을 깨닫고 직접 신문을 제작한 것입니다.

그렇다면 에디슨의 신문은 잘 팔렸을까요? 신문을 만들려면 취재부터 인쇄까지 여러 과정을 거쳐야 하는데, 15세 소년이 가진 정보력과 노동력으로는 쉽지 않은 일이었습니다. 내용이 빈약한 신문은 잘 팔리지 않았고, 기차 화물칸에서 신문을 만들던 도중에 불까지 나자 에디슨은 사업을 접었습니다.

19세기 최고의 통신수단에 눈뜨다

신문 제작으로 실패를 맛본 에디슨은 기차에 치일 뻔한 아이를 구해주면서 엄청난 기회를 얻게 되었습니다. 역장이었던 아이의 아버지가 에디슨의 소원을 들어주겠다고 한 것입니다. 이에 에디슨은 신문을 판매하면서 관심을 갖게 된 전신 기술을 알려달라고 했습니다.

전신기는 새뮤얼 모스Samuel Morse가 발명한 통신 장비로, 버튼을 눌러 신호를 보내는 것입니다. 짧은 신호와 긴 신호를 조합해 문자 기호로 표기하는데 이때 보내는 신호가 모스 부호입니다. 전신 기술이 생기기 전까지는 메시지를 전달하려면 우편을 보내거나 사람이 직접 가는 수밖에 없었습니다. 그런데 전선을 통해 빛의 속도로 정보를 전달하는 전신기의 발달로 인류가 최초로 실시간 통신을 할 수 있게 된 것입니다.

전신 기술을 배우게 된 에디슨은 1863년 여름에 철도회사를 그만두었습니다. 전신 기사가 되기로 결심한 그는 동네의 보석 가게에서 일을 시작

모스 부호를 보내는 전신 기사

했습니다. 그곳은 보석과 책을 팔기도 하고 밤새 전신으로 받은 뉴스를 아침에 지역 언론에 제공하기도 했는데, 에디슨이 이 일을 맡은 것입니다. 메시지의 양이 많지 않아 초보 전신 기사인 에디슨에게 제격인 업무였죠. 그런데 한쪽 청력을 잃은 에디슨은 모스부호 소리를 잘 들을 수 있었을까요? 이런 의문에 대해 에디슨은 오히려 한쪽 귀만 들리기 때문에 외부 소음에 신경 쓰지 않고 전신기의 소리에 집중할 수 있다고 스스로 자신했습니다. 하지만 청력이 밝은 사람과 비교하면 난청이라는 핸디캡이 존재했기에 전보가 별로 없는 야간근무를 선호했다고 합니다.

사실 에디슨의 문제는 청력이 아니라 윗사람의 통제를 견디지 못해 번번이 꾀를 부리는 바람에 몇 번이고 해고당하는 것이었습니다. 한번은 캐나다의 스트랫퍼드역에서 전신 기사로 야간근무를 했는데, 졸음 방지를 위해 마련한 규칙에 따라 야간근무자들은 매시간 전보를 보내야 했습니다. 이때 에디슨만 매일 밤 1초도 틀리지 않고 꼬박꼬박 신호를 보냈습니다. 그러던 어느 날 상사가 급한 일이 생겨서 에디슨을 호출했는데 아무리 전보를 보내도 응답이 없었습니다. 서둘러서 역으로 가봤더니 에디슨이 의자를 나란히 붙여놓고 드러누워서 자고 있었습니다. 알고 보니 시계에 전신기를 연결해서 예약문자처럼 매시간 신호가 가도록 기계를 손봐놓았던 것입니다.

이 밖에도 전보가 들어오는 속도를 늦춰놓고 여유롭게 받아적으며 농땡이를 부리거나, 업무 중에 개인적인 실험을 하다가 화학용품을 쏟아서 카펫과 가구를 못 쓰게 만드는 사고를 쳐서 쫓겨나기도 했습니다. 이런 꼼수가 발각되는 바람에 1863년부터 1867년까지 약 4년간 한 회사에 머무르지 못하고 떠돌이 전신 기사 신세가 되었죠.

백만장자가 된 발명가 에디슨

에디슨의 왕성한 호기심과 실험에 대한 열정은 전문 발명가가 되기로 결심하면서 더욱 빛났습니다. 그는 다양한 책을 읽으며 발명에 몰두하기 시작했고 22세에 인생 최초의 특허를 등록했습니다. 사진은 에디슨의 첫 번째 발명품인 '자동 투표 기록기'입니다. 이는 각각의 찬성, 반대 버튼을 누르면 투표 결과가 자동으로 집계되는 기계로 여기에 새겨진 'HAVEN YES'는 찬성이고, 'HAVEN NO'는 반대입니다. 이 기계가 정치인들에게 꼭 필요할 것이라는 에디슨의 기대와 달리 첫 번째 발명품은 상용화에 실패했습니다. 자기 의사가 명확하게 밝혀지길 꺼리거나 의사 번복이 쉬운 방법을 선호하는 정치인들이 많았기 때문입니다. 이후에도 에디슨의 실패는 계속됐고 노숙을 해야 할 만큼 주머니 사정도 힘들어졌습니다.

잇따른 실패의 경험으로 에디슨은 한 가지 깨달음을 얻었습니다. 사람들이 필요로 하는 것을 발명하겠다는 것이었죠. 이를 위해 기회의 땅인 뉴욕으로 향했고 이곳에서 그의 인생은 완전히 달라졌습니다. 에디슨이 어렸을 때 가장 주목받은 기술은 전선을 깔고 모스 부호를 이용해 메시지를 전달하는 '유선 전신'이었습니다. 당시 뉴욕에서는 금융에 전신 기술을 도입해서 정확한 정보를 얼마나 빨리, 그리고 얼마나 멀리 전달할 수 있는지가 돈을 버는 열쇠와 같았습니다. 여기에서 아이디어를 얻은 에

자동 투표 기록기

디슨은 가장 자신 있는 전신 기술을 이용해 발명품을 만들기로 했습니다.

그가 만든 것은 주식 시세를 문자(모스 부호)로 프린트해 주는 '스톡 티커'라는 기계였습니다. 이 기계의 특징은 전선으로 연결된 여러 개의 프린터에서 동시에 동일한 내용을 출력할 수 있는 것으로, 뉴욕 전 지역에 주식 시세를 보낼 때 중요한 역할을 했습니다. 에디슨은 당대 최고의 전신 회사인 웨스트 유니언에 1,200대의 스톡 티커를 판매해 7만 8,000달러를 벌었습니다. 오늘날 가치로 환산하면 약 23억 원입니다.

에디슨이 발명한 주식 시세 표시기

이후 에디슨은 유선 전신을 활용한 발명품으로 또다시 큰 성공을 거뒀습니다. 1875년 '4중 전신기'를 발명하면서 85만 달러, 현재가치로 약 250억 원이라는 큰돈을 손에 넣은 것입니다. 4중 전신기는 261쪽의 그림처럼 하나의 전선이 각각 2개씩 총 4개의 전선으로 나누어져 4개의 메시지를 주고받을 수 있는 시스템입니다. 기존에는 하나의 전선으로 하나의 메시지만 보낼 수 있었으나 에디슨이 4중 전신기를 발명하면서 보내는 팀과 받는 팀이 동시에 각각 2개의 메시지를 보내고 2개의 메시지를 받을 수 있게 되었습니다. 전선을 추가로 설치하는 비용을 들이지 않고도 정보 전달 속도를 4배나 높인 것입니다.

4중 전신기의 반응은 폭발적이었습니다. 유선 전신 시대의 흐름을 꿰뚫는 안목으로 시의적절한 발명품을 만든 덕분에 에디슨은 무일푼에서 백만장자가 되었습니다. 이때 그는 28세로, 발명가로 전향한 지 6년 만에 이룬 성과였습니다.

4중 전신 시스템

에디슨은 발명에 몰두할수록 가족에게 소홀했습니다. 평생 일중독에 걸려 있던 에디슨은 첫째 부인이 사망했을 때 바쁘다며 장례식에도 가지 않았다고 합니다. 그래서인지 자녀들 역시 불행했는데, 둘째 토머스 에디슨 주니어Thomas Edison Jr.는 아버지의 이름을 빌려 가짜 건강 기계를 파는 사기꾼으로 전전하다가 고발당하기도 했습니다. 이때 에디슨은 자신의 이름을 사용하지 못하도록 아들을 고소했다고 합니다.

가족도 나 몰라라 할 만큼 발명에만 빠져 산 에디슨은 무엇보다 특허에 열을 올렸습니다. 평생 1,093개의 특허를 등록했는데 보름에 한 번꼴로 특허를 받은 셈입니다. 이렇듯 발명을 위한, 발명에 의한 삶을 살았던 에디슨은 자신의 무궁무진한 창의력의 원천을 낮잠이라고 밝혔습니다. 하루에 20시간씩 발명에 몰두하면 체력이 떨어지고 집중력이 흐트러지는데 그럴 때마다 낮잠을 잔 것입니다. 휴식을 취하는 동안 다양한 아이디어가 떠올랐고 이를 발명품으로 발전시켰죠.

다만 에디슨은 오래 잠드는 것을 경계하고자 사진처럼 불편한 자세로 잠을 잤다고 합니다. 잘 때 양손에 쇠공을 들고 바닥에는 냄비를 뒤집어 놨는데, 잠에 깊이 빠져 공을 떨어뜨리면 그 소리에 놀라서 깨도록 한 것입니다. 그리고 항상 머리맡에 노트와 펜을 두고 낮잠에서 깨어나 좋은 아이디어가 떠오르면 바로 메모했다고 합니다.

에디슨은 생전에 "잠은 인생의 사치입니다. 저는 하루 4시간만 자면 충분하다고 생각해요"라고 말하기도 했습니다. 수면은 마약과도 같아서 한 번에 너무 오래 자면 시간과 기회를 놓친다고 경계한 것이죠. 대신 적은 수면 시간을 보충하기 위해서 틈틈이 낮잠을 잔 것입니다. 다만 주변에 따르면 일반인보다 잠을 경계한 건 사실이나 4시간보다는 더 잤다고 합니다.

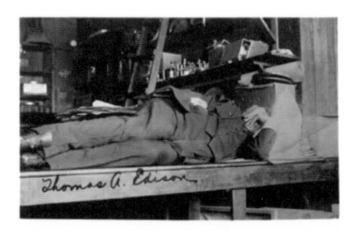

낮잠 자는 에디슨

멘로파크의 마법사, 미국을 제패하다

　발명으로 백만장자가 된 에디슨은 자신의 특허권을 판 돈을 모두 투자해 뉴저지주의 멘로파크라는 작은 마을에 자신만의 발명공장을 세웠습니다. 당시 발명가는 작업실에서 혼자 연구하는 직업이었습니다. 그러니 에디슨이 공장을 세우고 기술자들과 머리를 맞댄 채 의논하고 실험해 함께 하나의 발명품을 만들어 내는 모습을 본 사람들은 의아해했죠. 파격적이고 혁신적이었던 에디슨의 멘로파크 공장은 실리콘밸리의 기원으로 불리기도 합니다. 원래 실리콘밸리 1세대 기업은 컴퓨터 제조 회사였던 휴렛패커드가 1938년 캘리포니아주 산타클라라에 지은 연구소로 알려졌습니다. 그런데 최근 영국 BBC 방송이 1876년에 설립한 에디슨의 발명공장을 그 효시로 꼽은 것입니다.

　264쪽의 사진은 에디슨의 발명공장입니다. 공장의 1층은 에디슨과 직원들이 발명한 물품을 판매하는 상점이었고, 2층은 다양한 발명을 진행하는 실험실이었습니다. 에디슨은 실험실에 8,000가지의 화학 물질과 모든 종류의 나사, 모든 크기의 바늘, 모든 종류의 끈 등 세상에 존재하는 다양한 재료를 최대한 모아두었습니다. 그리고 '간단한 발명품은 열흘마다, 큰 발명품은 6개월마다 한 번씩 만든다'라는 원칙을 고수했습니다. 그의 사무실에는 "생각하는 일을 피하기 위해 사람이 부리지 못할 꾀가 없다"라는 말이 여기저기 적혀 있었다고 합니다. 한마디로 안 된다는 핑계를 대지 말고 될 방법을 생각하라는 뜻입니다. 이런 열정 때문에 직원들도 야근하는 경우가 많았는데, 에디슨은 종종 직원들을 위해 휴식 시간에 오르간을 연주해 주기도 했습니다.

멘로파크 공장 외관

공장 1층 상점

공장 2층 실험실

멘로파크로 본거지를 옮긴 에디슨이 처음 발명한 것은 '전화기'였습니다. 사실 세계 최초의 전화기는 1854년 미국의 발명가인 안토니오 무치Antonio Meucci가 발명했습니다. 하지만 당시 무치는 특허를 등록할 돈이 없었죠. 22년 후에 영국의 발명가인 그레이엄 벨Graham Bell이 먼저 전화기를 특허 등록하면서 그 명성을 차지한 것입니다. 그렇다면 에디슨은 이미 출시된 전화기를 왜 다시 발명한 것일까요? 에디슨은 최초로 개발된 발명에 새로운 구성이나 기능을 더해 실용성을 높이는 '개량 발명'을 잘한 것으로 알려져 있습니다.

왼쪽 사진은 벨이 발명한 전화기고, 오른쪽은 에디슨이 발명한 전화기입니다. 벨의 전화기는 송신기와 수신기가 하나로 되어있어서 음성 전달 상태가 좋지 않았습니다. 하지만 에디슨의 전화기는 송신기와 수신기를 분리해서 음성을 명확하게 전달했죠. 또한 송신기 안에 고무와 탄소를 혼합한 작은 알갱이를 집어넣는 기술로 훨씬 또렷한 소리를 전달했습니다. 고무와 탄소를 혼합한 기술은 독보적으로 송신 기술이 뛰어나서 벨의 전화 회사마

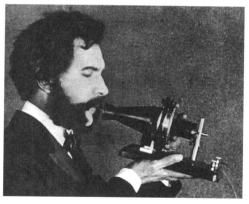

벨의 전화기 vs 에디슨의 전화기

저 그 특허를 사용할 수밖에 없었습니다. 획기적으로 품질을 개선한 에디슨의 개량 발명이 전화기의 보급을 촉진한 것입니다.

이후 에디슨은 전화기에서 영감을 받아 축음기를 발명했습니다. 에디슨은 '나의 아이'라고 말한 축음기를 만들기까지 수많은 실패를 거쳤습니다. 셀 수 없는 도전 끝에 축음기를 발명한 에디슨은 "인생의 많은 실패자들은 포기했을 때 얼마나 성공에 가까웠는지 깨닫지 못한 사람들입니다"라는 말을 남기기도 했습니다. 거듭된 실패에도 실패할수록 성공에 가까워진다는 믿음으로 포기하지 않고 최초의 녹음 기술인 축음기를 발명해 낸 것입니다. 에디슨이 축음기를 공개하자 입소문이 났다고 할 만큼 빠르게 미국 전역에 소식이 퍼졌습니다. 한마디로 센세이션을 일으킨 것입니다.

하지만 처음 접하는 녹음 기술이 낯설다 보니 '귀신이 말한다', '사람이 숨어서 말하는 것이다' 등 뜬소문도 많았습니다. 한번은 어떤 신부님이 이 기술을 믿지 못하겠다면서 세상에서 본인이 주기도문을 제일 빨리 외우니 그걸 녹음하라면서 직접 테스트해 본 뒤에야 축음기를 믿었다고 합니다. 축음기에 대한 거부감이 생각보다 컸지만 에디슨은 아랑곳하지 않았습니다. 오히려 대통령과 국회의원들 앞에서 당당히 축음기를 시연했습니다. 신기술을 접한 미국의 지도자들은 아직 선진국 반열에 들지 못한 미국이 세계 최초의 녹음 기술을 발명했다는 사실에 열광했습니다.

이후 에디슨은 자신의 가장 독보적인 발명품인 축음기를 이용해 말하는 인형을 만들었습니다. 딸 매들린의 크리스마스 선물로 기획한 이 인형은 등 뒤의 태엽을 감으면 20여 초 동안 '반짝반짝 작은 별' 같이 아이들이 좋아하는 동요 한 곡을 들려주었습니다. 초기 제품은 녹음된 음성 품질이 나빠서 잘 팔리지 않았지만 나중에 이 발명품은 전 세계에서 가장 사랑받는 크리스마스 선물 중 하나가 되었습니다. 이처럼 새로운 기술력과 창의성을 바탕으로 한 발명품을 연이어 발표한 에디슨에게는 '멘로파크의 마법사'라는 새로운 별명이 생겼습니다.

에디슨이 만든 말하는 인형

에디슨, 빛의 제국을 열다

전화기와 축음기를 통해 발명가로서 명성을 얻은 에디슨이 다음으로 관심을 가진 것은 전깃불이었습니다. 이미 미국에 전깃불은 있었으나 일상적으로 사용하기에는 어려움이 많았기 때문입니다. 당시 사용한 전깃불은 아크등으로, 너무 밝아서 광장처럼 넓은 곳을 비추는 데만 사용할 수 있었습니다. 집안에서는 가스등을 사용했는데 시간이 지나면 연기가 유리구뿐 아니라 방 안까지 시커멓게 만들어서 청소를 자주 해야 했습니다. 에디슨은 눈이 부신 아크등과 어두운 가스등 사이에서 적절한 밝기를 내는 조명을 연구하기 시작했습니다.

1879년 12월 28일, 에디슨은 멘로파크 공장으로 사람들을 불러 모았습니다. 그리고 이들 앞에서 자신의 인생을 완전히 뒤바꿀 발명품을 선보였습니다. 너무 밝지도, 어둡지도 않은, 그러면서 누구나 편하게 사용할 수 있는 백열전구를 만든 것입니다. 에디슨이 백열전구를 발명한 이후 뉴욕시

밝은 아크등을 풍자하는 그림

는 곳곳에 800개의 전등을 보급했고, 뉴욕은 '밤이 없는 도시'가 되었습니다. 이 모든 일을 성공시킨 에디슨의 나이는 고작 32세였죠.

그런데 백열전구는 에디슨이 최초로 발명한 것이 아닙니다. 앞서 에디슨은 기존 제품을 더욱 실용적으로 사용할 수 있는 개량 발명을 즐겨한다고 설명했습니다. 에디슨의 역작이라 불리는 백열전구 역시 개량 발명품입니다. 그가 참고한 것은 영국의 화학자이자 전기공학자인 조지프 스완Joseph Swan이 만든 백열전구였습니다. 269쪽 사진의 왼쪽이 스완이 만든 백열전구이고, 오른쪽에 있는 것이 에디슨이 만든 초기 백열전구입니다.

아크등과 가스등을 대신할 전구가 필요했던 시기 영국의 스완이 먼저 백열전구에 대한 특허를 냈습니다. 하지만 그의 백열전구는 몇 분을 채 버티지 못했습니다. 스완은 불을 밝히려면 전구 내부가 진공상태가 되어야 한다는 사실을 깨달았지만 그럴 만한 기술이 부족해 그가 만든 전구는 성능

스완과 에디슨의 백열전구

이 불완전했습니다. 이때 에디슨이 전구 내부의 진공상태를 높이는 방법을 찾아낸 것입니다. 진공펌프를 개선한 에디슨의 전구는 무려 1,200시간을 작동했습니다. 고작 몇 분을 버티던 스완의 전구와 완전히 달랐죠.

백열전구를 발명한 에디슨은 이번에도 "나는 실패하지 않는다. 다만 작동하지 않는 1만 가지 방법을 찾았을 뿐이다"라는 명언을 남겼습니다. 이처럼 1만 번이 넘는 실험 끝에 백열전구를 완성한 에디슨은 훗날 스완과 손잡고 '에디스완'이라는 합작회사를 만들어 전구의 기술력을 더욱 높이고 대중화에 성공했습니다. 당시 에디슨은 세계 최고 선진국이었던 영국에 진출하기 위해 스완과 손잡을 수밖에 없었다고 합니다. 특허 범위를 광범위하게 적용하는 영국에서 백열전구를 만들어 팔려면 특허권을 선점한 그의 협력이 불가피했기 때문이었죠.

에디슨이 시작한 '전기 시대'

세계 최초로 실용적인 백열등 제작에 성공한 에디슨은 미국에서 발명가
이자 사업가로서 더욱 명성을 떨쳤습니다. 그리고 1881년 8월 파리에서 세
계 최초로 열린 '국제 전기 박람회'에 참가하며 세계 무대에 도전장을 내밀
었습니다. 이곳은 가스등이나 등불을 쓰던 시대가 저물고 새로운 전기의
시대가 도래할지를 판단하는 시험대와 같았습니다. 북미와 유럽의 언론이
촉각을 곤두세운 최초의 전기 박람회에 에디슨이 출전한 것입니다.

그가 선보인 새로운 발명품은 전기를 만드는 발전기였습니다. 30톤에 달
하는 거대한 이 발전기는 1,200개 이상의 램프를 밝힐 수 있는 100㎾의 전
기를 만들어냈습니다. 당시 유럽에서 만든 발전기보다 무려 4배나 커서 거
대한 코끼리라는 뜻의 '점보(jumbo)'라는 별명까지 붙었죠. 에디슨은 이 발
전기로 박람회에서 5개의 금메달과 명예 훈장까지 수상하며 유럽 시장에
성공적인 출발을 알렸습니다.

박람회 이후 영국 런던의 한 전시회에도 참가한 에디슨은 이곳에서 최
초로 전기를 이용한 전광판 광고를 선보였습니다. 이 사실이 입소문을 타
고 퍼지면서 광고 가운데 적힌 '에디슨'이라는 글자가 사람들에게 각인되었
습니다. 이후 에디슨은 1882년에 미국보다 앞서 영국 런던에 중앙발전소를
설립했고, 유럽은 물론 남아메리카와 아시아에도 에디슨 전기조명회사가
잇따라 탄생했습니다. 박람회를 계기로 전 세계가 에디슨의 전기를 사용하
게 된 것입니다.

에디슨은 자신이 발명한 백열전구를 각 가정과 상점에서 누구나 간편하
게 사용하려면 새로운 전기 시스템을 구축해야 한다고 생각했습니다. 이를

파리 국제 전기 박람회에 설치한 발전기

위해 백열전구를 안전하게 사용할 스위치와 전구에 적합한 발전기, 모터 등 여러 분야의 기술이 필요하다는 사실을 깨달았습니다. 그리고 그것을 재현하기 위해 발명공장인 멘로파크를 떠나 뉴욕 5번가에 전기사업본부를 마련했습니다.

하지만 멘로파크에서 시범으로 백열전구를 밝히는 것과 도시 전체가 전기를 사용하는 것은 천지 차이였습니다. 에디슨은 그간의 발전기로는 충분한 전기를 만들 수 없다고 생각했고, 그 결과 점보가 탄생한 것입니다. 이처럼 뉴욕을 밝힐 만한 전기를 생산할 수 있는 발전기에 전 세계도 관심을 가질 수밖에 없었습니다. 1882년 9월, 뜨거운 관심 속에 드디어 중앙발전소가 뉴욕을 환하게 밝혔습니다. 황홀한 불빛을 본 많은 사람들은 세상이 바뀌었다는 사실을 온몸으로 느꼈습니다. 특히 1883년 조선에서 파견된 보빙사들이 이 광경을 보고 깜짝 놀랐다고 합니다. 이들은 고종 황제에게 이 소식을 전했고, 조선은 아시아 최초로 경복궁에 백열전구를 설치했습니다.

그리고 당시 뉴욕을 주름잡았던 금융계의 큰손이자 사업가였던 J.P. 모건이 에디슨을 눈여겨보았습니다. 모건은 백열전구의 발명을 단순히 새로운 물건의 개발이 아닌 뉴욕을 완전히 바꿔줄 대형 산업의 탄생이라고 생각했습니다. 때마침 에디슨 역시 뉴욕에서 전기 시스템을 완성하기 위한 든든한 투자가 필요한 상황이었죠. 발명의 제왕과 투자의 제왕, 두 사람의 만남이 가져오는 시너지는 엄청났습니다. 뉴욕의 전기 시스템을 빠른 속도로 독점하다시피 한 두 사람은 이내 미국 전역에 '전기의 시대'를 열 계획을 세우기 시작했습니다.

뉴욕 5번가의 전기사업본부

1차 전류 전쟁- 웨스팅하우스의 등장

그런데 이때 예상치도 못한 변수가 나타났습니다. 에디슨에게 도전장을 내민 라이벌이 등장한 것입니다. 그는 당시 발명가이자 사업가로 이름을 알린 조지 웨스팅하우스였습니다. 웨스팅하우스는 공기를 이용해 기차의 속도를 조절하거나 세울 수 있는 '공기 제동기'로 특허를 얻어 성공한 사업가였습니다. 그는 전기가 큰돈이 된다는 사실을 포착하고 1886년 뉴욕 버펄로에 자신의 전기 조명 시스템을 설치하면서 본격적으로 전기사업에 뛰어들었습니다. 이때부터 웨스팅하우스는 에디슨이 장악하고 있던 뉴욕의 전기 시스템을 빼앗기 시작했습니다.

에디슨이 이미 장악한 전기 시장을 웨스팅하우스가 뚫을 수 있었던 것은 두 사람이 선택한 전기 시스템의 차이 때문이었습니다. 당시 에디슨은 직류 전기 시스템을 사용했습니다. 그런데 웨스팅하우스가 새 판로를 마련하기 위해 교류 전기를 선택한 것입니다.

직류와 교류의 차이는 방향에 있습니다. 전류가 한 방향으로 곧게 흐르는 것이 직류이고, 전류의 방향이 계속 바뀌는 것이 교류입니다. 직류는 쉽게 설명하면 건전지를 사용하는 전류라고 볼 수 있습니다. 건전지에는 플러스극(+)과 마이너스극(-)이 있는데, 이 방향에 맞춰서 장착하지 않으면 작동하지 않습니다. 이처럼 전기가 한 방향으로 흐르는 것이 직류입니다. 반면 교류는 우리가 콘센트에 전자기기 코드를 꽂을 때 플러스극과 마이너스극을 구분하지 않는 것처럼 플러스(+), 마이너스(-) 상관없이 전기가 양방향으로 오가는 것을 말합니다.

당시 에디슨의 조명에 필요한 전압은 100V였습니다. 그런데 에디슨이 선택한 직류 시스템은 전압을 바꾸는 것이 현실적으로 불가능했기에 중간에 소모될 것까지 고려해 발전소에서 이보다 약간 높은 전압을 만들어 내보냈습니다. 문제는 거리가 멀어지면 발전소에서 보내는 만큼의 전압이 소비자에게 전달되지 못한다는 것이었죠. 직류는 거리가 멀수록 저항이 세서 전압이 작아집니다. 이것을 피하려면 전선의 굵기를 두껍게 해야 했는데 전선으로 사용하는 구릿값이 폭등해서 비용이 너무 많이 들었습니다. 하는 수 없이 직류 발전소는 전기 사용처에서 1km 정도로 가까운 곳에 있어야 했고, 에디슨은 뉴욕에만 120개가 넘는 발전소를 건립했습니다.

그런데 웨스팅하우스가 선택한 교류는 이 같은 문제에서 자유로웠습니다. 1886년에 교류 변압기가 발명되면서 조명 장치에 보내는 전기를 만들 때 직류와 달리 높은 전압을 보낼 수 있었고, 나중에 소비자에게 공급할 때 변압기로 전압을 낮춰주기만 하면 됐죠. 게다가 교류는 가느다란 구리 전선을 사용해도 전기를 멀리 보내는 데 큰 문제가 없었습니다. 따라서 하나의 발전소만으로도 소규모 도시에 충분히 전기를 공급할 수 있었죠.

그렇다면 에디슨은 왜 가성비와 성능에서 더 유리한 교류를 두고 직류를 선택했을까요? 에디슨이 맨해튼에 발전소를 짓던 1882년은 교류 변압기를 발명하기 전이어서 교류가 경쟁력이 없다고 판단해 직류 시스템으로 사업을 추진했던 것입니다. 이후 100여 개가 넘는 발전소를 지으면서 직류 발전에 많은 투자를 했기 때문에 에디슨은 끝까지 직류를 고집할 수밖에 없었습니다.

이 외에도 에디슨이 직류를 고집했던 또 하나의 중요한 이유가 있습니다. 지금은 전기가 일상적이지만 예전에는 사람들이 신기하게 생각해 전기 회사에 들어가서 발전기를 구경하곤 했습니다. 발전기 주위에 설치한 난간을 만지면 전기가 흘러서 '찌릿한' 느낌이 나니까 재미 삼아서 만져보는 사람이 많았죠. 그런데 어느 날 한 사람이 술에 취해 발전기에 바싹 다가가서 본체를 만졌고 그대로 몸이 뻣뻣하게 굳으면서 즉사하는 사건이 일어났습니다. 이 일로 에디슨은 전기의 위험성을 깨닫고 사업을 할 때도 안전을 중요하게 생각했습니다. 그는 전기를 처음 접하는 사람들에게서 안전사고가 일어날 수 있다는 것을 심각하게 우려했습니다. 그래서 전선을 아예 만질 수 없도록 땅속에 깊숙이 묻기로 했죠. 그는 전선이 반드시 지하에 매설되어야 한다고 믿었습니다. 그런데 먼 거리 전송이 최고 장점인 교류는 전선을 땅에 묻을 때 천문학적인 비용이 들어서 현실적으로 지하 매설이 불가

직류 전기 시스템

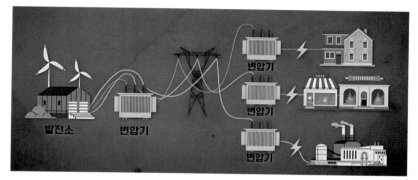

교류 전기 시스템

능했습니다. 실제로 웨스팅하우스는 에디슨처럼 전선을 매복하지 않고 전신주에 연결해 공중에 노출시켰습니다. 안전을 중시했던 에디슨은 이런 교류가 매우 못마땅했습니다.

이때 직류가 교류보다 경제적으로 불리하다는 사실이 드러나자 코너에 몰린 에디슨은 교류에 적극적으로 대응하기로 결심했습니다. 1887년 10월, 에디슨은 《에디슨 전기 조명회사의 경고》라는 책을 기자들과 여러 조명회사 임원진에 무료로 배포하며 웨스팅하우스에게 선전 포고를 날렸습니다. 83페이지 분량의 이 책에는 교류의 위험성이 상세히 적혀 있었습니다. 다음은 일부 내용입니다.

> "전기선이 위험하다. 지난 화요일 에디슨 조명회사에 고용된 선로 인부가 카날과 카론드렛 거리 모퉁이에서 웨스팅하우스의 교류 전류 전선에 충격을 받아 기둥에서 떨어졌다."

이처럼 책에는 길게 늘어진 교류 전선 사고뿐 아니라 횟수까지 기록해 교류의 위험성을 알렸습니다. 설상가상으로 이 시기 교류에 대한 대중의 공포심을 극대화하는 사건이 발생하면서 웨스팅하우스는 제대로 반격조차 하지 못하게 되었습니다. 1888년 3월에 대폭설이 미국 동부 해안을 강타했는데, 이때 눈의 무게를 이기지 못한 뉴욕의 전선이 내려앉으면서 사람들이 감전 사고로 사망한 것입니다. 이후로도 교류와 관련한 감전 사고들이 발생하면서 대중에게 전기는 위험한 것이라는 낙인이 찍혔습니다.

이런 상황은 웨스팅하우스뿐 아니라 에디슨의 전기사업마저 위태롭게 만들었습니다. 그러자 이번에는 에디슨의 최측근이 언론인과 전기회사 대표 등 수십 명을 한자리에 불러서 교류를 이용해 개를 감전사시키는 모습을 보여줬습니다. 나중에는 말까지 감전시켜서 죽였다고도 합니다. 이렇게 교류만 위험하다는 언론 플레이까지 불사하며 에디슨은 웨스팅하우스와의 전류 전쟁에서 승리하려 했습니다.

그렇다면 에디슨의 말처럼 정말 직류보다 교류가 더 위험할까요? 직류든 교류든 상관없이 전류가 세게 흐르면 양쪽 모두 위험합니다. 비록 직류 전선이 전압은 낮았지만 여러 곳에 전기를 배급하기 위해서는 상당히 많은 전류를 흘려야 했기 때문에 에디슨은 직류로도 감전사할 수 있다는 사실

1888년 대폭설로 늘어진 뉴욕의 전선

을 알고 있었습니다. 그래서 전선을 땅에 묻었던 것이죠. 하지만 에디슨은 이런 직류의 위험성은 쏙 뺀 채 오로지 경쟁자인 웨스팅하우스의 교류만이 위험하다며 대중들을 선동했습니다.

때마침 교류의 위험성을 적극 홍보할 수 있는 사건이 발생했습니다. 당시 뉴욕주의 한 치과의사가 비인간적인 교수형 제도 대신 좀 더 신속하고 고통 없는 사형법으로 바꿔야 한다며 입법 로비를 시작했습니다. 그는 우연히 취객이 즉석에서 감전사하는 장면을 목격한 뒤 전기를 이용한 사형이 자신의 생각에 적합하다며 에디슨을 찾아갔습니다. 치과의사의 이야기를 가만히 듣던 에디슨은 그에게 웨스팅하우스를 찾아갈 것을 추천했습니다. 전기의자에 교류를 사용하면 교류의 위험성을 널리 알릴 수 있다고 생각한 것입니다. 하지만 치과의사를 만난 웨스팅하우스는 그의 제안을 받아들이지 않았습니다.

웨스팅하우스의 반대에도 1888년을 시작으로 미국의 26개 주에서 전기를 사형에 사용하는 법이 통과했습니다. 이때 에디슨은 전기의자 제작의 자문을 맡게 되었는데 그의 의도대로 전원은 교류를 사용했습니다. 1890년 8월, 뉴욕 어번 교도소는 세계 최초로 에디슨이 자문한 전기의자를 사용해 사형을 집행했습니다.

당시 에디슨은 교수형이 잔인하다고 생각해 차라리 전기의자가 인간의 품위를 지킬 수 있는 사형 방식일지도 모른다고 판단했던 것 같습니다. 그래서 여기에 전류의 세기가 큰 교류를 적용한 것입니다. 에디슨은 전기 사형을 설명하면서 라이벌인 웨스팅하우스의 이름을 따서 '웨스팅하우스 당한다'라는 뜻의 'Westinghoused'라는 표현을 쓰자고 제안했다고 합니다. 진실은 알 수 없지만 실제로 이 시기 전기의자에 앉는 것을 '웨스팅하우스 당한다'라고 표현했습니다.

과연 치과의사의 생각대로 전기의자는 인도주의적인 사형 방식이었을까요? 동물 실험과 달리 첫 전기의자 사형은 실패나 다름없었습니다. 안락사를 위한 여러 조건을 제대로 갖추지 못해서 사형수가 즉사하지 않은 것입니다. 전기가 흐른 사형수의 몸에서는 연기가 피어올랐고 현장에는 살이 타는 냄새가 가득했습니다. 결국 여러 번 전류를 흘러보낸 후에야 사형수는 겨우 사망했다고 합니다.

2차 전류 전쟁- 모건과 테슬라

수세에 몰린 웨스팅하우스는 휴전을 제안했으나 에디슨은 거절했습니다. 결국 1887년에 에디슨의 선전포고로 시작된 1차 전류 전쟁은 에디슨의 승리로 끝났습니다. 이후 웨스팅하우스는 에디슨과 악전고투를 벌이면서 이 난관을 헤쳐 나갈 방법을 찾아 나섰습니다. 이때 웨스팅하우스의 눈에 띈 한 사람이 있었는데, 바로 니콜라 테슬라입니다. '테슬라'는 현재 일론 머스크Elon Musk가 세운 전기차 기업의 이름으로 널리 알려져 있습니다. 내연기관 자동차의 심장이 엔진이라면, 전기 자동차의 심장은 전동기라고 할 수 있습니다. 일론 머스크는 자신이 만든 전기차에 내장된 '교류 전동기'를 발명한 테슬라의 이름을 따서 회사 이름을 지었다고 합니다.

지금까지도 뛰어난 발명가로 인정받는 테슬라는 태생부터 에디슨과 달랐습니다. 오스트리아 제국, 지금의 크로아티아 땅에서 태어난 그는 초등학교도 제대로 졸업하지 못한 에디슨과 달리 오스트리아의 유명 공과대학을 다녔고 무려 8개 국어가 가능한 언어 천재였습니다. 전기에 흥미를 붙인 테슬라는 1882년에 에디슨 전기회사의 파리 지사에서 근무하다가 2년 뒤에는 추천으로 미국 뉴욕에서 근무했습니다. 하지만 조직 생활에 잘 적응하지 못하고, 에디슨과 달리 교류 시스템에 더 관심이 있었기 때문에 6개월 만에 회사를 그만두었습니다.

웨스팅하우스가 테슬라를 특별히 눈여겨본 데는 이유가 있습니다. 1888년 무렵 1차 전류 전쟁에서 패배한 웨스팅하우스는 에디슨과 직접 부딪히는 일을 피하고자 사업을 확장하기로 했습니다. 그때 생각한 것이 '전차용 교류 전동기' 사업이었죠. 그는 특허 전문가의 도움을 받아 자신의 사업에 도움이 될 발명 특허를 찾았는데 그때 눈에 띈 것이 테슬라의 교류 전동기였던 것입니다. 그런데 알고 보니 테슬라가 가진 특허는 그뿐만이 아니었습니다. 교류 발전, 교류 송전 그리고 교류 변압과 관련한 특허를 모두 갖고 있었습니다. 당시 웨스팅하우스가 사용한 교류 시스템은 유럽에서 쓰던 방식을 개량한 것으로 개선할 점이 많았는데 테슬라가 완벽한 해결책을 가지고 있었던 것입니다.

웨스팅하우스는 테슬라의 시스템만 있으면 에디슨과의 전류 전쟁에서 승리할 수 있을 거라고 확신했습니다. 그리고 에디슨과 두 번째 대결을 벌이기로 했습니다. 이 전쟁의 승패를 가리는 무대는 1893년에 열리는 '시카고 만국 박람회'였습니다. 세계 각국이 모이는 이 행사에서는 미국의 첨단 산업을 밝힐 전류 시스템이 최대 이슈로 떠올랐습니다. 콜럼버스의 미 대륙 발견 400주년을 기념하는 시카고 박람회에는 전 세계의 이목이 쏠렸는데, 이곳에서 입소문을 타면 기술력을 인정받는 동시에 자연스럽게 홍보도 할 수 있었죠. 또 직류와 교류, 둘 중에 어떤 시스템이 더 좋은가를 판단하지 못했던 시절에 최신 기술을 선보이는 행사에서 선택한 시스템이라면 믿고 쓸만하다는 검증과 같아서 에디슨과 웨스팅하우스 모두에게 매우 중요한 자리였습니다.

역대급 규모로 기획한 시카고 박람회는 모든 건물을 흰색으로 통일한 화이트 시티를 조성해서 그곳에 20만 개의 전구를 설치하기로 했습니다. 또 전시관과 거리 곳곳에 엘리베이터와 기차, 그리고 지금의 무빙워크와 같은 움직이는 통로 등을 만들기로 했죠. 이 모든 기술이 원활하게 작동하려면 기존보다 안정적인 시스템이 필요했는데, 이 전기 공사를 맡을 업체를 선정해야 했습니다. 규모가 엄청난 만큼 어마어마한 돈이 걸린 이 공사에 에디슨과 그의 사업 파트너인 J.P 모건, 그리고 테슬라와 손잡은 웨스팅하우스가 기회를 놓치지 않고 참여했습니다.

2차 전류 전쟁에서 이기기 위해 두 팀이 가장 고심한 것은 입찰가였습니다. 가장 적은 돈으로 가장 큰 효과를 얻고 싶은 주최자들의 희망에 맞춰서 두 팀은 각자 입찰 금액을 제시했습니다. 이때 에디슨과 모건은 20만 개의 전구에 빛을 내기 위해서는 100만 달러 이상이 필요하다고 주장했습니다. 하지만 이내 가격 경쟁력에서 밀려날 것을 걱정해 최종적으로 55만 4,000달러를 제시했습니다. 웨스팅하우스와 테슬라가 제시한 금액은 에디슨과 모건이 제시한 금액보다 훨씬 낮은 39만 9,000달러였죠. 이로써 시카고 박람회에서 맞붙은 2차 전류 전쟁은 웨스팅하우스와 테슬라가 승리했습니다.

시간이 흘러 시카고 박람회 개막식 날, 미국의 그로버 클리브랜드Grover Cleveland 대통령이 스위치를 누르자 20만 개의 전등에 불이 들어왔습니다. 깜깜한 박람회장에 빛이 가득 차는 모습을 본 전 세계 사람들은 감동에 휩싸였습니다. 그리고 교류가 위험하다기보다 안전하고 효율적인 전기라고 생각하게 되었습니다.

입찰 금액에서 웨스팅하우스가 에디슨보다 경쟁 우위에 선 것은 테슬라의 교류 시스템 덕분입니다. 대용량 교류 발전기를 만들어서 높은 전압을 한 번에 공급할 수 있었기 때문이죠. 그리고 테슬라의 희생 덕분이었습니다. 시카고 만국 박람회 직전 웨스팅하우스의 회사는 부도 위기에 몰렸습니다. 이때 테슬라가 자신의 교류 특허권을 포기하면서 경제적 부담감을 줄여준 덕에 웨스팅하우스는 경영권을 지킬 수 있었습니다. 그러지 않았다면 시카고 박람회에 참가할 수조차 없었을 것입니다. 테슬라는 순수하게 더 많은 사람이 더 나은 기술을 이용하길 바라는 마음에 흔쾌히 특허권을 포기했다고 합니다. 이로 인해 성공적으로 박람회를 마쳤으나 테슬라는 아무런 소득도 얻지 못했습니다. 그럼에도 직접 시카고 만국 박람회에 참석

시카고 만국 박람회

해 교류의 안전함을 설명하면서 직접 몸에 교류를 흘려보내는 퍼포먼스까지 보여줬다고 합니다.

박람회가 열리는 동안 테슬라의 교류 시스템을 이용한 20만 개의 전구는 캄캄한 밤을 밝혔고 불야성을 이뤘습니다. 그런데 웨스팅하우스의 교류 시스템으로 밝힌 시카고 만국 박람회의 전구는 그 빛을 장시간 유지할 수 없었습니다. 에디슨의 백열전구를 사용하지 못했기 때문이었죠. 에디슨의 전기회사가 전구 사용을 허락하지 않은 것입니다. 아마도 이 결정은 사업권을 따내지 못해 이득을 얻지 못한 모건과 회사 주주들의 결정일 확률이 높습니다. 당시 에디슨 전기조명회사는 다른 전기회사와 합병해 제너럴 일렉트릭이라는 회사가 되었고, 에디슨은 회사의 대주주 중 한 사람에 불과했기 때문이죠. 이런 결정 때문에 웨스팅하우스는 시카고 박람회의 야경을 밝히기 위해 수시로 전구를 갈아줬다고 합니다.

웨스팅하우스가 2차 전류 전쟁에서 승리한 이후 교류는 믿을만한 시스템으로 인정받았습니다. 곧이어 나이아가라 수력발전소의 전기 시스템에서도 교류를 채택하며 교류가 전력의 표준이 되는 시대가 도래했습니다.

전류 전쟁 이후 에디슨의 발명 인생

전류 전쟁에서 패배한 에디슨은 다른 분야에서 두각을 나타내기 시작했습니다. 대표적으로 1891년에 35㎜ 영화 카메라를 최초로 발명하면서 영화산업을 이끈 것입니다. 하지만 그가 가장 정성을 쏟은 발명품은 전기 자동차였습니다. 에디슨은 이미 1870년대에 전기 기관차에 대한 아이디어를 갖고 있었으나 전구 개발에 힘쓰느라 잠시 미뤄두었습니다. 그러는 사이 1881년 파리에서 세계 최초의 전기차가 대중 앞에 선을 보였고, 1894년에는 4륜 전기차 개발에도 성공했습니다. 또 1890년대 말 영국에서는 전기로 구동하는 택시가 탄생했죠.

이후 미국에서도 전기차 바람이 불었고 1900년대에는 미국 자동차의 3분의 1에 해당하는 약 3만 4,000대를 배터리로 운행하는 전기 자동차가 점유했습니다. 시속도 30km로 나쁘지 않았습니다. 이 무렵 에디슨도 전기 자동차 사업에 뛰어들었습니다. 284쪽의 사진은 에디슨이 만든 전기 자동차입니다. 에디슨은 기존의 전기차에서 사용하던 배터리보다 더 성능이 좋은 배터리를 발명했고, 1910년에 이를 이용한 전기차를 출시할 계획을 세웠습니다. 그러나 헨리 포드Henry Ford가 1908년에 저가의 가솔린 자동차를 출시하면서 계획에 차질이 빚어졌고 1913년에야 시제품을 출시할 수 있었죠. 총

에디슨이 1913년에 만든 전기 자동차

세 대가 전시 중인 에디슨의 전기 자동차 중 한 대가 우리나라 강릉의 에디슨 박물관에 있습니다.

가솔린 자동차를 출시한 헨리 포드는 한때 에디슨의 회사에서 일했고 또 에디슨의 열렬한 팬이었습니다. 무명이었던 포드는 어느 날 에디슨을 찾아가서 가솔린 자동차를 만들고 싶다고 말했습니다. 에디슨은 그런 포드를 무시하지 않고 실행 가능성이 있다며 그의 도전을 응원했습니다. 훗날 포드는 전기산업의 제왕이 가솔린 자동차 사업을 긍정적으로 평가한 것에 큰 힘을 얻어 지금의 자신이 있다고 말했습니다. 에디슨은 자신의 경쟁자가 될 포드의 도전을 응원했고 이 모습에 감동한 포드는 자동차로 큰 성공을 거둔 뒤에도 에디슨과 친하게 지내려고 노력했습니다.

두 사람은 1914년에 에디슨의 꿈인 전기 자동차를 개발하겠다고 선포했습니다. 그런데 그해 에디슨의 배터리 공장에 화재가 발생하고, 뒤이어 제1차 세계대전이 발발하면서 내연기관 자동차에 대한 선호도가 높아졌습니다. 1920년대에는 텍사스에서 대규모 유전이 개발되면서 기름값이 저렴해지면서 내연기관 자동차가 전기 자동차를 몰아내고 자동차의 주류가 되었죠. 하지만 최근 전기차의 부상을 보면 에디슨의 선구안이 틀리지만은 않았던 것 같습니다. 19세기와 20세기를 휩쓸었던 천재 에디슨 하면 떠오르는 명언이 있습니다.

"천재는 1%의 영감과 99%의 노력으로 이뤄진다."

이는 에디슨이 전기차를 발명하던 시기에 했던 말입니다. 많은 사람들이 이를 노력의 중요성을 강조하는 내용으로 생각하지만 사실 잘못 알려진 것입니다. 에디슨은 노력은 당연한 것이며 1%의 영감이 승패를 좌우한다고 생각했습니다. 그리고 평생 1%의 영감을 얻기 위해서 시대의 흐름을 읽고, 시대가 원하는 것을 충족시키려 노력했죠. 에디슨의 일생을 통해서 여러분만이 가진 1%의 영감을 발견할 수 있길 바랍니다.

포드와 에디슨

벌거벗은 바다 오염

생명의 근원, 바다가 썩고 있다

남성현

● 바다는 지구 표면의 3분의 2 이상을 차지하며 인류에게 막대한 영향력을 끼치는 영역입니다. 그런데 이곳에 우리의 운명을 좌우할 만큼 엄청난 위기가 닥쳤습니다. 쓰레기 파도, 기름 유출, 사막화, 오폐수, 해양생물 멸종 등 지금의 바다는 인류 역사상 유례없는 최악의 상황을 맞이하고 있습니다.

게다가 갈수록 오염이 심해지고, 여기에 기후 위기까지 겹치면서 바다 환경은 물론 생태계까지 붕괴되기 시작했습니다. 실제로 유럽 주변 바다의 85%가 오염 문제 우려 해역으로 분류됐으며 몇몇 바다는 완전히 썩었다고 표현할 만큼 오염됐습니다. 그중에서도 북유럽과 중앙유럽 사이의 발트해는 온갖 중금속과 독성 화학물질의 농도가 높아 이곳에서 잡힌 물고기에서 다이옥신 같은 1급 발암 물질이 검출되고 있습니다.

바다 오염은 생각보다 심각합니다. 2023년 기준, 전 세계 700곳 이상의 해역에 생명이 살아갈 수 없는 죽음의 바다라는 진단이 내려졌습니다. 사망 선고를 받는 바다는 해마다 빠르게 증가하고 있는데 현재 속도라면 수십 년 내로 바다 생물의 약 87%가 멸종할 것이라는 예측까지 나오고 있습니다. 지구 전체의 순환을 담당하는 거대한 바다에서 생명이 사라진다는 것은 해양 생태계의 완전한 붕괴가 인류 멸종으로까지 이어질 수 있음을 뜻합니다.

대체 무엇이 모든 생명의 근원인 바다를 극한의 위기로 몰아넣은 것일까요? 그리고 바다가 인류에게 보내는 죽음의 경고는 지금 어디에서 울리고 있을까요? 지금부터 사상 최악의 위기를 맞이한 바다의 진실을 벌거벗겨 보겠습니다.

산업혁명으로 사망 선고를 받은 템스강

영국의 템스강은 오랫동안 연어를 비롯해 송어, 농어 등 다양한 물고기가 잡힐 만큼 어종이 풍부하고 깨끗한 강이었습니다. 하지만 18세기에 산업혁명이 시작되면서 런던에 많은 공장이 들어서고 인구가 크게 증가하자 템스강의 모습은 급격히 변화하기 시작했습니다. 그러던 중 1858년에 런던 사람들을 깜짝 놀라게 만든 사건이 발생했습니다. 그림은 당시 템스강을 묘사한 만평으로 정체 모를 생명체들이 죽어서 둥둥 떠 있고, 해골이 노를 젓고 있습니다. 죽음의 강 같았던 템스강은 인간이나 물고기가 살 수 없을 만큼 오염이 심각했는데, 무엇보다 악취가 심해 이를 견딜 수 없던 상당수

죽음의 강으로 전락한 템스강

의 시민이 런던을 빠져나갈 정도였죠. 이때 템스 강변에 있는 국회의사당도 임시 폐쇄됐는데 회의가 열리는 날에는 어떻게든 악취를 줄이려고 창문 틈새를 천으로 막았다고 합니다.

이처럼 1858년은 영국 역사에 '대악취의 해'라고 기록될 만큼 템스강 오염이 심각했습니다. 악취의 가장 큰 원인은 수많은 공장에서 아무런 정화 작업도 없이 그대로 강에 방류한 산업 폐수였습니다. 여기에는 각종 화학 물질과 중금속이 다량으로 섞여 있었죠. 또 인구가 급격하게 증가한 도시에서 흘러드는 생활 하수도 골칫거리였습니다. 이렇게 쌓인 오폐수 때문에 강은 온갖 박테리아와 세균이 번식하기 쉬운 환경으로 변했고, 여기에 연일 폭염이 계속되면서 전례 없는 대악취가 발생한 것입니다.

대악취의 해로부터 20년 후인 1878년, 템스강에서 여객선이 충돌해 침몰하는 사고가 발생했습니다. 이 사고로 승객 800여 명 가운데 무려 600여 명이 사망했습니다. 바다도 아닌 강에서 이렇게 피해가 컸던 이유는 강에 빠진 사람들이 오염된 폐수를 마셨기 때문입니다. 겨우 살아남은 사람들도 갖가지 질병에 걸려 사망했을 정도로 템스강의 오염은 심각했고, 이 사실을 알면서도 제대로 된 대책을 세우지 않아 더 큰 화를 불러일으킨 것입니다.

템스강의 오염은 바다에도 영향을 미쳤습니다. 오폐수로 범벅된 템스강의 물이 영국과 유럽 사이에 위치한 바다인 북해로 흘러들며 바다도 오염되기 시작했습니다. 바다 오염은 여기서 끝나지 않았습니다. 20세기에 발발한 두 차례의 세계대전이 끝나자 유럽 주변의 바다로 핵폐기물이 쏟아져 나온 것입니다. 제2차 세계대전 중 미국이 핵을 개발하면서 유럽도 핵 경쟁에 나섰고, 그 결과 엄청난 양의 핵폐기물이 발생했습니다. 하지만 당시는 핵폐기물에 대한 처리 규정이 없었고 영국은 수천 톤에 달하는 핵폐기물을 그대로 바다에 버렸습니다. 프랑스와 러시아 등 다른 국가도 여기에 합류하며 바다에는 강의 오폐수뿐 아니라 핵폐기물까지 쌓이게 됐습니다.

　전쟁이 끝난 시기 바다에 버려진 쓰레기는 핵폐기물만이 아니었습니다. 쓸모없어진 구식 무기 처리로 골머리를 앓던 유럽이 이를 모두 바다에 버린 것입니다. 영국은 아일랜드와 영국 사이의 보퍼트 제방 앞바다에 약 100만 톤의 전쟁 무기를 내다 버렸습니다. 때문에 지금도 유럽 인근 바다에는 각종 무기뿐 아니라 탱크나 잠수함 등이 가라앉아 있는데, 여기서 엄청난 양의 중금속이 흘러나오고 있습니다.

　이처럼 오염이 가속화되는 상황 속에서 바다는 또다시 커다란 위기에 직면했습니다. 20세기 중반에 대량 생산으로 경제적 풍요를 맞이한 인류의 소비 혁명이 시작된 것입니다. 자동차를 비롯해 각종 전자제품과 생필품, 음식까지 모든 것을 공장에서 엄청나게 만들어냈고 각종 광고가 소비를 부추기면서 사람들은 손쉽게 물건을 사들였습니다. 문제는 소비가 증가할수록 매일 쌓이는 엄청난 양의 쓰레기였습니다. 이 문제를 해결하기 위해 절반은 땅에 묻거나 쌓아두고 10% 정도는 불에 태웠습니다. 하지만 아무리 묻고 태워도 쓰레기는 끊임없이 발생했습니다. 사람들은 넘쳐나는 쓰레기를 버릴 새로운 장소를 찾아 나섰는데 이때 눈 돌린 곳이 바다였습니다.

인류의 삶을 뒤흔든 플라스틱 혁명

　사람들은 왜 쓰레기를 처리할 다른 방법을 고민하지 않고 바다에 버린 것일까요? 당시에는 바다에 관한 이해가 매우 부족했습니다. 워낙 넓고 깊어 연구가 쉽지 않아 모든 자연과학 중에서도 해양과학이 가장 늦게 발달하기도 했죠. 지금도 과학자들은 인류가 우주보다 바다를 더 모른다고 말할 만큼 바다는 여전히 미지의 세계입니다. 따라서 끝이 보이지 않을 정도로 거대한 바다에 쓰레기를 버리면 알아서 정화될 것이라고 막연하게 생각했던 것입니다. 그러다 보니 육지에서 해결할 수 없는 각종 폐기물을 바다에 버리는 게 일종의 관행처럼 받아들여졌습니다.

하지만 본격적으로 해양과학 연구를 시작하면서 바다에 관한 놀라운 사실들이 하나둘씩 밝혀지기 시작했습니다. 대표적인 것이 바다가 지구온난화를 일으키는 탄소의 약 4분의 1을 흡수한다는 사실입니다. 만약 바다가 이런 기능을 하지 않는다면 지구는 지금보다 훨씬 더 뜨겁고, 기후 위기는 더욱 심각하게 인류를 위협했을 것입니다. 그리고 바다는 산소도 만들어냅니다. 우리는 아마존의 열대우림이 엄청난 양의 산소를 배출하는 것으로 알고 있습니다. 이곳에서 발생하는 산소는 지구 전체 산소량의 약 20%에 달합니다. 그렇다면 바다가 만들어내는 산소의 양은 어느 정도일까요? 놀랍게도 지구에 있는 산소의 최소 50% 이상이 바다에서 발생하는 것으로 추정됩니다. 다양한 먹거리 제공은 물론 산소까지 만들어내는 바다는 인류의 생존에 반드시 필요한 곳입니다.

지구 환경과 인류에게 절대적인 영향을 미치는 바다의 기능은 소비 혁명때문에 제대로 유지되지 못했습니다. 바다를 더욱 위협하고, 황폐하게 만들 새로운 물건이 등장한 것입니다. 292쪽의 사진은 1955년 미국의 시사 잡지 〈라이프〉에 실린 '쓰고 던져버리는 삶'이라는 광고입니다. 한 미국인 가족이 하늘로 던지고 있는 물품들은 각종 일회용품입니다. 편리한 일회용품 덕분에 시간과 노동력을 절약할 수 있다고 어필하는 것이죠. 이렇게 쓰고 던져버리는 라이프스타일이 가능해진 것은 플라스틱이라는 소재 덕분입니다. 20세기 초에 발명한 플라스틱은 제2차 세계대전에서 장화나 전선 피복을 만들면서 본격적으로 사용하기 시작했습니다. 그리고 20세기 중반에 비닐과 페트병, 음식 포장용기 등 다양한 플라스틱 재료를 줄줄이 발명하면서 전성기를 맞이한 것입니다.

플라스틱은 가볍고 튼튼한 데다 대량 생산이 가능했고, 저렴하기까지 해 기적의 소재처럼 여겨졌습니다. 플라스틱의 인기는

미국의 잡지에 실린 '쓰고 던져버리는 삶'

광고의 역할이 매우 컸는데 여러 광고에서 플라스틱을 세련되고 청결한 재료이자 현대 문명의 상징이라는 이미지로 만들어낸 것입니다. 이후 플라스틱의 사용량은 엄청나게 증가했습니다. 한 연구에 따르면 1950년대부터 2015년까지 약 70년간 생산된 플라스틱의 양은 83억 톤이 넘는다고 합니다. 이는 현재 지구상에 있는 모든 인간과 동물을 합한 총질량인 약 40억 톤보다 두 배 이상 많은 양입니다. 사실상 현재의 지구는 플라스틱으로 덮여 있다고 해도 과언이 아닙니다. 그리고 이렇게 생산된 플라스틱 중 상당한 양이 또다시 바다에 버려지는 것이죠.

이제껏 인류는 바다에 산업 폐수, 핵폐기물, 화학무기, 플라스틱 쓰레기 등을 버렸습니다. 대체 왜 누구도 이를 문제 삼거나 규제하지 않았던 것일

까요? 시간이 흐른 뒤 사람들은 바다에 마구잡이로 버린 각종 폐기물이 바다를 오염시킨다는 사실을 알게 됐습니다. 1969년에 유럽 발트해에서 발암 물질인 비소 함량이 비정상적으로 높게 검출됐고, 같은 해 미국에서는 오염된 쿠야호가강에서 거대한 화재 사건이 연달아 발생했습니다. 자연을 망가뜨린 인간의 행동이 부메랑이 되어 인간에게 악영향을 미친다는 사실을 깨닫기 시작한 것이죠. 그 결과 1972년에 해양 오염에 관한 최초의 국제협약인 '런던 협약'이 체결됐습니다. 다음은 주요 조항입니다.

제1조
체약당사국은 개별적으로 또한 집단적으로 해양환경의 모든 오염원에 대한 효과적인 규제를 촉진하여야 하며, 특히 인간의 건강에 위해를 야기하고, 생물자원과 해양생물에 해를 끼치며, 생활의 편의에 손상을 주거나 해양의 합법적인 이용을 저해할 우려가 있는 폐기물 및 그 밖의 물질의 투기에 의한 해양 오염을 방지하기 위하여 실행 가능한 모든 조치를 취할 것을 서약한다.

이 협약은 쓰레기뿐 아니라 유독성이 강한 수은과 카드뮴, 원유와 핵폐기물 등을 바다에 버릴 수 없도록 규제했습니다. 바다를 보호하는 일에 영국, 독일, 프랑스, 미국 등 87개국이 동의했습니다. 하지만 강제성이 없었던 탓에 협약은 제대로 지켜지지 않았습니다. 특정 국가가 바다에 유독성 폐기물을 버려도 국제적으로 처벌할 규정조차 마련되지 않은 것입니다. 결국 일종의 선언문에 불과했던 런던 협약 이후에도 바다를 쓰레기 처리장으로 이용하는 일은 계속됐습니다. 1996년에 해양 오염 방지를 위해 더욱 강화된 조약인 「런던 의정서」를 새롭게 채택했지만 이 역시 법적 강제성이 없어 여전히 세계 여러 나라에서 폐수와 폐기물을 바다에 버리고 있습니다.

우리나라도 2009년 「런던 의정서」에 가입했으나 바다 폐기물 문제는 여전한 상황입니다. 놀랍게도 정부에서 서해와 동해에 폐기물을 버리는 지역을 지정해 줬으며, 신고만 하면 공식적으로 폐기물을 버릴 수 있었기 때문입니다. 그 결과 2010년까지 한국 바다에 투기한 폐기물의 양이 남산의 2.5배에 달하는 것으로 추정하고 있습니다. 다행히 2016년부터 해양 투기가 금지되었으나 우리나라가 해양 오염국이라는 사실은 피해 갈 수 없습니다.

거대한 쓰레기통이 된 바다

누구도 바다 오염에 책임을 지지 않고 무책임하게 바다를 악용하는 사이 전 세계를 경악에 빠뜨린 충격적인 소식이 전해졌습니다. 사건은 「런던 의정서」를 채택한 이듬해인 1997년, 미국 LA에서 하와이까지 횡단하는 국제 요트 대회에서 벌어졌습니다. 대회에 참가한 선장 찰스 무어Charles Moore는 태평양을 항해하던 중 매우 이상한 일을 겪었습니다. 갑자기 영화 속의 한 장면처럼 바람이 사라지고 바다의 흐름도 멈추면서 요트가 서버린 것입니다. 그리고 태평양 한가운데서 충격적인 것을 발견했습니다. 그의 눈에 들어온 것은 끝이 보이지 않는 쓰레기 섬이었습니다. 다음은 무어가 쓰레기 섬에 대해 남긴 글입니다.

"육지로부터 수천 킬로미터가 떨어진 곳에 쓰레기가 있다는 것은

달에 쓰레기가 있는 거나 비슷한 이야기였다. 우리는 며칠 동안 태
평양 한가운데서 무풍지대의 무서우리만큼 고요한 수면 위를 모
터에 의지해 지나갔다. 쓰레기들은 그동안에도 계속해서 그 자리
에 있었다."

    배로 며칠을 지나야 할 만큼 바다에 쓰레기가 쌓여 있다는 게 상상이 되
지 않습니다. 무어가 발견한 쓰레기 섬은 바다의 표면을 부유하는 쓰레기
가 가득 덮여 있을 뿐 아니라, 수면 아래까지도 육안으로 구별하기 어려운
작은 쓰레기들로 채워져 있었다고 합니다. 일종의 거대 쓰레기 지대가 형성
된 것입니다. 무어가 목격한 쓰레기 섬은 어떻게 바다 한가운데 만들어진
것일까요?

    바닷물은 염분이나 바람 등의 영향으로 일정한 방향으로 흐르는데, 이
걸 해류라고 합니다. 해류는 원형으로 돌며 흐르는데 가운데인 내부는 바

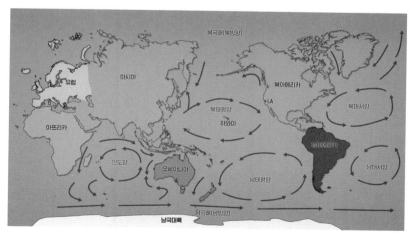

바다 해류 지도

닷물의 흐름이 약하고 거의 정체되어 있습니다. 때문에 주변의 바닷물들이 모두 이곳으로 모여들게 되죠. 태평양을 떠돌던 쓰레기들이 바닷물을 따라서 이곳에 모이기 시작했고, 다른 해역으로 빠져나가지 못한 채 축적돼 거대한 쓰레기 지대를 이룬 것입니다. 무어는 자신이 목격한 쓰레기 지대를 세상에 알렸습니다. 충격적인 광경을 목격한 사람들은 그제야 바다 오염의 심각성을 깨달았고 전 세계는 충격에 빠졌습니다.

바다 쓰레기를 수거하는 한 비영리단체가 직접 쓰레기를 모아서 연구한 바에 따르면, 쓰레기 섬의 90%를 차지하는 것이 플라스틱이었다고 합니다. 사진의 왼쪽은 스티로폼 부표로 플라스틱의 일종입니다. 이 부표는 1966년 생산된 것으로 무려 60여 년간 바다를 떠돌았으나 멀쩡하게 형태를 유지하고 있습니다. 오른쪽의 음료수 박스는 1977년 만들어졌으며 역시나 부식되지 않고 거의 완전한 형태를 가지고 있죠. 육지에나 있을 법한 물건이 태평양까지 흘러 들어갔다는 사실이 놀랍습니다.

바다에는 이런 플라스틱 쓰레기가 유독 많은 편입니다. 바다로 흘러든 다른 물질들은 시간이 오래 지나면 분해돼서 사라지지만 플라스틱은 대부분 미생물이 분해할 수 없는 화학구조를 가지고 있어 바다에 오랫동안 남아서 쓰레기로 떠도는 것입니다. 보통 분해 기간이 스티로폼 컵은 50년, 빨대는 200년, 일회용 기저귀는 450년이 걸리는 것으로 예상합니다. 의외로 오래 걸리는 것이 최근 바다에서 많이 발견되는 낚싯줄로 무려 600년이 걸린다고 합니다. 다만 바다의 환경이나 조건에 따라 분해되는 기간이 천차만별이기 때문에 더 오래 걸릴 수도 있습니다. 또한 분해되는 것일 뿐 사라지는 것이 아니므로 플라스틱은 어딘가에 남아 있게 됩니다.

그런데 최근 쓰레기 섬에 새로운 문제가 발생했습니다. 정도의 차이는

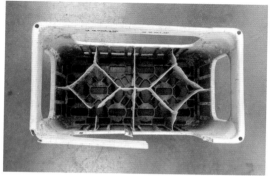

60년이 된 스티로폼 부표와 50년 가까이 된 음료수 상자

있으나 한 해 동안 바다로 흘러가는 플라스틱 쓰레기의 양은 매년 800만 ~1,000만 톤 이상일 것으로 추정합니다. 이 엄청난 양의 쓰레기가 매년 바다에 유입되면서 쓰레기 섬의 규모가 경악스러울 만큼 팽창한 것입니다. 처음 쓰레기 섬을 발견했을 당시의 규모는 대한민국 정도의 크기였습니다. 그런데 2020년대에 들어서자 대한민국 영토의 16배나 될 만큼 몸집을 불린 것입니다. 바다에 이렇게 거대한 쓰레기 섬이 존재한다는 사실이 믿기지 않습니다.

이곳의 플라스틱 쓰레기양은 약 8만 톤으로 1조 8,000억 개의 플라스틱 조각들이 모인 것으로 추정합니다. 2022년, 쓰레기 섬에서 막대한 지분을 차지하는 나라들이 밝혀졌습니다. 약 6,000개의 쓰레기를 수거한 뒤 상표나 글자로 국가를 식별한 결과 1위는 일본으로 34%, 2위는 중국으로 32%였고, 3위는 10%를 차지한 한국입니다. 우리가 오늘 버린 일회용품이 몇 달 뒤 태평양에서 발견될 수도 있는 것입니다.

사실 우리가 버린 쓰레기가 태평양으로만 흘러간 것은 아닙니다. 이는 거대 쓰레기 영역이 태평양에만 있는 것이 아니라는 뜻이기도 합니다. 지도는 전 세계 바다에 존재하는 5개의 쓰레기 섬 위치를 표시한 것입니다. 지구의 바다에는 북태평양과 남태평양 그리고 북대서양과 남대서양, 인도양까지 총 5개의 해류 소용돌이가 존재합니다. 태평양의 쓰레기 섬처럼 다른 해류들의 중심지에도 쓰레기가 모여들었고, 이곳 모두가 플라스틱 쓰레기의 핫 스팟으로 변하고 말았죠.

이 정도면 쓰레기가 없는 바다를 찾는 게 더 힘들다고 할 수 있겠습니다. 현재 쓰레기는 인류의 손이 닿기 힘든 심해에서도 발견되고 있습니다. 2021년에 평균 수심이 7,000~8,000m에 이르고, 가장 깊은 곳이 10km가 넘는 전 세계 바다에서 가장 깊은 곳인 마리아나 해구를 탐사한 일이 있었습니다. 에베레스트산이 통째로 들어갈 만큼 수심이 깊은 이곳에서도 쓰레기가 발견되었습니다. 놀라운 점은 마리아나 해구의 수압은 단단한 쇳덩어리도 찌그러트릴 정도로 강력한데 그런 환경 속에서도 플라스틱 쓰레기나 장난감 풍선이 멀쩡하게 형태를 유지하고 있었다는 것입니다. 이 같은 마리

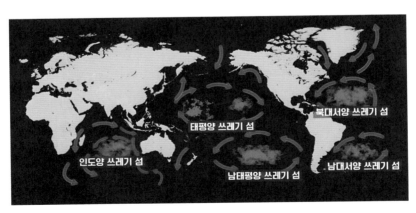

전 세계에 떠 있는 5개의 쓰레기 섬

아나 해구의 상태는 더 이상 지구상의 바다에서 청정 지역을 찾을 수는 없으며, 이미 모든 바다가 플라스틱으로 오염된 것과 같습니다.

바다 쓰레기 문제가 심각해지자 사람들은 바다를 조금이라도 깨끗하게 만들기 위해 해변을 걸으면서 쓰레기를 줍는 플로깅(plogging)을 시작했습니다. 플로깅은 이삭 등을 줍는다는 뜻의 스웨덴어 'plocka upp'과 영어의 달리기를 뜻하는 'jogging'의 합성어입니다. 그런데 아무리 수백 킬로그램의 쓰레기를 주워도 다음에 가면 또다시 그만큼 쓰레기가 쌓여 있었습니다. 바다에서 끊임없이 쓰레기가 밀려들기 때문이었죠.

쓰레기로 덮인 해안가

하와이의 카밀로 해변은 환경단체가 16년간 300톤가량의 쓰레기를 주웠음에도 여전히 쓰레기가 나오고 있습니다. 과테말라도 강 인근에 쓰레기 매립지가 생기면서 엄청난 쓰레기가 강에서 바다로 흘러들어와서 몸살을 겪는 중이라고 합니다. 마치 사람들이 눈에 보이지 않는다고 마구잡이로 바다에 버렸던 쓰레기가 인간에게 돌아와서 경고하는 것 같습니다.

플라스틱 쓰레기와 해양생물의 죽음

그렇다면 썩지 않고 오랫동안 바다를 떠다니는 플라스틱 쓰레기들은 지구 환경과 바다 생태계에 어떤 위협이 될까요? 가장 먼저 눈에 띄는 피해는 해양생물들에게 일어나고 있습니다. 사진 속 거북이는 바다를 헤엄치다가 플라스틱 그물에 걸려서 죽음을 맞이했습니다. 또 플라스틱 끈에 갇혀서 기형으로 성장한 거북이도 있습니다. 태평양의 플라스틱 쓰레기 섬을 헤엄치다 빨대가 코에 박혀 제대로 숨을 쉬지 못하고 피 흘리며 고통스러워하는 거북이도 많습니다. 한 연구에 따르면 전 세계 바다거북의 절반 이상이 몸속에 플라스틱을 가지고 있다고 합니다.

플라스틱 쓰레기로 고통받는 거북이

　이처럼 무분별하게 흩어진 플라스틱들은 해양생물에게는 지뢰와도 같습니다. 사진 속 물개는 플라스틱에 걸려 고통받는 모습입니다. 물개들은 바다를 헤엄치다가 플라스틱 끈에 걸리면 빠져나오지 못한 채 살갗이 파고드는 고통 속에서 목숨을 잃는 경우가 많습니다. 물개와 거북이 외에도 플라스틱 쓰레기로 인해 매년 100만 마리 이상이 죽는 해양생물이 있습니다. 바로 바닷새입니다. 플라스틱은 바다를 떠다니다가 파도나 모래에 깎여서 잘게 쪼개지는데 이 과정에서 바닷새의 주요 먹이인 크릴새우와 비슷한 냄새가 난다고 합니다. 이 때문에 바닷새들이 플라스틱을 먹이로 오해해 섭취하는 것이죠. 세계자연기금(WWF)이 플라스틱 오염에 관한 2,592개의 연구를 분석한 결과 전체 바

플라스틱 쓰레기로 고통받는 물개

닷새의 90%, 전체 바다거북의 52%가 플라스틱을 섭취하는 것으로 추산된 다고 합니다.

태평양의 쓰레기 섬 인근에는 미드웨이라는 작은 섬이 있습니다. 이곳은 하늘을 나는 새 가운데 가장 큰 앨버트로스라는 새가 100만 마리 이상 서식하는 세계 최대의 서식지입니다. 그런데 미드웨이섬에 가면 어미 앨버트로스가 새끼에게 플라스틱을 먹이로 주는 안타까운 장면을 볼 수 있습니다. 앨버트로스는 1~2년에 한 번 알 하나를 낳아 부화한 새끼를 애지중지 키우는 모성애가 강한 새입니다. 새끼에게 먹이를 가져다주기 위해서 수백 킬로미터를 비행하기도 하는데, 새끼에게 주려고 힘겹게 모아 온 먹이가 플라스틱 쓰레기일 만큼 섬 주변이 오염된 것입니다. 충격적인 사실은 앨버트로스가 물어오는 플라스틱 쓰레기 가운데서도 라이터가 많다는 것입니다. 알록달록한 색과 모양이 작은 오징어와 비슷하게 보이기 때문이죠. 아무것도 모르는 어미 앨버트로스가 자신도 모르는 사이 새끼의 목숨을 빼앗고 있는 셈입니다.

플라스틱 섭취는 새에게 매우 치명적입니다. 바닷새들은 플라스틱 쓰레기를 먹다가 기도가 막혀서 죽거나 위장이 플라스틱으로 꽉 차서 영양실조로 굶어 죽기도 합니다. 또는 독성물질로 온몸이 마비돼서 죽기도 하죠. 이처럼 바다를 터전으로 살아가는 해양생물 중 무려 90%가 바닷새나 거북이, 물개처럼 플라스틱 쓰레기로 인해 고통받거나 목숨을 위협받고 있습니다.

새끼에게 플라스틱 먹이를 주는 어미 앨버트로스

미세 플라스틱의 공격

플라스틱 쓰레기가 지구 환경과 바다에 미치는 또 다른 위협은 미세 플라스틱의 공격입니다. 플라스틱은 많은 시간 바다를 떠돌면서 파도나 암초 등에 부딪혀서 매우 작게 쪼개집니다. 그러다가 지름 5mm 미만으로 작아진 입자를 미세 플라스틱이라고 합니다. 바닷속 미세 플라스틱은 일반 쓰레기와 달리 매우 작습니다.

이 작은 미세 플라스틱은 어떻게 인류를 위협할까요? 원래 플라스틱은 제조 과정에서 첨가한 화학물질들로 인해 자체적으로도 독성을 가지고 있습니다. 그런데 쪼개지고 분해되는 과정에서 바다의 오염물질들을 흡수해 독성이 더욱 강력해집니다. 한 마디로 독을 품은 아주 작은 물질이 바다에 떠 있는 셈이죠. 과연 바다에 퍼진 미세 플라스틱의 양은 어느 정도일까요?

2022년 독일의 알프레트 베게너 연구소는 전 세계 바다의 1만 2,000여 지점을 정해서 미세 플라스틱을 포함한 플라스틱의 오염 현황을 통계로 냈

미세 플라스틱 수프

습니다. 지도의 녹색 점은 미세 플라스틱을 포함한 플라스틱들이 발견된 지점이고, 주황색 점은 그 외 다른 쓰레기들이 나타난 곳입니다. 연구 결과 상태는 생각보다 심각했습니다. 전체 조사 대상 해수면에서 1km²당 평균 3,127개의 플라스틱 쓰레기와 무려 20만 개의 미세 플라스틱을 확인한 것입니다. 또한 한국해양수산개발원의 연구에 따르면 태평양, 대서양, 인도양 등 1,571개 지점의 바닷속 미세 플라스틱의 수가 최소 5조 2,500억 개에 이르며, 무게는 약 27만 톤에 달하는 것으로 추정됩니다. 눈에 보이지 않지만 이미 엄청난 양의 미세 플라스틱이 지구의 바다 전체를 장악하고 있었던 것입니다.

지도를 보면 북극과 남극 바다에도 점이 찍혀 있습니다. 바다는 모두 연

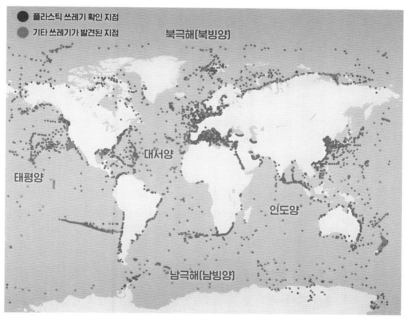

전 세계 플라스틱 오염 현황

결되어 있기 때문에 해류가 흐르면서 대륙 주변의 미세 플라스틱이 북극해와 남극해에도 대규모로 흘러 들어간 것입니다. 지구상에 남은 마지막 청정 지역인 북극과 남극의 바다도 미세 플라스틱의 공격을 피할 수는 없었죠.

그렇다면 미세 플라스틱이 바다만 오염시켰을까요? 미세 플라스틱은 알프스산맥 정상에서도 발견됐습니다. 바다에서 만들어진 미세 플라스틱이 알프스산맥 정상까지 도달할 수 있었던 이유는 눈입니다. 경로를 추적해보니 대서양에서 수증기와 함께 미세 플라스틱이 증발하면서 구름이 생성됐고, 그게 눈으로 변해서 알프스산맥 정상에 뿌려진 것입니다. 이는 매우 심각한 문제입니다. 바다를 오염시킨 미세 플라스틱이 물 순환을 통해서 전 지구에 뿌려졌다는 뜻이기 때문입니다.

또한 우리도 이미 미세 플라스틱에 노출되었을 가능성이 높다는 의미이기도 합니다. 미세 플라스틱은 먹이 순환을 통해 사람에게 되돌아옵니다. 바닷속 미세 플라스틱은 유해 화학물질을 흡수해서 독성물질로 변하고, 플랑크톤은 이걸 먹이로 오인하고 먹게 됩니다. 미세 플라스틱을 먹은 플랑크톤을 물고기가 잡아먹고, 이 물고기가 더 큰 물고기에게 잡아먹히죠. 실제로 최근 바다에서 잡히는 물고기 대부분은 이런 미세 플라스틱을 섭취한 것으로 알려져 있습니다. 그리고 물고기를 먹는 인간의 몸에 독성을 띤 미세 플라스틱이 축적되는 것입니다.

얼마 전 호주의 한 과학자가 틱톡에 올린 영상이 전 세계적으로 충격을 주었습니다. 우리가 흔히 먹는 참치 캔을 따서 현미경으로 찍어보니 참치 살에 검은 실처럼 미세 플라스틱이 군데군데 박혀 있었던 것입니다. 이는 우리가 먹는 물고기나 해산물 속에 이미 상당한 양의 미세 플라스틱이 포함돼 있음을 뜻합니다. 그리고 해산물을 먹는 우리 몸에도 미세 플라스틱이 상당량 쌓여 있다는 것이기도 합니다.

이 같은 먹이 순환을 통해 우리도 모르게 섭취한 미세 플라스틱의 양은 얼마나 될까요? 우리는 매주 신용카드 한 장 분량의 미세 플라스틱을 먹는다고 합니다. 강력한 독성만큼이나 인체에도 해로운 미세 플라스틱은 워낙 작아서 위장의 세포를 통해서 몸에 흡수되는데, 염증을 일으키거나 면역세포에도 이상을 일으킬 수 있습니다. 그리고 인체 내에서도 자연 분해되지 않기 때문에 세포와 점막, 혈액을 타고 온몸을 돌아다니기도 합니다. 그 과정에서 장이나 폐 등 장기에도 직접적인 영향을 줄 수 있습니다.

플라스틱 쓰레기와 바다 산성화

결국 바다 전역에 퍼진 미세 플라스틱은 소리 없이 바다 생태계는 물론 인간의 생명까지 위협하고 있습니다. 미세 플라스틱이 불러온 또 다른 위기는 바다의 산성화에도 영향을 미친다는 점입니다. 미세 플라스틱은 햇빛을 받으면 화학적으로 여러 물질로 분해되는데, 이때 발생하는 이산화탄소가 바다를 산성화시키는 것입니다. 탄산음료를 많이 마시면 치아가 상한다는 이야기가 있습니다. 이는 탄산음료에 든 이산화탄소 때문입니다. 뽀글뽀글 올라오는 기포인 이산화탄소가 물에 녹으면 탄산이 되는데, 그 탄산이 바로 바다를 산성화시키는 '산'입니다. 즉 이산화탄소가 물을 산성화시키는 것이죠.

바다가 산성화되는 것은 매우 심각한 문제입니다. 인류는 20세기 이후 전례 없이 많은 양의 이산화탄소를 배출했습니다. 그리고 바다는 인간 활동으로 발생한 탄소의 4분의 1을 흡수해 왔습니다. 엄청난 양의 이산화탄소를 흡수한 바다는 심각할 정도로 산성화가 진행되고 있습니다. 이런 상황에서 미세 플라스틱이 산성화를 가속화하고 있는 것입니다.

현재 바다 생태계는 산성화로 인한 급격한 재난이 발생하고 있습니다. 특히 나뭇가지 모양의 군체를 이루는 산호가 큰 타격을 받았습니다. 산호 속에는 식물성 플랑크톤이 살고 있는데 이들은 광합성을 통해 산호에 양분을 공급하고 화려한 색을 만드는 중요한 역할을 합니다. 즉 산호는 식물성 플랑크톤과 공존해야만 살아갈 수 있습니다. 그런데 세계 최대의 산호초 군락지인 호주의 그레이트 배리어 리프가 최근 몇 년 사이 죽음의 바다라고 불릴 만큼 충격적인 모습으로 변해버린 것입니다.

산호 군락지는 사진에서 보는 것처럼 하얗게 변했습니다. 산호의 색을 내는 식물성 플랑크톤이 바다 환경의 변화로 스트레스를 받아서 산호 밖으로 빠져나갔기 때문입니다. 이를 백화 현상이라고 하는데 백화된 시간이

대규모 산호 백화 현상

길어지면 산호는 서서히 죽음에 이릅니다. 문제는 그레이트 배리어 리프의 백화 현상이 갈수록 심각해지고 있다는 것입니다. 2022년의 조사에 따르면 90%에 가까운 산호 군락지에 백화 현상이 나타난 것으로 보고되었습니다. 세계에서 가장 거대하고 아름다운 산호 군락이 사멸 직전에 이른 것이죠. 산호의 수명이 수백 년이 넘는다는 것을 생각하면 대규모 군락의 사멸은 전례 없는 충격적인 변화라 할 수 있습니다.

산호의 백화 현상에는 여러 가지 이유가 있는데 가장 중요한 원인이 바다의 산성화입니다. 바닷물은 원래 산성이 아니라 염기성이지만 산도(pH)가 점점 낮아지고 있어서 산성화된다고 표현합니다. 현재 전 세계 바다는 산업혁명 이전보다 0.01 정도 산도가 낮아졌는데, 단 0.01의 변화로 바다 환경이 변하면서 산호가 일종의 '골다공증'에 걸린 것입니다. 원래 산호는 바닷속 탄산을 이용해서 단단한 석회 골격을 만드는데 산도가 변하면서 골격이 서서히 약해지다가 끝내 죽음에 이르게 되었습니다.

문제는 바다 산성화에 따른 산호의 피해가 단순히 산호 군락으로만 끝나지 않는다는 것입니다. 흔히 산호초 군락을 바다의 아파트라고 부르기도 합니다. 산호가 전체 해양에서 차지하는 비율은 0.1%에 불과합니다. 하지만 산호는 전체 해양생물의 25%가 생활하는 서식지이기도 합니다. 따라서 대규모의 산호가 사라진다는 것은 이와 연계한 무수한 바다 생명이 사라지게 된다는 뜻입니다.

게다가 산호를 죽이는 것은 바다 산성화만이 아닙니다. 매우 민감한 생물이기 때문에 오염물질에 상당히 취약한 산호가 병에 걸리자, 태국에서는 산호를 보호하기 위해 모든 해양 국립공원을 찾는 사람들에게 선크림을 금지했습니다. 일부 선크림에서 산호에 해를 끼치는 화학물질이 다량 포함돼 있다는 사실을 확인하고 물에 들어가기 전에 선크림을 바르는 행동을 금지한 것입니다. 그럼에도 산호의 감소 추세는 이미 손쓸 수 없는 상황까지 도달했습니다. 현재 전 세계적으로 산호 군락이 죽음을 맞는 현상이 벌어지고 있는데, 호주뿐 아니라 대규모 산호 군락지가 있는 하와이와 발리의 전체 산호 중 절반이 소멸했습니다. 지금의 추세가 유지된다면 향후 30년 내전 세계 대부분의 산호가 사라질 것이라는 충격적인 전망까지 나오고 있습니다.

지구온난화로 끓고 있는 바다

산호의 죽음은 바다의 변화를 알리는 예고편에 불과합니다. 지난 수억 년간 형성된 바다 생태계를 죽음으로 몰아넣는 치명적인 변화가 나타났기 때문입니다. 최근 수십 년간 지구에는 1초에 네다섯 개씩의 원자폭탄이 한 번에 터지는 정도의 열에너지가 발생해 왔습니다. 그리고 그 대부분(90% 이상)의 열은 바다에 축적되었죠. 대기보다 물이 훨씬 더 많은 열을 품을 수 있어 지금껏 지구에서 발생한 열을 바다가 대부분 감당해 온 것입니다. 하지만 지구온난화가 심해지며 그 양을 감당할 수 없게 되자 바다의 수온이 비정상적으로 높아지고 있습니다.

현재 바다의 평균 수온은 평균적으로 산업화 이전 대비 약 1℃ 가까이 올랐습니다. 적은 수치 같지만 온도를 높이는 데 대기보다 훨씬 많은 에너지가 필요한 바닷물이 1℃ 올랐다는 것은 이미 엄청난 열을 품고 있음을 의미합니다. 그리고 이 문제의 1℃는 전 지구의 바다 환경을 완전히 뒤흔들어놓았습니다. 특정 해역의 바닷물 수온이 극단적으로 높아지는 현상이 나타나기 시작한 것인데, 이를 '해양 열파'라고 합니다. 해양 열파는 바다에서 일어나는 폭염과 비슷한데 짧게는 며칠에서 길게는 몇 달 동안 바다에 이상 고온 현상이 나타나는 것입니다.

특히 해양 열파 현상이 심각했던 것은 2015년의 북태평양이었습니다. 그해 역시 매년 갱신하던 기상 관측 사상 가장 더운 해로 기록된 시기로 특히 아프리카, 중동, 유럽, 아시아 일부 지역에서 역사상 최고 기온이 나타났습니다. 사진은 나사에서 공개한 2015년 5월의 지구 위성 이미지로 북태평양의 월 평균 해수면 온도를 보여주고 있습니다. 온도가 높은 곳은 순서대로 붉은색, 분홍색, 노란색으로 표시되어 있습니다. 이 시기 추운 알래스카부터 캐나다, 미국의 서부 해안과 북태평양 일대를 따라 이상 고온 현상이 일어났는데, 그 범위는 무려 400만 km², 즉 한반도의 약 20배에 달하는 엄청난 넓이였죠. 가장 온난한 곳은 평균보다 섭씨 3℃ 이상 높았으며 일부 지역에서는 바다의 수온이 최대 6℃ 이상 높아졌다고 합니다.

이렇게 바다의 수온이 올라가면 바닷속에서는 무슨 일이 벌어질까요? 온도에 따라 다르지만 2015년에 발생한 해양 열파는 북태평양의 해양 생태계를 거의 초토화했

나사에서 공개한 2015년 5월 해수면 온도

습니다. 가장 큰 이유는 먹이 부족이었습니다. 바다 표면이 비정상적으로 따뜻해지면 밀도의 차이로 바다 아래의 차가운 물과 잘 섞이지 않게 됩니다. 그러면 바다 아래의 영양분이 바다 표면으로 올라오지 못하게 되면서 바다 표면에 영양분이 부족해지죠. 그 결과 바다 표면에서 플랑크톤이나 크릴이 감소하고 이를 먹고 사는 물고기나 동물들이 차례로 죽음을 맞이하는 것입니다. 실제로 2015년의 고온 현상으로 태평양 연안을 따라 수십만 마리의 바닷새와 바다사자들이 먹이를 구하지 못해 떼죽음 당했습니다.

문제는 2015년 이후부터 지금까지 바다의 수온이 꾸준히 높아지고 있다는 사실입니다. 그 결과 지난 40년간 전 세계 모든 바다에서 해양 열파가 더 많이, 더 길게 발생했죠. 스위스 베른 대학교의 해양과학자들은 2010년~2020년에 전 세계 바다에서 170회 이상의 해양 열파가 발생했다고 발표했습니다.

2021년 7월에 캐나다 서부 바다에서도 해양 열파가 발생했습니다. 당시 해안에는 충격적인 광경이 펼쳐졌습니다. 해안 인근의 수온이 약 56℃까지 치솟으면서 홍합과 조개들이 마치 누가 삶아놓은 것처럼 입을 벌리고 죽은 채 바위들을 가득 뒤덮은 것입니다. 이때 수억 마리의 홍합이 죽었고, 소라게나 따개비 등을 합치면 10억 마리 이상이 해양 열파로 떼죽음을 당했다고 합니다.

이때 피해가 컸던 또 다른 해양생물은 연어입니다. 물이 너무 뜨거워서 바다에서 강으로 거슬러 올라가는 연어의 수가 절반 이하로 감소한 것입니다. 바다를 지나서 겨우 강으로 거슬러 간 연어들은 물이 뜨거워서 화상을 입거나 병에 걸려서 피부가 망가졌습니다. 2022년 가을에는 연어뿐 아니라 미국 알래스카 해역에서 10억 마리가 넘는 대게가 실종되기도 했습니다.

해안선을 따라 삶아진 듯 죽어버린 홍합 군락

알래스카 대개의 대부분이 사라진 셈인데 바다 수온 상승을 원인으로 추측합니다.

그렇다면 우리나라 바다의 수온은 상황이 어떠할까요? 전 세계 바다마다 수온 상승 정도가 다른데, 한국 바다는 평균 이상으로 상승했습니다. 1968년부터 지난 50여 년간 우리 바다의 평균 수온은 약 1.35℃ 상승했습

알 낳으러 왔다가 화상을 입은 연어들

니다. 그 결과 한국 어장의 지형도가 바
뀌었다고 말할 정도로 어종의 변화가 크
게 나타났습니다. 또 갑자기 높아진 수온
에 적응하지 못한 해조들이 사라졌죠. 지
구온난화가 일어나면 물고기들은 자신들
의 온도에 맞는 물을 찾아 이동할 수 있지
만, 식물들은 꼼짝도 할 수 없기에 고스란
히 죽음을 맞이합니다. 이런 상황이 현재

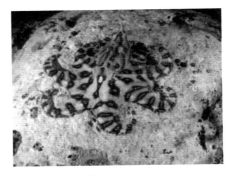

맹독성 파란고리문어

한국의 남쪽 바다에서 심각하게 나타나고 있습니다. 제주도의 경우 겨울
바다 수온이 36년간 무려 3.6°C 상승했는데, 이는 제주 바다가 아열대 바다
처럼 변화했음을 의미합니다. 해녀들은 바닷속에 들어가도 제대로 된 해
산물을 찾아볼 수 없게 되었고, 열대 바다에 살던 맹독성 생물들까지 나타
났습니다. 원래 제주도에 살던 물고기들이 대거 북쪽으로 이동하고 대신에
사람을 죽일 만큼 강한 독성을 가진 파란고리문어 같은 바다 생물들이 올
라오고 있죠.

수온 상승으로 인한 고래의 죽음

이렇게 바다 환경과 생태계가 급변하는 속도를 늦추기 위해서는 바다의
열을 낮춰야 합니다. 고래는 바다 온도를 낮추는 데 크게 기여하는 소중한
동물입니다. 지방과 단백질이 많아서 숨을 쉴 때마다 몸에 탄소를 저장하
는데, 거대한 덩치와 긴 수명 때문에 고래의 몸 자체가 하나의 거대한 탄소

저장고가 되는 것입니다. 고래 한 마리가 평생 흡수하는 이산화탄소가 무려 33톤이라는 보고도 있습니다. 고래가 나무보다 더 많은 이산화탄소를 흡수하는 셈이죠. 이렇게 이산화탄소를 몸에 저장한 고래는 죽고 나면 바다 밑바닥에 가라앉기 때문에 탄소가 수백 년 이상 바다 밖으로 배출될 일이 없습니다. 한마디로 고래는 존재 자체만으로도 지구온난화와 바다 수온을 감소시키는 온도 지킴이라고 할 수 있습니다.

고래가 물속에서 지구온난화를 막는 방법은 이뿐만이 아닙니다. 고래를 비롯한 대형 해양 포유동물의 배설물이 지구온난화를 막는 데 중요한 역할을 하는 것입니다. 고래의 배설물에는 다량의 영양분이 함유돼 있는데 이는 바다 표면 근처에 사는 식물성 플랑크톤의 먹이가 됩니다. 식물성 플랑크톤은 전 세계 산소의 약 50% 이상을 만들고 약 370억 톤의 이산화탄소를 제거하는 중요한 해양생물입니다. 그러니 고래가 건강하게 살아있는 것만으로도 지구에 큰 도움이 되는 셈이죠.

고래의 이 같은 역할을 돈으로 계산한 재미있는 연구가 있습니다. 국제

배설 중인 고래

통화기금(IMF) 산하 개발능력연구소(ICD)와 미국 듀크 대학교의 연구팀은 브라질과 칠레 해역의 대형 고래 8종을 통해 고래가 지구와 인간에 가져다주는 이득을 돈으로 환산해 보았습니다. 그 결과 평균적으로 한 마리당 200만 달러, 우리 돈으로 약 25억 원의 가치가 있다고 합니다. 고래의 몸집이 클수록 돈의 가치도 올라가는데 가장 몸집이 큰 대왕고래는 마리당 매년 46억 원을, 가장 작은 밍크고래는 마리당 약 2억 원이 넘는 이득을 지구와 인간에게 가져다준다고 합니다.

하지만 안타깝게도 지구와 바다를 위해서 열심히 일하는 고래의 숫자는 지난 100여 년 사이에 급격하게 감소했습니다. 약 100년 전 고래의 개체수는 400만~500만 마리로 1년간 약 2억 2,000만 톤의 탄소를 해저로 운반할 수 있었습니다. 이는 현재 한국의 연간 온실가스 배출량의 약 3분의 1 정도에 해당하는 엄청난 양입니다. 하지만 현재는 그 숫자가 감소해 약 3분의 1만 남았습니다. 2019년 기준으로 약 130만 마리의 고래가 생존하는 것으로 추산합니다.

이렇게 고래의 개체수가 감소한 데는 여러 가지 이유가 있는데, 가장 큰 원인은 포경입니다. 전 세계에서 고래를 사냥한 결과 다수 종의 고래가 멸종 위기에 처할 만큼 심각한 위기를 겪고 있습니다. 고래가 급속도로 감소하자 보호하기 위해 1986년에 전 세계적으로 상업용 포경을 전면 금지했습니다. 하지만 지금도 전 세계 곳곳에서 불법 포경으로 고래가 죽고 있습니다. 포획한 고래는 식용 또는 상어나 메기를 잡기 위한 미끼로 쓰인다고 합니다. 이런 이유로 브라질과 콜롬비아, 베네수엘라, 과테말라, 볼리비아 등 남미 국가들은 매년 수천 마리의 돌고래를 포획하고 있습니다.

포경으로 감소한 고래는 바다의 수온이 상승하면서 개체수가 더욱 줄어들고 있습니다. 고래는 크릴새우나 플랑크톤, 작은 물고기를 먹이로 삼는데 수온이 높아지면 이런 생명체들이 감소하고 고래의 먹이도 줄어들기 때문이죠. 먹이를 찾는 데 어려움을 겪다 보니 자연스럽게 고래의 번식률이 떨어지고 숫자가 더욱 빠르게 감소하는 것입니다. 게다가 수온이 높아지면 고래들이 먹이를 찾아서 다른 지역으로 이동하게 되는데 이때 육지 인근 해역으로 몰려들기도 합니다. 강을 통해 바다로 흘러나온 풍부한 영양분 덕분에 육지 인근에 고래의 먹이가 되는 플랑크톤이 번성하기 때문입니다. 문제는 육지와 가까운 바다에는 플라스틱 부표, 밧줄, 어망 등 고래를 위협하는 각종 어업 쓰레기가 많이 떠다닌다는 것입니다.

결국 먹이를 찾아 나선 고래들은 육지 인근에서 온갖 어업 쓰레기에 걸리거나, 먹이 대신 플라스틱 쓰레기를 먹으면서 또다시 죽음을 맞이해야 했습니다. 한 연구에 따르면 해양 열파가 발생했던 2015년에 이런 식으로 피해를 입은 고래가 무려 550%나 증가했다고 합니다. 그중 혹등고래의 경우 개체수가 무려 30%나 줄었을 만큼 피해가 컸죠. 지구의 온도가 높아질수록 전 세계 고래도 그만큼 많이 죽어가고 있는 셈입니다.

2022년 캐나다에서는 어느 고래의 죽음이 큰 화제가 되기도 했습니다. 해변에서 발견된 향유고래의 사체를 살펴보니 배 속에 150kg에 달하는 쓰레기가 들어 있었던 것입니다. 슬프게도 향유고래가 어망, 밧줄, 장갑 같은 쓰레기를 먹고 굶어 죽은 것으로 추측합니다. 입을 벌리고 진공청소기처럼 주변에 있는 것을 빨아들이는 향유고래의 특성상 바닷속 쓰레기를 피할 수 없었던 것이죠. 이듬해 캐나다의 한 연구소는 바다의 최상위 포식자인 범고래의 몸에서 유독성 화학물질이 검출됐다고 보고했습니다. 놀라운 사실은 자궁에서도 오염물질을 발견했다는 것입니다. 이는 범고래의 모체를 통해 오염물질이 태아로 전달될 수 있음을 처음 확인한 것입니다.

산소가 사라진 죽음의 바다

지구온난화로 약 1℃ 높아진 바다의 수온은 바다 환경을 완전히 뒤바꿔 놓으며 생태계를 위협하는 중입니다. 그런데 이보다 더 치명적인 문제가 대규모로 발생하고 있습니다. 바닷속 산소가 사라지는 것입니다. 냉장고에서 시원한 사이다를 꺼내 밖에 놔두면 온도가 미지근해지면서 금방 탄산이 빠져버립니다. 같은 원리로 바닷물의 수온이 높아지면 물에 녹아들 수 있는 산소의 양이 줄어들게 됩니다.

바다에는 물 밖으로 뿜어내는 산소와 물속에 녹아 있는 산소가 있습니다. 먼저 바다 밖으로 뿜어지는 산소는 우리가 숨을 쉴 때 필요한 산소를 말합니다. 바다 표면 가까이에는 눈에 보이지 않지만 무궁무진한 숫자의 플랑크톤이 있습니다. 그중 식물성 플랑크톤은 햇빛이 닿는 바다 표층에서 주로 서식하면서 광합성을 하는데, 이때 탄소를 흡수하고 산소를 뱉어냅니다. 또 우리가 즐겨 먹는 미역과 다시마, 김과 같은 해조류도 광합성을 통해서 산소를 만드는데, 이렇게 생성된 바다의 산소를 대기로 뿜어내면 우리가 그 산소를 마시고 살아가는 것입니다. 즉 바다에 살고 있는 생물들 덕분에 우리도 산소를 공급받고 있는 셈이죠.

그리고 바닷물 속에도 산소가 녹아 있는데 수온이 높아지면 산소의 양이 감소합니다. 해양이 오염되면 오폐수가 미생물의 먹이가 되면서 바다 미생물이 크게 증가해 산소를 다 먹어버리기도 하죠. 즉 바다의 높은 수온과 오염이 산소를 급격히 소모하는 치명적인 원인인 셈입니다. 그렇다면 바닷속 산소가 부족해지면 어떤 일이 벌어질까요?

사진은 2016년 미국 뉴욕주 롱아일랜드 지역에서 산소 부족으로 떼죽음당한 물고기입니다. 물고기는 바닷속에 녹아 있는 산소를 흡수하며 숨을 쉬는데 산소량이 줄어들면서 생명이 살 수 없는 죽음의 바다로 변한 것입니다. 이렇게 산소가 줄어든 바다를 '데드존'이라고 하는데, 대량 생산이 전 세계적으로 가속화되던 1960년대에는 데드존이 45곳 정도였습니다. 그런데 2022년에는 전 세계 바다의 무려 700여 곳이 산소가 부족한 죽음의 바다로 변한 것으로 확인되었습니다. 미처 파악하지 못한 데드존의 수까지 더하면 최대 1,000곳 이상이 생명체가 살기 힘든 죽음의 바다일 것으로 추정합니다. 어느새 전 지구의 바다에서 생명체들은 점점 살 곳을 잃은 채 내몰리고 있습니다.

산소 부족으로 인한 물고기의 떼죽음

바다 생명을 초토화한 원유 유출

지구 전체적인 변화 외에도 매년 바다 곳곳에는 바다 생태계를 초토화하는 일들이 빈번하게 발생하고 있습니다. 가장 심각한 문제는 원유 유출 사고입니다. 20세기 중반부터 바다에서는 원유 시추 붐이 일어났습니다. 이 과정에서 사고가 터지면서 대규모 원유 유출이 벌어지는 것입니다. 특히 2010년 멕시코만에서 일어난 '딥워터 호라이즌호 폭발 사고'는 역사상 가장 심각한 환경 재난 중 하나로 손꼽힙니다.

딥워터 호라이즌호는 심해 1,500m 아래에서 원유를 뽑아 올리는 첨단 시추선이었습니다. 그런데 심해에서 메탄가스가 급격하게 분출되면서 시추관으로 뿜어져 나왔고, 이로 인해 시추선이 해상에서 대폭발을 일으켰습니다. 당시 아파트 24층 높이까지 불길이 치솟았고, 소방 작업에 나섰지만 시추선은 끝내 침몰했습니다. 문제는 시추선이 가라앉으면서 시추 파이프가 옆으로 쓰러졌고, 이때 1,500m 해저에 위치한 시추 파이프에 구멍이 생겨 약 8억 리터의 원유가 그대로 바다로 흘러나온 것입니다.

지도는 당시 기름이 유출된 지역입니다. 멕시코만 해상에서 5개월간 유출된 기름은 약 8억 리터로 올림픽 경기 규격의 수영장 300여 개를 채울 수 있는 막대한 양이었죠. 이 기름은 미국 남부를 덮치며 해양 생태계를 초토화했습니다.

특히 시추 장소에서 가장 가까웠던 미국 루이지애나주의 상황은 매우 심각했습니다. 루이지애나주에는 바라타리아만이라는 해안이 있는데, 이곳은 세계적으로 유명한 펠리컨 집단 서식지였습니다. 이곳이 기름으로 뒤덮이면서 약 1,000마리의 펠리컨들이 집단으로 폐사한 것입니다.

미국

원유 유출 지점

멕시코

멕시코만

딥워터 호라이즌호의 원유 유출 범위

　바다에 유출된 원유는 바다 표면에 끈적한 기름막을 만들며 퍼져나갑니다. 이로 인해 공기가 통하지 못하게 되면서 바다의 산소량이 줄어들고 물고기를 비롯한 해양생물들은 질식합니다. 또 기름은 물 위에서 녹은 초콜릿 같은 색을 띠면서 끈적끈적한 상태로 해안으로 밀려가죠. 여기에는 각종 독성물질이 함유돼 있어서 해양생물들은 호흡기 질환을 일으켜 질식사하거나 각종 질병이 발생해 사망에 이르게 됩니다. 딥워터 호라이즌호 원유 유출 당시 펠리컨뿐 아니라 미국 남부 해안의 거북이 600여 마리가 원유를 뒤집어쓴 모습으로 숨진 채 발견되었습니다. 루이지애나주의 동물보호소는 원유에 오염된 거북이들을 살리기 위해 마요네즈를 먹이기도 했습니다. 마요네즈가 거북이의 몸속에 있는 원유를 흡수해서 몸 밖으로 배출하는 역할을 했기 때문이죠.

　멕시코만에서는 사고 이후에도 몇 년 이상 해양생물의 죽음이 이어졌습

유출된 기름으로 뒤덮인 펠리컨

니다. 루이지애나, 미시시피, 앨라배마 해안에 죽은 돌고래가 계속 밀려든
것입니다. 이곳에서 목숨을 잃은 돌고래는 무려 1,300마리에 달했습니다.
한 연구에 따르면 기름을 흡입한 돌고래가 병을 앓아 죽은 것으로 추측하
고 있습니다. 기름의 일부 성분이 계속해서 그 지역에 남아서 오랜 시간이
지나도 장기적으로 해양생물에 악영향을 미치는 것입니다.

원유 유출은 사람들에게도 영향을 미치는 것으로 알려졌습니다. 2007년
우리나라의 태안에서도 기름 유출 사고가 발생했습니다. 그리고 2022년
의 연구 결과에 따르면 기름 유출 사고가 났던 지역의 주민이 다른 지역 주
민보다 더 높은 비율로 암에 걸렸다고 합니다. 이처럼 기름 유출이 인체에
미치는 영향은 오랜 시간이 지난 뒤에야 확인이 가능할 만큼 무서운 일입
니다.

유출량의 차이는 있으나 해상 기름 유출 사고는 해마다 세계 곳곳에서
발생하고 있습니다. 2022년 기준으로 전 세계에서 약 1만 건 이상의 원유

유출이 발생했습니다. 평균적으로 하루에 30번 정도 바다에서 국지적인 재앙이 일어난다고 볼 수 있는 것입니다. 더욱 심각한 것은 언론에도 나오지 않는 원유 유출이 많다는 점입니다. 놀랍게도 바다를 오염시키는 대부분의 기름은 육지에서 흘러 들어가는 것입니다. 우리가 매일 타는 수백만 대의 자동차와 트럭에서 기름이 떨어지고, 그것이 강을 통해 바다로 흘러가는 것이죠. 매년 바다로 유입되는 기름은 약 100만 톤인데, 그중 거의 절반은 유조선 유출이 아니라 육지에서 흘러 들어간 양입니다.

사실은 우리의 일상생활 대부분이 바다를 오염시킨다고 볼 수 있습니다. 우리가 생활하는 데 사용하는 물류의 약 90%가 선박을 통해 바다로 운반되기 때문입니다. 수만 대의 선박들이 이 대륙에서 저 대륙으로 전 세계를 누빌 때마다 바다에는 각종 오염물질이 흩뿌려집니다. 게다가 선박을 통해 다양한 외래종 물고기들이 옮겨 다니면서 해양 생태계 파괴에 일조하고 있죠. 선박을 운행할 때 균형을 잡기 위해 배에 그 지역의 바닷물을 물탱크에 싣는데 이를 평형수라고 합니다. 화물 운반을 마친 선박이 이동한 지역에 평형수를 배출하면서 매년 100억 톤의 평형수가 섞이게 됩니다. 이때 약 7,000종 이상의 외래 생물체가 이동하는 것입니다. 이는 수출입을 하는 나라라면 모두 해당하는 문제입니다.

바다는 모두 연결되어 있어서 그 변화들이 복합적으로 결합해 오염 문제는 더욱 심각해지고 있습니다. 쓰레기, 플라스틱, 지구온난화, 석유, 소비 등 인간의 모든 문제가 얽혀서 바다를 파괴해 온 것입니다. 그리고 이 모든 문제는 하나의 결론으로 향하고 있습니다. 바다가 파괴되며 바다의 생명들이 빠른 속도로 사라지는 것입니다. 생명이 사라진 바다는 사람이 살 수 없을 정도로 지구 환경이 망가졌음을 의미합니다. 이대로 바다를 방치하면 인류는 돌이킬 수 없는 끔찍한 결말을 맞이해야 합니다.

우리에게 달린 바다의 미래

바다를 다시 살리기 위해 우리가 당장 해야 할 일은 명확합니다. 20세기에 급격하게 증가한 인류의 소비를 줄이는 것입니다. 지난 100여 년간 인간은 지구의 모든 것을 빠르게 소비했습니다. 이미 미래의 지구에서 쓸 자원까지 사용하고 있죠. 그 행동들이 쌓여서 지금은 지구의 자정 능력 초과라는 걷잡을 수 없는 지경까지 왔습니다.

지금은 일상생활에서 할 수 있는 작은 실천 하나하나가 지구에는 절실한 상황입니다. 무엇보다 우리가 매일 사용하는 플라스틱 소비를 줄여야 합니다. 일회용기 대신 텀블러를 사용하거나, 플라스틱 소재로 만든 옷을 덜 소비하는 것입니다. 플라스틱은 100% 재활용할 수 있는 소재가 아니므로 분리수거도 중요하지만 근본적으로 플라스틱 쓰레기를 줄이는 것이 지구를 살리는 더 정확한 방법입니다. 그러니 물건을 사기 전에 지구를 생각하면서 정말 필요한 것인지를 다시 생각해 보면 좋겠습니다. 일상 속 쓰레기를 0(zero)에 가깝게 줄이자는 '제로 웨이스트 운동'의 철학은 5R입니다. 5R이란 불필요한 물건 거절하기(Refuse), 소비 줄이기(Reduce), 재사용하기(Reuse), 재활용하기(Recycle), 자연 분해되는 물건 쓰기(Rot)로 생활 속 쓰레기를 줄이는 것입니다.

실제로 우리의 노력은 조금씩 사회를 변화시키고 있습니다. 소비자들이 환경 문제에 관심을 가지게 되면서 많은 기업이 환경 보호가 기업의 생존과 직결된다고 생각하기 시작했습니다. 개인의 실천과 관심이 모이면 국가적인 움직임에도 영향을 미칠 수 있습니다. 우리가 아직 희망을 품을 수 있는 것은 바다가 엄청난 생명력과 회복력을 가졌기 때문입니다. UN에서는 2021년부터 2030년까지를 '해양 과학 10년'으로 지정하고 인류가 원하는 바다를 위해 필요한 과학에 다시 주목할 것을 역설했습니다. 인류가 원하는 바다의 7가지 모습 중 첫 번째는 깨끗한 바다입니다. 이 기간에 해양 오염을 해결해서 해양을 깨끗하게 만들고 해양 생태계를 복원해서 지속 가능한 바다를 만들겠다는 목표를 세운 것입니다.

지금까지 바다 오염에 대한 심각성을 다뤘지만 그렇다고 해서 모두가 손을 놓고 있는 것은 아닙니다. 지금도 전 세계에서 여러 나라와 기업, 단체, 그리고 수많은 개인이 바다를 다시 살리기 위해 노력하고 있습니다. 이와 관련해 국제사회에서는 이미 2030년까지 공해(open sea)의 30%를 해양보호구역으로 지정하자는 30×30 캠페인을 벌이기도 했죠. 그간 무단으로 오염시켜 온 공공의 바다를 모두가 감시하는 영역으로 지정해서 각종 오염 행위를 하지 말자는 것입니다. 전 지구적인 노력과 우리 개개인의 노력이 합쳐진다면 우리는 바다를 다시 살릴 수 있습니다. 아주 조금이라도 바다를 위한 행동에 지금 즉시 나서는 것, 지금 우리가 바다 오염의 역사를 공부하는 이유입니다.

벌거벗은 마리 퀴리

퀴리 가문에는 특별한 것이 있다

박민아

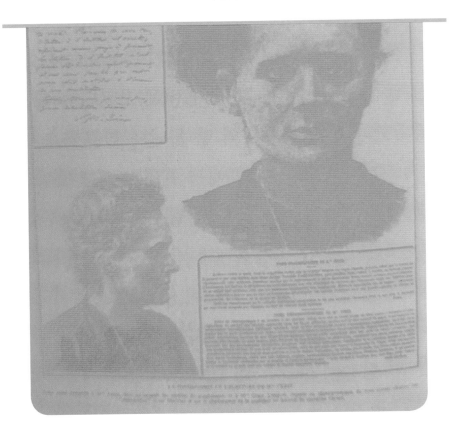

● 지금부터 위대한 발견을 통해 세상을 바꾼 한 과학자에 관해 이야기하려 합니다. 이 인물은 과학계는 물론 의학과 산업에까지 엄청난 영향을 끼치며 세계사에 없었던 대기록을 세웠습니다. 이 위대한 과학자는 방사능의 어머니라고 불리는 마리 퀴리Marie Curie입니다.

'퀴리 부인'으로도 알려진 마리 퀴리는 두 개의 방사성 원소를 발견하고 방사능과 방사선이라는 개념을 제시한 인물입니다. 이 독보적인 업적으로 마리는 노벨상에서 지금까지도 깨지지 않는 기록을 세웠습니다. 서로 다른 과학 분야인 물리학과 화학에서 각각 노벨상을 받은 것입니다. 한 명의 과학자가 두 개의 과학 분야에서 노벨상을 탄 것은 1901년에 최초로 노벨상을 수여한 이래 지금까지도 깨지지 않는 전설적인 기록입니다. 더욱 놀라운 것은 퀴리 가문에서는 한 사람이 받기도 힘든 노벨상을 마리와 그녀의 남편, 그리고 딸과 사위들까지 무려 6개나 받았다는 사실입니다. 이 위대한 업적의 중심에 있는 인물이 마리 퀴리입니다.

마리는 여러 번 '최초'라는 기록을 갈아치운 여성으로도 유명합니다. 최초의 여성 노벨상 수상자, 최초의 두 분야 노벨상 수상자, 파리 소르본 대학 최초의 여성 교수 등 아무도 가지 않은 길을 개척해 나갔죠. 20세기 최고의 천재 과학자로 불리는 아인슈타인은 마리의 오랜 친구로 그녀를 존경하며 '위대한 과학적 업적을 세운 최고의 과학자'라는 극찬을 아끼지 않았습니다. 마리가 활동했던 프랑스는 최고액권인 500프랑짜리 지폐에 그녀의 얼굴을 새기며 존경을 표하기도 했습니다.

사실 과학계는 오랫동안 여성을 무시해 왔습니다. 이런 환경에서 마리는 방사능 연구로 20세기 과학의 지형을 바꿔놓았다는 평가를 받으며 독보적인 과학자로 우뚝 섰습니다. 그녀의 가족 역시 방사능 연구에 헌신하며 그

500프랑 지폐에 새겨진 마리 퀴리와 남편 피에르 퀴리

명성을 이어나갔죠. 하지만 마리와 가족들은 이 영광을 위해 혹독한 비극을 치러야 했습니다. 마리는 악성 빈혈과 각종 합병증에 걸려 사망했으며, 그녀의 유해는 납을 두른 관에 봉인되었습니다. 마리의 남편은 불의의 사고로 참혹한 죽음을 맞이했고 딸인 이렌 퀴리Irène Curie는 이른 나이에 병에 걸려 세상을 떠났습니다.

과학자 마리 퀴리 가문에 무슨 일이 있었던 걸까요? 대체 왜 그들은 엄청난 영광과 비극을 함께 짊어져야 했을까요? 지금부터 노벨상의 역사를 새로 쓴 마리 퀴리의 인생과 그 가족들의 이야기를 벌거벗겨 보겠습니다.

유난히 똑똑했던 막내

마리 퀴리는 1867년 폴란드 바르샤바의 교육자 집안에서 1남 4녀 중 막내로 태어났습니다. 어머니는 여학교의 교장이었고, 아버지는 과학과 수학을 가르치는 선생님이었죠. 마리는 교사였던 부모님으로부터 남다른 교육을 받으며 자랐습니다. 아래 사진은 어린 시절의 마리와 형제들입니다. 당시 그녀의 이름은 폴란드어로 마리아 스크워도프스카Maria Skłodowska였습니다. 우리에게는 퀴리 부인으로도 알려져 있지만 이 책에서는 마리 또는 마리 퀴리라고 부르겠습니다.

마리의 집에는 과학 선생님인 아버지 덕분에 실험기구들이 많았습니다. 아버지는 어린 마리에게 기구 사용법을 가르쳐주기도 하고 물리학 연구소에 데려가서 논문에 실린 실험을 직접 보여주기도 했죠. 덕분에 마리는 과학을 놀이처럼 접할 수 있었습니다. 또한 러시아어, 프랑스어, 영어, 독일어, 폴란드어까지 5개 국어를 구사했던 아버지는 주말마다 자녀들에게 수많은 문학작품을 읽어주며 함께 생각을 나눴습니다. 이 같은 환경에서 자란 아이들은 모두 똑똑했습니다. 그중에서도 막내인 마리가 특히 두각을 나타냈습니다.

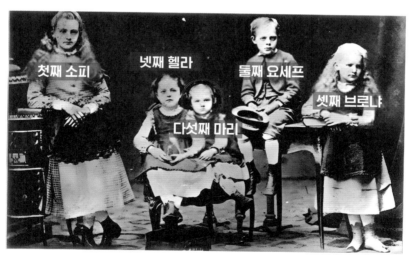

마리 퀴리의 형제자매

신동이었던 마리는 6세인 둘째 언니가 부모님 앞에서 더듬더듬 책을 읽자 답답해하며 책을 빼앗아 들고 술술 읽었습니다. 고작 4세인 마리가 가르쳐주지도 않았는데 혼자서 글을 뗀 모습에 부모님은 깜짝 놀랐습니다. 이때 마리는 "책이 너무 쉬워서 읽었다"라고 말했습니다. 그녀는 기억력도 뛰어나 글을 보면 금세 외웠고 나중에는 아버지의 서재에 있는 책을 닥치는 대로 읽었다고 합니다.

하지만 행복한 어린 시절은 금세 끝나고 말았습니다. 마리가 8세였을 때 큰 언니가 장티푸스로 사망한 데 이어 2년 뒤에는 어머니가 결핵으로 죽음을 맞이한 것입니다. 설상가상으로 얼마 뒤에는 교사였던 아버지까지 실직하면서 가세가 급격히 기울었습니다. 어려운 환경이었지만 마리는 흔들림 없이 공부에 몰두했습니다. 덕분에 학년을 2년이나 뛰어넘었고 수학, 역사, 문학 등 많은 과목에서 1등을 차지했죠. 또한 아버지와 마찬가지로 5개 국어를 구사하며 언어에서도 두각을 나타냈습니다.

19세기, 마리의 조국인 폴란드는 러시아의 식민지였습니다. 그래서 러시아에 저항하며 봉기를 일으키면 교수형에 처하거나 시베리아의 강제수용소에 보내지는 등 참혹한 처벌을 받았습니다. 학교도 예외는 아니었죠. 러시아는 폴란드 문화를 말살하기 위해 폴란드 말과 글을 금지하고 오직 러시아어만 사용할 것을 강제했습니다. 하지만 마리가 다니던 학교 선생님들은 몰래 폴란드어로 폴란드의 역사를 가르쳤습니다. 그러다가 러시아 장학사가 오면 러시아어로 수업하는 척했는데 이때 러시아어를 잘하는 마리가 장학사의 테스트를 받곤 했습니다. 장학사의 질문에 러시아어로 대답하지 못하면 모두가 처벌을 받아야 했는데 그럴 때마다 마리가 뛰어난 러시아어와 암기력으로 장학사의 시험을 통과하며 위기를 넘겼다고 합니다. 살

얼음판 같은 분위기에서 마리는 폴란드에 대한 애국심을 키우며 학교에 다녔고, 16세가 되던 1883년에 무사히 졸업했습니다. 물론 두 살 많은 동급생을 모두 제친 마리가 1등을 차지했죠.

충격적인 대학 입학 금지 사유

우수한 성적으로 고등학교를 졸업한 마리는 대학에 들어가 물리학과 수학을 공부하고 싶다고 생각했습니다. 하지만 대학에 가겠다는 꿈은 불가능해 보였습니다. 이때만 해도 폴란드에서는 여성의 대학 입학을 받아들이지 않았기 때문입니다. 오직 남자들만 대학에 갈 수 있었죠. 특히 마리가 대학에 가려 했던 19세기 말 유럽은 여성을 독립적인 존재로 인정하지 않았습니다. 여성은 남성보다 열등한 존재이며 남성의 보호와 지도를 받아야 하는 미성년자 정도로 취급한 것입니다. 때문에 여성에게는 교육받을 기회가 충분히 주어지지 않았습니다. 그러다 보니 좋은 일자리를 얻기도 힘들었습니다.

이런 사회 분위기에서 여성이 대학에 가는 것은 매우 어려운 일이었습니다. 일부 나라에서는 여성의 대학 입학을 허락했으나 극소수에 불과했으며, 이마저도 격렬히 반대하는 사람이 많았습니다. 당시 독일의 해부학자인 테오도어 폰 비쇼프Theodor von Bischoff는 "여성은 뇌가 가볍다"라며 여성의 대학 입학을 반대하기도 했습니다. 그는 "연구에 따르면 여성의 뇌 무게는 남성보다 134g 가볍다. 따라서 여성은 지적인 일에 적합하지 않다"라고 주장했습니다. 현재 시각에서는 황당할 만큼 말도 안 되는 주장입니다. 하지만 당시에는 교육 전문가들이 앞장서 지적 능력이 부족한 여성이 대학에 들어가면 대학이 붕괴할 것이라고 경고했던 것입니다.

그럼에도 반드시 대학에 가고 싶었던 마리는 이례적으로 여성의 대학 입학을 허용한 프랑스에 가기로 결심했습니다. 1880년, 프랑스에서는 여학생들을 위해 중고등학교를 설립할 수 있다는 법을 제정했습니다. 그러면서 고등학교를 졸업한 여성의 대학 입학도 가능해졌습니다. 다만 프랑스도 여성에 보수적인 사회였기에 주로 외국인 여성이 대학에 입학했다고 합니다.

마리의 대학 입학에는 또 다른 난관이 있었습니다. 아버지가 홀로 네 아이를 키워야 하는 상황에서 프랑스 유학은 너무도 부담스러운 일이었던 것입니다. 하지만 마리는 이대로 포기하지 않았습니다. 비록 돈은 없으나 프랑스로 가 대학에 다닐 방법을 찾아 나섰습니다. 그리고 마침내 방법을 찾았습니다.

사실 마리의 둘째 언니 브로냐(브로니슬라바)Bronisława도 같은 시기 프랑스의 의대에 가고 싶어 했습니다. 이런 상황에서 마리가 떠올린 방법은 언니와 번갈아 돈을 벌면서 서로의 학비를 대주는 것이었습니다. 그래서 두 살 많은 언니가 먼저 유학을 떠났고, 18세의 마리는 언니의 학비를 벌기 위해 일을 시작했습니다. 그녀는 조금이라도 돈을 아끼기 위해 숙식을 공짜로 해결할 수 있는 입주 가정교사 자리를 찾

마리와 둘째 언니

아다녔습니다. 이후 고향을 떠나 5년간 가정교사 생활을 했습니다.

입주 가정교사가 된 마리는 낮부터 밤까지 매일 7~8시간씩 아이들을 가르쳤습니다. 여러 아이를 담당했기 때문에 일이 끝나면 녹초가 되곤 했죠. 하지만 마리는 이 기간을 허투루 보내지 않았습니다. 일을 하면서도 물리학 등 다양한 학문을 꾸준히 공부하면서 대학 입학을 준비했습니다. 공부하다가 집중이 되지 않으면 수학 문제를 풀며 스트레스를 풀기도 했습니다. 마리는 수학과 과학을 가르치던 아버지 덕분에 어렸을 때부터 수학을 좋아했다고 합니다. 다음은 마리가 사촌에게 보낸 편지글입니다.

"나는 한 번에 여러 가지를 같이 읽어. 한 가지만 공부하면 그렇지 않아도 혹사당하는 소중한 두뇌를 더욱더 지치게 만들기 때문이야. 내용이 머리에 들어오지 않을 때는 수학 문제를 풀어. 그러면 자연스레 집중되고 기분도 상쾌해지거든."

이때 아버지는 멀리 떨어져 있는 막내딸을 위해 편지를 주고받으며 수학을 가르쳐주었습니다. 이런 아버지의 정성 덕분인지 마리 남매들은 모두 이과 쪽으로 진로를 정했습니다. 4명 중 두 명은 의사가 되었고 한 명은 수학 선생님이 되었습니다. 그리고 막내인 마리가 훗날 과학자가 되어 노벨상을 타면서 정점을 찍었죠.

가정교사 시절의 마리가 공부만 한 것은 아닙니다. 그녀는 주인집의 대학생 아들과 사랑에 빠졌습니다. 첫사랑이었던 그와 결혼까지 약속했지만 가난한 마리를 받아들일 수 없다는 주인집 부부의 반대로 헤어져야 했습니다. 당시 마리는 돈 없는 설움을 뼛속 깊이 느꼈다고 합니다. 하지만 만

약 이때 마리의 사랑이 이루어졌다면 우리가 아는 노벨상 수상자 마리 퀴리는 없었을 것입니다.

마리의 험난한 소르본 대학 생활기

입주 가정교사로 일하며 꿈을 키워가던 마리는 23세가 되던 봄에 기다리던 소식을 듣게 되었습니다. 프랑스로 먼저 유학을 떠난 둘째 언니가 의대를 졸업하고 곧 의사가 될 테니 파리로 건너오라고 제안한 것입니다. 이듬해인 1891년, 24세의 마리는 프랑스로 향했습니다. 그리고 파리의 소르본 대학 자연과학부에 입학해 꿈에 그리던 과학 공부를 시작했습니다. 세계에서 가장 오래된 대학 중 하나인 소르본 대학은 당시에도 세계 최고의 명문으로 손꼽히는 곳이었습니다. 특히 19세기에 전 세계에서 물리학이 가장 발달한 나라는 영국과 독일, 프랑스로 소르본은 프랑스 물리학의 중심지 중 한 곳이었죠. 게다가 마리의 지도교수인 가브리엘 리프만Gabriel Lippmann은 훗날 노벨 물리학상을 받을 만큼 뛰어난 물리학자였습니다.

어렵게 입학한 대학에서 마리는 철저한 이방인이었습니다. 소르본 대학 자연과학부에는 약 1,800명의 학생이 있었는데 그중 여학생은 23명뿐이었습니다. 이들을 향한 시선은 곱지 않았죠. 더군다나 사람들은 폴란드에서 온 마리의 이름인 스크워도프스카를 잘 발음하지도 못했습니다. 결국 마리는 동기들 사이에서 이름이 아닌 말수 적은 애로 통했고 이들과 잘 어울리지도 않았습니다.

대학생 마리가 견뎌야 할 어려움은 이뿐만이 아니었습니다. 돈이 부족했던 마리는 학교 주변의 열악한 다락방에서 생활했습니다. 이곳은 기본적인 난방이나 전기조차 들어오지 않아 겨울에 자고 일어나면 물병의 물이 꽁꽁 얼어 있었다고 합니다. 마리는 추위를 견디기 위해 가지고 있는 옷을 모두 덮고 잤습니다. 언니와 가족이 보태준 돈으로 수업료와 책값, 식비, 방값 등 모든 생활비를 감당해야 했으니 어쩔 수 없는 일이었죠. 이렇게 온몸이 떨리는 춥고 좁은 다락방에서 지냈지만 마리의 머릿속은 공부로 가득 차 있었습니다.

> "내 정신은 온통 공부에만 쏠려 있어. (중략) 내가 보고 배우는 모든 것이 나에게는 새로운 즐거움이야. 내게는 신세계가 열린 것 같아. 자유롭게 탐구할 수 있는 과학의 세계 말이야."

이 시기 마리가 남긴 글을 보면 비록 환경은 열악해도 대학에서 하고 싶었던 공부를 할 수 있다는 사실에 무엇보다 행복했던 것 같습니다. 공부가 너무도 재미있었던 마리는 한번 집중하면 주변에서 어떤 소동이 일어나도 알아차리지 못했습니다. 게다가 공기만 먹는다고 할 정도로 식사에 무심했습니다. 밥보다 공부가 더 중요했기에 굶다시피 공부하다가 여러 번 쓰러지기도 했죠. 어느 날은 대학 동기 앞에서 갑자기 쓰러졌는데 24시간 동안 먹은 음식을 물어보니 체리 조금, 무 조금이었다고 합니다. 그러다 보니 마리는 대학 생활 내내 영양실조에 시달리곤 했습니다.

식사도 잊은 채 공부만 한 마리는 수석으로 물리학 학사 자격시험을 통과했습니다. 소르본 대학에서 여성이 물리학 학사 자격시험의 수석을 차지한 것은 처음 있는 일이었죠. 하지만 마리는 여기에 만족하지 않았습니다.

그래서 1년간 열심히 공부해 수학 학사 자격시험도 치렀습니다. 이때 마리
는 1등이 아닌 2등이라는 결과에 크게 실망했다고 합니다.

열혈 과학 덕후 커플의 탄생

치열하게 공부만 하며 27세가 된 마리에게 어느 날 운명적인 만남이 찾
아왔습니다. 35세 과학자 피에르 퀴리Pierre Curie와의 만남은 과학자 마리에
게 큰 전환점이 되었습니다. 당시 마리는 강철의 자성(금속을 끌어당기거나
전기를 만드는 등 자기를 띤 물체가 갖는 성질)을 공부하기 시작했는데 장비를
두고 연구할 장소가 없었습니다. 이 이야기를 들은 한 교수가 연구실을 빌
려줄 만한 사람을 소개해 줬는데 그가 바로 피에르였던 것입니다. 그리고
두 사람은 만나자마자 서로를 알아보고 사랑에 빠졌습니다.

피에르는 전자기에 관한 연구로 널리 알려진 뛰어난 물리학자였습니다.
그는 틀에 박힌 것을 싫어하는 자유로운 사람으로 과학에만 인생을 바치겠
다고 생각해 왔죠. 그래서 여성이 과학을 하는 것에도 전혀 편견이 없었습
니다. 처음 만난 두 사람은 복잡한 공식과 전문용어가 난무하는 과학 이야
기를 나눴고 대화가 너무 잘 통해서 영혼의 단짝을 찾은 듯한 느낌을 받았
다고 합니다. 그날 이후 피에르는 마리에게 사랑한다며 구애했습니다. 이때
마리는 프랑스인인 피에르와 결혼하면 앞으로 계속 프랑스에서 살아야 했
기에 무려 1년을 고민하다가 피에르의 마음을 받아주었습니다.

1895년 7월, 두 사람은 결혼식을 올리고 정식으로 부부가 되었습니다.
마리가 28세, 피에르가 36세 때의 일이었죠. 이때부터 마리는 우리가 알고

있는 퀴리 부인이라는 호칭으로 불렸습니다. 두 사람의 결혼식 사진을 보면 마리가 화려한 웨딩드레스를 입지 않은 것을 알 수 있습니다. 웨딩드레스를 허례허식이라 생각한 두 사람은 나중에 실험실에도 입고 다닐 수 있는 남색 드레스를 주문했습니다. 이처럼 마리와 피에르는 평생 과학만 생각하는 열혈 과학자 커플이었습니다.

두 사람은 신혼여행도 남달랐습니다. 숙소도, 목적지도 정하지 않은 채 마음 내키는 대로 자전거 여행을 떠난 것입니다. 이때조차 두 사람은 각자 연구하는 주제를 이야기하며 행복한 시간을 보냈다고 합니다. 재미있는 사실은 마리가 신혼여행에서는 밝은색 옷을 입었다는 것입니다. 신혼여행 사진 속 두 사람은 밝은색 옷을 입은 채 미소를 띠고 있는데 이는 마리의 밝은 표정을 볼 수 있는 거의 유일하다시피 한 사진이라고 합니다. 신혼여행에서 돌아온 퀴리 부부는 함께 과학에 매진하자는 특별한 목표를 세웠습니다. 그래서 신혼집으로 얻은 파리의 아파트에 다른 사람이 찾아와 방해

피에르와 마리의 결혼식

피에르와 마리의 신혼여행

하지 못하도록 손님용 의자를 두지
않았습니다.

이렌과 퀴리 부부

　그런데 이러한 퀴리 부부의 행동을
이상하게 여기는 눈이 많았다고 합니
다. 여성이 대학에 가는 것도 불편하
게 여기는 사람이 많은데 하물며 결
혼한 여성이 과학을 연구하는 것은
좀처럼 이해하지 못했죠. 당시는 여성
의 전문 분야를 출산과 육아, 가사라고 생각했습니다. 그러니 복잡한 수학
이나 과학 같은 지적인 일은 여성의 에너지를 빼앗아서 출산과 육아, 가사
에 소홀해질 수도 있다고 우려한 것입니다. 심지어는 불임을 초래한다고도
생각했죠. 하지만 피에르는 이러한 편견에도 아랑곳하지 않고 과학자로서
의 마리를 응원하고 지지했습니다. 그 사랑의 결실로 부부는 2년 만에 큰
딸 이렌 퀴리를 낳았습니다.

마리의 인생을 바꾼 방사능 연구

　결혼 후 아이도 낳은 마리는 프랑스에서 자신만의 연구를 하는 과학자
로서 살아갈 준비를 했습니다. 이를 위해 여학교 과학 교사로 일하며 생계
를 꾸려 나갔죠. 마리는 물리학자로 인정받기 위해 박사 논문부터 쓰기로
했습니다. 뛰어난 논문을 쓰면 남녀를 떠나 누구든 인정할 수밖에 없다고
생각한 것입니다.

마리가 논문 주제를 고민하던 이때 전 세계 과학계에서 정체불명의 광선이 뜨거운 감자로 떠오르고 있었습니다. 사람들의 몸을 통과하는 놀라운 현상을 보여준 이 광선은 엑스선입니다. 아래 이미지는 엑스선을 발견한 물리학자 빌헬름 뢴트겐Wilhelm Röntgen이 아내를 대상으로 찍은 최초의 엑스선 사진입니다. 당시 그의 아내는 왼손 약지에 반지를 끼고 있어서 반지까지 함께 찍힌 것을 볼 수 있습니다. 뢴트겐은 진공 유리관에 높은 전압을 흘러보내는 실험을 하다가 우연히 엑스선을 발견했습니다. 하지만 엑스선이 발생하는 이유를 알지 못해 '정체를 모른다'라는 의미에서 엑스(X)선이라고 이름 붙인 것입니다.

사람의 몸을 들여다볼 수 있는 엑스선은 전 세계 과학자들의 주목을 받았습니다. 사실 1890년대에는 이미 물리학의 모든 문제가 풀려서 남은 과제가 별로 없다는 위기감이 퍼져 있었습니다. 그런데 정체 모를 광선이 발견되면서 과학자들이 흥분에 빠진 것입니다. 신체 내부를 보여주는 엑스선은 환자 다리에 박힌 총알 위치를 확인하거나 부러진 뼈를 맞추는 데 사용하는 등 병원 치료에 매우 유용하게 사용되었습니다.

미지의 광선이 발견되었다는 소식에 과학계는 '엑스선처럼 알려지지 않은 또 다른 광선'이나 '이런 광선을 방출하는 새로운 물질'을 발견할 수 있을지도 모른다는 새로운 희망을 품기 시작했습니다. 앙투안 베크렐An-toine Becquerel은 이 같은 생각으로 맹렬히 연

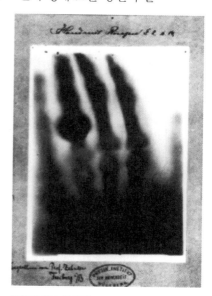

최초의 엑스선 사진

구하던 물리학자 중 하나였습니다. 그는 실험 도중 우라늄 광석에서 엑스선과 다른 새로운 광선이 방출되는 것을 발견했습니다. 그가 발견한 새로운 광선에는 우라늄선 또는 베크렐선이라는 이름이 붙었습니다.

마리는 베크렐선에 주목했습니다. 그녀는 '우라늄 이외의 다른 물질이나 광석에서도 광선이 나오지 않을까?'라는 가설을 세운 뒤 연구를 시작했습니다. 그리하여 우라늄을 시작으로 다양한 물질로 연구 대상을 확장해 나갔습니다. 구할 수 있는 모든 광석을 대상으로 실험을 한 마리는 토륨이라는 물질에서도 비슷한 강도의 특별한 광선이 나온다는 사실을 발견했습니다. 이는 광선이 우라늄이라는 특정 물질에서만 나오는 게 아니라는 뜻이기도 했죠. 그래서 마리는 여러 물질에서 자발적으로 방출되는 이 광선에 새로운 이름을 붙이기로 했습니다. 그게 바로 우리가 알고 있는 방사선입니다. '물질에 특별히 에너지를 공급하지 않아도 주변으로 자연스럽게 방사되는 선'이라는 뜻이죠. 또 방사선을 내뿜을 수 있는 특별한 성질을 두고 방사능이라고 이름 붙였습니다. 이처럼 우리가 알고 있는 방사능과 방사선이라는 개념을 처음 만든 사람이 마리 퀴리입니다. 그래서 그녀를 '방사능의 어머니'라고 부르는 것입니다.

마리 퀴리의 발견은 여기서 끝이 아니었습니다. 남편 피에르가 발명한 미세한 측정 도구로 우라늄을 포함한 피치블렌드라는 광석을 조사하다가 여기서 우라늄보다 더 강력한 방사선이 나오는 것을 발견한 것입니다. 이는 피치블렌드 안에 우라늄보다 강력한 방사능을 뿜어내는 새로운 물질이 들어 있다는 뜻이었습니다. 세상에 알려지지 않은 이 새로운 물질을 발견해낸다면 엄청난 과학적 업적으로 기록될 수도 있었죠. 아내의 연구에서 위대한 발견의 가능성을 느낀 피에르는 곧바로 마리의 연구에 함께 뛰어들었

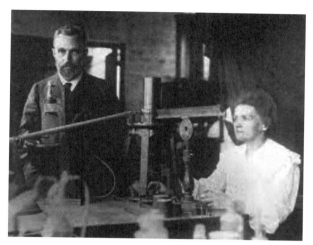
연구하는 퀴리 부부

습니다. 두 사람은 치열한 토론을 하며 연구에 박차를 가했습니다.

피치블렌드 속의 새로운 물질을 추출하는 것은 쉬운 일이 아니었습니다. 얼마나 들어 있는지도 모르는 극미량의 물질을 찾아내는 실험 방식은 막노동에 가까웠죠. 마리는 실험을 위해 어마어마한 양의 광석을 실험실로 가져와 커다란 솥에 용액을 넣고 큰 쇠막대기로 몇 시간씩 휘저어야 했습니다. 이 과정이 얼마나 힘들었는지 1년 만에 체중이 9kg이나 빠졌다고 합니다. 마리가 이처럼 힘든 방법으로 실험한 이유는 광물 안에 다양한 원소가 섞여 있기 때문입니다. 순수한 원소를 얻기 위해서는 다른 원소들과 분리해야 하는데, 그러려면 광석을 최대한 잘게 쪼갠 뒤 산성 용액에 녹여 방사능을 내뿜는 성분만 반복해서 가라앉혀야 합니다. 이렇게 가라앉은 물질의 방사능을 측정하면서 계속 농축시켜서 방사능을 내는 극소량의 물질만 분리해 내는 것입니다.

마리는 이 연구를 위해 창고 하나를 겨우 빌렸는데 난방도 되지 않아 겨울에는 몸이 덜덜 떨렸고 여름에는 한증막처럼 더웠다고 합니다. 제대로 환기도 되지 않는 데다 비가 오면 천장에서 빗물이 떨어지기도 했죠. 이런 열악한 환경에서 연구를 계속 이어간 마리는 마침내 광석에서 강한 방사능을 내뿜는 화합물을 정제하는 데 성공했습니다. 고생 끝에 얻은 이 결과물 안에는 이전에 누구도 본 적 없던 새로운 원소가 들어 있었습니다. 마리가 발견한 원소는 우라늄보다 400배나 더 강력한 방사능을 내뿜었습니다. 그녀는 이 원소에 자신의 조국 폴란드를 기리는 의미에서 '폴로늄'이라는 이름을 붙였습니다.

당시 세상에 알려진 원소는 모두 77개였습니다. 그런데 마리가 새로운 원소인 폴로늄을 세상에 내놓은 것입니다. 원소 주기율표는 시대에 따라 변화해 왔는데 훗날 주기율표의 번호를 매길 때 마리가 발견한 폴로늄은 84번으로 등록됐습니다. 마리의 발견은 주기율표를 바꿀 만큼 대단했던 것입니다.

인류 역사에서 철이나 구리 같은 새로운 물질의 발견은 새로운 문명을 탄생시켰으며 전쟁 방식에도 큰 변화를 가져다주었습니다. 마찬가지로 마리가 방사능의 존재를 밝히고 폴로늄 같은 새로운 원소를 발견한 사실은 인류에게 또 한 번의 큰 변화를 가져올 기회를 제공한 것과 같았죠.

퀴리 부부가 방사능이라는 완전히 새로운 특성을 보이는 원소들의 존재와 새로운 방사성 원소인 폴로늄을 발표하자 세상

원자번호 84번 폴로늄

은 발칵 뒤집혔습니다. 방사능이 엄청난 에너지원이 될 수 있다는 가능성이 밝혀졌기 때문입니다. 이는 과학자들이 수백 년 전부터 믿어온 기본적인 물리 법칙을 완전히 뒤엎는 발견이었습니다. 이제껏 과학자들은 오직 태양만이 스스로 에너지를 내뿜는다고 믿었습니다. 그런데 태양 외에도 스스로 에너지를 방출하는 새로운 에너지원이 발견된 것입니다. 인류에게 불을 가져다준 그리스 신화 속 프로메테우스Prometheus처럼 마리는 방사능을 발견하며 인류에게 새로운 에너지원을 가져다주었습니다.

약 50년 후, 이 발견은 세계사를 뒤흔들어 놓는 핵폭탄 개발로 이어졌습니다. 마리의 발견 이후 과학자들은 앞다퉈서 새로운 방사능 원소 찾기에 나섰습니다. 그리고 방사선의 에너지가 어디에서 나오는지 탐구했는데 연구 끝에 핵폭탄의 원리인 핵분열을 발견한 것입니다. 핵폭탄과 원자력의 탄생은 모두 마리 퀴리가 방사능의 정체를 밝혀내고 새로운 방사성 물질을 발견해 내면서 시작된 것입니다. 방사능의 발견이 핵폭탄으로 이어졌다고 해서 마리의 발견을 부정적으로 평가할 수는 없습니다. 그녀의 발견은 핵물리학과 방사화학이라는 새로운 과학 분야의 탄생을 가져왔고, 이는 과학은 물론 의학과 산업의 발전에 큰 역할을 했기 때문입니다.

최초의 여성 노벨상 수상자 마리 퀴리

엄청난 에너지를 가진 방사능을 규정하고 새로운 원소를 발견한 마리는 무명의 과학자에서 노벨 물리학상 수상자가 되었습니다. 1903년의 일이었습니다. 이때 남편 피에르와 새로운 광선을 처음 발견했던 베크렐이 공동 수상자가 되었죠. 그런데 마리는 노벨 물리학상을 받기 전까지 엄청난 마음고생을 했습니다. 노벨상 위원회에서 마리가 여자라는 이유로 그저 남편의 조수 역할이나 했을 거라며 피에르에게만 상을 주려 한 것입니다. 마리가 노벨상 후보에 오르지 못했다는 사실을 알게 된 피에르는 즉각 노벨상 위원회에 편지를 썼습니다. 그는 방사능 연구는 두 사람이 함께 이뤄낸 것이며, 중요한 역할을 한 마리가 반드시 노벨상을 받아야 한다고 주장했습니다. 이에 노벨상 위원회 내에서는 치열한 공방이 벌어졌습니다. 이 같은 우여곡절 끝에 마리는 노벨 물리학상을 수상했습니다. 36세에 최초의 여성 노벨상 수상자라는 기록도 함께 거머쥐었죠.

재미있게도 당시 마리는 노벨상보다 상금을 더 기뻐했다고 합니다. 비록 세 명이 공동 수상을 해 상금을 나눠 가져야 했지만 그래도 부족한 연구비에 상금을 보탤 수 있었기 때문이었죠. 그리고 노벨상 시상식 당일 마리는 몸이 아파서, 피에르는 강의하느라 바빠서 참석하지 못했다고 합니다. 그럼에도 프랑스 대통령이 부부의 집을 찾아와 사진을 찍을 만큼 큰 주목을 받았습니다.

여성 최초의 노벨상 수상자라는 타이틀이 생겼음에도 여러 언론과 일부 과학자들은 여전히 마리를 인정하지 않았습니다. 여성에 대한 뿌리 깊은 편견 속에서 여전히 마리의 역할을 '옆에서 내조한 부인' 정도로 보는 시각에서 벗어나지 못한 것입니다. 심지어 미국의 한 과학자는 "내게도 피에르 퀴리 같은 남편이 있었다면 나도 노벨상을 탔을 텐데"라며 마리의 수상을 비아냥대기도 했죠. 남편과 함께 연구한 덕분에 남성 중심의 과학계에 자신의 발자국을 새겼지만 같은 이유로 실력을 제대로 인정받지 못한 것입니다. 실제로 노벨상 수상 이후 피에르는 소르본 대학의 교수가 되었지만, 마리는 어떠한 대학의 제안도 받지 못했습니다. 언론 역시 '마리 퀴리의 딸이 엄마의 노벨상 수상을 위해 혼자 저녁밥을 먹어야 했다'라며 조롱하거나 '마리 퀴리가 과학을 한다고 설치느라 아내와 어머니로서의 귀중한 임무를 소홀히 한다'라며 우려의 목소리를 냈습니다. 온 세상이 마리를 '여자'로만 보고 '과학자'로는 보지 않았던 것입니다.

하지만 마리 퀴리는 세간의 평가에 휘둘리지 않았습니다. 과학자로서 평소와 다름없이 연구를 이어갔고, 노벨상을 탄 이듬해인 1904년에는 둘째 딸인 이브 퀴리Eve Curie도 낳았습니다. 이브는 너무도 사랑스러운 아이여서 퀴리 부부는 무척 행복해했다고 합니다. 그런데 이브가 태어난 지 2년이 지난 1906년, 피에르가 47세의 젊은 나이에 갑자기 사망하는 비극이 벌어졌습니다. 비가 내리던 어느 날 짐을 실은 마차가 피에르를 덮친 것입니다. 이때 마차의 뒷바퀴가 쓰러진 피에르의 머리를 부수고 지나가면서 두개골이 16조각이 나며 즉사하고 말았습니다. 남편의 비극적인 죽음에 큰 충격을 받은 마리는 심각한 우울증에 시달렸습니다. 다음은 당시 마리의 슬픔을 짐작할 수 있는 글입니다.

> "나의 피에르, 당신 없는 삶은 잔혹해요. (중략) 피에르, 난 이 삶을 살아내고 싶지 않아요. (중략) 고통으로 심장이 산산이 부서지고 내 삶이 끝나버릴 것만 같아요. 저 많은 마차 중에 혹시 내 님이 맞은 운명을 내게도 안겨줄 마차가 있지 않을까요?"

마리는 세상을 떠난 남편을 따라서 죽고 싶을 만큼 처절하게 괴로워했습니다.

과학자로 우뚝 선 마리 퀴리

하지만 그대로 주저앉아 있을 수만은 없었습니다. 마리에게는 이렌과 이 브라는 아직 어린 두 딸이 있었기 때문입니다. 마리는 이제 가장으로서 두 아이의 생계를 책임져야 했고, 남편과 함께 하던 연구도 자신이 계속 이어 나가야 한다고 생각했습니다. 이렇게 마음을 다잡을 무렵 아이러니하게도 피에르의 죽음으로 마리는 과학자로서 새로운 기회를 얻게 되었습니다. 남편이 죽으면서 공석이 된 소르본 대학의 물리학 교수 자리가 주어진 것입니다. 그렇게 마리는 800여 년의 소르본 대학 역사에서 최초의 여성 교수로 이름을 남겼습니다.

마리의 첫 강의가 있던 날, 여자가 대학에서 학생들을 가르치는 신기한 풍경을 보려고 많은 사람들이 몰려들었습니다. 이때 사고로 남편을 먼저 보낸 여자가 남편 대신 강의하는 독특한 상황을 가십거리 삼아 궁금해하는 사람들도 많았습니다. 하지만 강단에 선 마리는 남편의 죽음에 관해 아무런 언급도 하지 않았습니다. 그저 남편의 마지막 강의에 이어 그다음 내용을 담담하게 가르쳤을 뿐이었죠. 그 모습을 본 사람들은 오히려 크게 감탄했습니다.

소르본 대학의 물리학 교수가 된 마리는 방사능에 대한 선구적인 강의를 시작했습

마리와 두 딸들

니다. 동시에 과학자로서 다시
방사능 연구에 몰두했습니다.
이때 마리가 파고든 연구 주제
는 새로운 방사성 원소인 라듐
을 순수한 상태로 추출하는 것
이었습니다. 과거 폴로늄을 발견
했던 당시 마리는 또 하나의 원

라듐 화합물

소를 발견했는데 바로 라듐입니다. 즉 세상에 알려지지 않았던 새로운 방
사성 원소를 두 개나 발견했던 것입니다. 하지만 순수한 라듐 원소를 추출
하지 못했고 다른 물질이 섞인 화합물의 형태로만 만들었습니다. 어둠 속
에서 빛을 내는 사진 속 라듐의 모습은 그렇게 탄생한 것입니다.

이때 추출한 라듐 화합물은 어둠 속에서 은은한 형광빛을 띠었습니다.
이는 라듐이 매우 강력한 방사선을 방출하면서 생기는 현상이었죠. 마리
는 자신이 확인한 원소 가운데 가장 강력한 방사능 물질인 이것에 '라듐'이
라는 이름을 붙였습니다. 라틴어로 '광선, 빛줄기'라는 뜻을 가진 라틴어 라
디우스(radius)에서 가져온 것입니다.

강력한 방사능을 내뿜는 라듐의 발견은 세상을 또다시 놀라게 했습니
다. 과학자 아인슈타인은 라듐이 엄청난 열을 거의 무한정으로 방출할 수
있다고 설명했습니다. 그는 태양이나 별의 놀라운 에너지의 정체가 라듐
발견을 통해 최초로 밝혀졌다고도 이야기했습니다. 다음은 라듐의 놀라운
에너지를 다룬 미국 언론의 기사 중 일부입니다.

"가장 신비롭고 놀라운 금속 알갱이. (중략) 그 금속으로 인해 세

상의 모든 무기고가 파괴될 것이다. (중략) 심지어 단추 하나만 누르면 지구 전체를 날려버리고 세상에 종말을 가져오는 장치를 발명하는 것도 가능하다."

마치 미래를 내다보는 듯한 글 같습니다. 그만큼 라듐이 내뿜는 엄청난 에너지와 그것의 활용 가능성이 전 세계적으로 주목받은 것입니다. 라듐 같은 방사성 원소의 내부는 무척 불안정한 상태입니다. 그래서 안정된 상태로 변하려고 주변으로 에너지와 입자를 마구 방출하죠. 이때 방출되는 것이 방사선입니다. 이렇게 엄청난 에너지와 무궁무진한 가능성을 가진 라듐이지만 완전히 순수한 형태의 라듐을 분리하는 연구는 쉽지 않았습니다. 그래서 여러 과학자와 학술지는 라듐이 새로운 원소가 아니라며 마리의 발견을 깎아내리기도 했습니다. 하지만 마리는 대꾸조차 하지 않았습니다. 대신 여전히 라듐을 의심하는 과학자들에게 확신을 주기 위해 완전히 순수한 라듐을 분리해서 새로운 원소로 확실하게 인정받겠다는 목표를 세웠습니다. 몇 년에 걸친 연구 끝에 마리는 0.1g의 순수한 라듐을 분리하는 데 성공했습니다.

만병통치약이 된 라듐

마리가 발견한 라듐은 등장과 동시에 암을 치료할 수 있다는 깜짝 놀랄 만한 효과가 밝혀졌습니다. 실제로 뉴욕에서 발행하는 신문 〈버펄로 커리어 익스프레스〉의 1903년 7월 3일 자에는 라듐으로 암을 치료했다는 다음과 같은 기사가 실렸습니다.

> "보고에 따르면, 암이 라듐 광선에 의해 치료되었다고 합니다. (중략) 같은 회의에 참석한 의사들은 라듐 광선이 종양을 치료했다고 보고했습니다."

라듐을 이용해 종양을 치료했다는 사실이 알려지자, 사람들은 암을 정복할 수 있다며 기뻐했습니다. 지금의 암 치료법은 방사선 항암치료로 암세포를 죽이는데 그 효과가 이때 처음 밝혀진 것입니다. 이후 의학계와 언론은 라듐의 의학적 효과를 집중 조명했습니다. 그 결과 라듐을 쪼였더니 피부병이 나았다, 동물 실험을 해보니 확실히 치료되었다는 식의 기사가 쏟아져 나왔습니다. 어느새 사람들은 불치병이라고 생각했던 암을 치료하는 라듐이라면, 다른 병도 치료할 수 있을 거라고 믿게 되었습니다.

라듐이 만병통치약으로 알려지며 전 세계에는 라듐 광풍이 불었습니다. 1g당 당시 시세로 10만 달러에 달할 만큼 가격이 올랐죠. 라듐에서 나오는 빛과 에너지는 매우 강력해서 60만분의 1로 희석해도 강도가 셌습니다. 공장에서는 이렇게 희석한 라듐으로 화합물을 만들어 다양한 제품에 넣었습니다. 당시 판매했던 라듐이 들어간 화장품은 빛이 나는 라듐처럼 이 화장품을 바르면 얼굴에서도 빛이 날 거라고 광고했습니다. 젊은 여성들은 라듐 제품을 얼굴과 입술, 치아에까지 바르곤 했습니다. 그 외에도 라듐 스타킹, 라듐 연고, 라듐 치약, 라듐 성냥 등 라듐이 들어간 온갖 제품이 출시됐습니다. 미국에서는 라듐을 발라서 형광빛이 나는 옷을 입고 라듐 쇼를 하기도 했습니다.

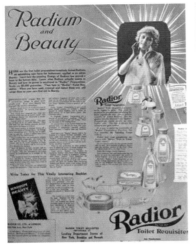

라듐 화장품 광고와 라듐 파우더

　어느새 라듐은 음식에도 들어갔습니다. 라듐을 넣은 생수병에는 '미 특허청 인증 방사능수'라는 홍보 문구가 새겨져 있었죠. 부자들은 라듐 생수가 건강에 좋다고 굳게 믿으며 부지런히 마셨다고 합니다. 이러다 보니 당시에는 라듐이 들어가기만 하면 무엇이든 날개 돋친 듯이 팔렸습니다. 특히 라듐이 함유된 콘돔은 정력을 높여주고, 피임률이 100%라는 소문이 나며 인기를 끌었습니다. 하지만 라듐 상품이 쏟아져 나오면서 라듐이라는 이름만 내걸고 실제로는 라듐이 들어가지 않은 제품도 많았다고 합니다.

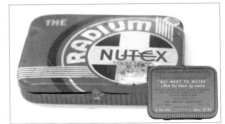

라듐 생수　　　　　　　라듐 콘돔

그렇다면 당시 사람들은 방사선을 내뿜는 라듐의 위험성을 몰랐던 것일까요? 강한 방사능이 인체에 해를 끼친다는 사실은 현재 과학적 상식입니다. 하지만 방사능을 처음 발견하고 그 연구를 시작한 초창기였던 당시에는 강한 방사능을 가진 라듐이 얼마나 위험한지 인식하지 못했습니다.

라듐 시계

라듐의 위험성은 마리가 라듐을 발견한 지 한참이 지나서야 알려졌습니다. 1917년에 미국의 시계 공장에서 일했던 소녀들을 통해서였죠. 당시에는 캄캄한 밤중에도 시계를 잘 볼 수 있도록 시곗바늘과 자판에 형광빛을 내는 라듐 페인트를 칠했습니다. 라듐 시계를 만드는 공장은 임금이 낮은 소녀들을 주로 고용했는데, 이들은 작은 시계 판에 라듐이 섞인 페인트를 정교하게 칠하기 위해 페인트를 묻힌 붓을 입에 넣어 붓끝을 뾰족하게 다듬었습니다.

그 과정에서 라듐은 공장에서 일한 소녀들의 몸에 축적되었고, 시간이 흘러 방사능에 피폭당한 신체는 끔찍한 고통에 시달려야 했습니다. 한 소녀의 턱에서는 커다란 종양이 자라났고, 또 한 소녀의 무릎에는 거대한 암이 생겨서 다리를 쓰지 못하게 됐습니다. 여러 시계 공장에서 이런 사건이 연달아 터지고 법정 투쟁이 벌어졌지만, 재판 결과는 너무 늦게 나왔고 사람들은 라듐의 유해성에 대해 반신반의했습니다.

이후 1930년대에 또 다른 라듐 중독 사건이 알려지며 세상 사람들은 큰

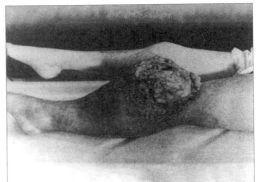

라듐에 중독된 시계 공장의 소녀들

충격을 받았습니다. 미국인 사업가인 에벤 바이어스Eben Byers는 출장 중 부상을 당했고 치료약으로 라듐 생수를 처방받았습니다. 정말로 통증이 가라앉자 바이어스는 4년간 매일 라듐 생수를 마셨습니다. 그 결과 방사선에 피폭된 바이어스는 턱뼈에 암이 생겼고 얼마 뒤에는 턱뼈가 녹아내리더니 아예 부스러져 버렸습니다. 그는 끔찍한 고통 속에 몇 개월간 목숨을 겨우 유지하다가 1932년에 사망했습니다. 나중에 그의 시신에서도 어마어마한 양의 방사능이 나와서 납으로 봉인한 뒤 묻을 수밖에 없었죠.

라듐은 우라늄보다 강한 방사능을 방출하는 물질입니다. 이 방사선은 강력한 에너지로 세포를 파괴하고 세포 내의 DNA까지 변형시키며, 적혈구와 백혈구까지 파괴합니다. 그 결과 시계 공장의 소녀들처럼 라듐을 먹거나 마신 사람들은 각종 암과 갖가지 질병에 걸린 채 고통 속에서 죽음을 맞이해야 했습니다.

안타깝게도 사람들은 라듐 제품을 무분별하게 사용한 이들에게서 무서운 부작용이 나타난 후에야 라듐의 위험성을 깨달았습니다. 마리가 처

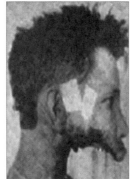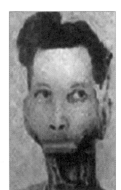

라듐에 피폭된 에벤 바이어스

음 라듐을 발견한 것은 1898년이었습니다. 하지만 라듐의 부작용이 밝혀진 것은 이로부터 40년이 지난 1938년의 일입니다. 시계 공장에서 일하던 소녀들이 법정 투쟁에서 승리하며 라듐의 위험성이 전 세계로 알려진 것이죠.

그렇다면 라듐을 직접 다루며 연구한 퀴리 부부에게는 피해가 없었을까요? 사실 피에르는 생전에 각종 통증에 시달렸다고 합니다. 밤마다 몸이 너무 아파서 잠을 이루지 못할 정도였죠. 하지만 라듐이 원인이라고는 생각하지 못했습니다. 때문에 피에르는 라듐이 인체에 어떤 영향을 미치는지 연구하려고 팔에 라듐 조각을 며칠 동안 붙이고 다녔다가 화상을 입기도 했습니다. 라듐의 위험성을 심각하게 생각하지 않았던 것입니다. 31세에 라듐을 발견한 마리 역시 라듐의 위험성을 인지하지 못했습니다. 그녀는 인류를 위해 특허까지 포기했던 라듐이 해를 끼칠 것이라는 사실을 믿을 수 없었습니다.

사이비 유사 과학으로 공격받은 마리

훗날 라듐의 위험성이 밝혀지기 전까지 라듐이 인기를 얻을수록 과학자 마리의 명성도 더욱 높아졌습니다. 이때 마리는 프랑스의 과학 아카데미에 들어가겠다고 결심했습니다. 과학 아카데미는 과학계의 인정을 받은 뛰어난 과학자만이 회원이 될 수 있는 권위 있는 기관이었죠. 마리가 이곳의 회원이 되겠다고 하자 일부 회원들은 여자를 전통 깊은 과학 아카데미 회원으로 받아들일 수 없다며 반발했습니다.

여기에 보수 언론까지 가세해서 마리를 공격했습니다. 특히 〈엑셀시오르〉라는 프랑스의 신문은 어처구니없는 기사를 내서 마리의 아카데미 회원 가입을 막으려 했죠. 신문 1면에 지명수배자처럼 마리의 몽타주를 그려서 올린 다음 마리의 두개골 모양, 즉 관상을 근거로 그녀가 아카데미 회원에 부적합하다고 주장한 것입니다. 여기에 '두개골 모양과 필체를 보면 마리는 빗나간 의지와 부적절한 야망의 소유자이다. 따라서 과학 아카데미 회원이 되기에는 부적절하다'라는 관상학자와 필체 전문가의 소견까지 덧붙였습니다. 근거 없는 유사 과학으로 실력 있는 과학자를 공격한 것이죠.

이런 분위기 속에서 1911년 1월 23일에 새로운 과학 아카데미 회원을 뽑는 투표가 열렸습니다. 수많은 사람의 이목이 쏠린 투표에서 마리는 경쟁 후보에 단 두 표 차이

마리의 관상을 분석한 유사 과학 기사

로 뒤져 아카데미 회원이 되지 못했습니다. 연구실에서 전화로 이 소식을 들은 마리는 아무런 동요도 없이 하던 실험을 계속했다고 합니다. 그녀는 이 사건을 계기로 명예는 중요하지 않다는 사실을 다시금 깨달았습니다. 사실 이전에도 마리는 프랑스 정부가 최고 명예 훈장인 '레지옹 도뇌르 훈장'을 준다고 했으나 상은 필요 없다며 거절했습니다.

프랑스를 강타한 소르본 스캔들

비록 아카데미 회원이 되지는 못했으나 라듐을 발견하고 추출한 마리의 공로는 너무도 명확했습니다. 그리고 얼마 뒤인 1911년, 마리는 '당신이 노벨 화학상을 받습니다. 곧 편지가 갈 겁니다'라는 깜짝 놀랄 만한 전보 한 통을 받았습니다. 마리가 순수한 라듐을 추출한 공로를 인정해 노벨상 위원회에서 노벨 화학상을 수여하기로 결정했다는 소식이었죠. 이는 당시 마리가 최초로 노벨상 2회 수상을 기록한 사건이기도 했습니다. 그런데 얼마 후 노벨상 위원회에서 보낸 편지를 읽은 마리는 크게 당황할 수밖에 없었습니다.

"우리는 마리 퀴리 당신이 12월 10일 노벨상 시상식에 참석하지 않는 것이 좋겠다는 입장을 밝힙니다. (중략) 당신이 상을 받으러 오면 무슨 일이 벌어질지 알 수가 없군요. (중략) 당신이 결백하다는 게 밝혀질 때까지 상을 받지 않겠다고 편지를 써주시면 좋겠습니다."

노벨상 위원회는 왜 이런 편지를 보냈을까요? 당시 프랑스를 비롯한 유럽 전역의 신문에서 마리의 불륜설을 쏟아냈기 때문입니다. '마리와 랑주뱅의 러브스토리'라는 제목의 기사는 마리와 동료 물리학자 폴 랑주뱅Paul Langevin이 불륜을 일으키고 있으며, 과학자의 아내와 자녀들이 지금 쓰라린 눈물을 흘리고 있다는 내용으로 마리를 비난했습니다.

폴 랑주뱅

랑주뱅은 잠수함 탐지에 사용하는 초음파 기술을 발명한 과학자로, 그 역시 여러 차례 노벨상 후보에 오를 만큼 실력 있는 물리학자였습니다. 문제는 이미 그에게는 아내와 자식들이 있었다는 것입니다. 연구에만 집중하던 마리는 어떻게 불륜에 빠지게 된 것일까요? 한때 피에르의 제자였던 랑주뱅은 피에르가 죽은 뒤에도 마리와 친분을 유지했습니다. 그런데 랑주뱅과 아내가 서로 폭력을 휘두를 정도로 사이가 나쁘다는 것을 알게 된 마리가 그를 위로해 주었고, 랑주뱅 역시 남편을 잃고 힘들어하는 마리를 다독이면서 연인으로 발전한 것입니다.

두 사람은 아파트까지 빌려서 은밀하게 밀회를 즐겼는데 어느 날 사건이 터지고 말았습니다. 두 사람의 불륜 사실을 랑주뱅의 아내가 알게 된 것입니다. 랑주뱅의 아내는 직접 마리를 찾아가서 "8일 안에 프랑스를 떠나지 않으면 내 손으로 죽여버리겠다"라고 협박했습니다. 그리고 얼마 뒤 프랑스의 온갖 신문에는 마리가 랑주뱅에게 쓴 편지까지 실리며 비난이 쏟아졌습니다. 기자가 다소 각색했을 것으로 추측하는 편지에는 "만약 당신 아내가 당신의 아이를 또 낳는다면 저는 당신과 헤어질 겁니다. 당신을 위해 인생과 지위를 포기할 각오가 되어있지만, 모욕을 감당할 수는 없기 때문이에요"라는 내용이 쓰여 있었다고 합니다.

마리의 불륜 기사가 터진 후 프랑스 보수 신문은 '외국인 여자가 가정적인 프랑스 남자를 꼬셔서 프랑스 아내를 괴롭히고 가정을 파탄 나게 했다'라며 격렬하게 비난했습니다. 불륜은 마리와 랑주뱅이 함께 저질렀지만, 과열된 애국주의 분위기 속에서 마리는 외국인이라는 이유로, 그리고 여성인 주제에 과학자라는 이유로 홀로 언론의 집중 공격을 받은 것입니다. 기사를 본 프랑스 시민들은 마리의 집 앞에 모여 "프랑스 아내로부터 남편을 빼앗아 간 나쁜 외국 여자를 끌어내라"라고 외쳤다고 합니다.

사태는 점점 심각해졌고 불륜 당사자인 랑주뱅은 한 보수 신문의 편집자와 결투를 벌이기도 했습니다. 이렇게 소동이 커지자 마리는 두 딸을 데리

물리학 및 화학의 세계적 학회인 솔베이 회의에 참석한 마리, 아인슈타인, 랑주뱅

고 집을 떠나 피신했습니다. 이때 마리는 죽을 생각까지 할 정도로 괴로워했다고 합니다. 당시 마리와 친분이 깊었던 동료 과학자 아인슈타인은 마리의 불륜을 믿지 않았습니다. 그래서 '저열한 언론의 시시껄렁한 기사는 무시하라'라는 편지를 보내며 조언했다고 합니다.

불륜 스캔들을 뚫고 노벨상 2관왕을 차지하다

불륜설 때문에 노벨상도 못 받을 위기에 놓인 마리는 고민 끝에 세상의 비난에 정면 돌파하기로 했습니다. 그녀는 노벨상을 받으러 오지 말라는 노벨상 위원회의 편지에 다음과 같은 답장을 보냈습니다.

> "그것이 아카데미의 전반적인 분위기라면 실망스럽습니다. (중략) 저는 제 확신에 따라 행동해야겠습니다. (중략) 사실 이 노벨상은 라듐과 폴로늄의 발견에 대해 주어진 것입니다. 제 과학 연구와 사생활은 무관합니다."

편지에 담긴 마리의 생각은 사생활과 과학적 업적은 무관하니 상을 받겠다는 것이었습니다. 얼마 후 마리는 당당히 노벨상 시상식에 참석해 스웨덴 국왕으로부터 직접 노벨 화학상을 받았습니다. 이때 마리의 나이는 44세였습니다.

마리는 물리학, 화학, 생물학이라는 총 세 개의 노벨상 과학 분야에서 물리학상과 화학상을 받았습니다. 이후 물리학에서 두 번 상을 타거나 화학상과 평화상을 각각 수상한 사람도 있었지만, 서로 다른 과학 분야에서 각각 상을 받은 것은 마리가 최초이며 이 기록은 지금까지도 깨지지 않고 있습니다. 남편 없이 단독으로 노벨상을 수상한 마리는 드디어 누구의 도움도 필요치 않는 존경할 만한 과학자로서 세상의 인정을 받았습니다.

1914년 7월, 마리는 파리에 라듐 연구소를 열고 연구에 박차를 가했습니다. 당시 제1차 세계대전이 발발하면서 아수라장이 된 프랑스를 본 마리는 한 가지 결심을 하게 되었습니다. 엑스레이 장비가 실린 구급차를 만들어 직접 전쟁터에 나가기로 한 것입니다. 이를 위해 마리는 병원에서 속성으로 엑스레이 진단법과 해부학을 배운 후 개조한 구급차를 이끌었습니다. 사람들은 그 구급차를 '리틀 퀴리'라고 불렀습니다. 이때 마리는 기부를 받고 사비까지 털어서 엑스레이 장비가 달린 리틀 퀴리 20대를 마련했습니다. 그리고 직접 리틀 퀴리를 운전해 부상당한 병사들을 치료했죠. 자신이 떠나도 군인들이 엑스레이 촬영을 할 수 있도록 군인들에게 엑스레이 진단법을 가르치기도 했습니다. 이렇게 4년간 리틀 퀴리를 통해 도움받은 부상

리틀 퀴리를 탄 마리

병은 셀 수 없이 많았다고 합니다.

전쟁이 끝난 뒤 마리는 연구소로 돌아가서 다시 라듐 연구에 돌입했습니다. 이번에는 라듐의 특성과 활용 방법을 연구하기로 했죠. 하지만 연구를 진행하기 위해서는 반드시 해결해야 할 문제가 있었습니다. 연구에 필요한 순수한 라듐이 부족했던 것입니다. 라듐 1g을 마련하려면 당시 돈으로 10만 달러가 필요했는데, 정작 라듐을 발견한 마리에게는 이만한 연구비가 없었습니다. 연구비 조달을 위해 마리가 전전긍긍하던 이때 미국에서 마리를 인터뷰하러 온 여성 저널리스트가 사정을 듣고 대대적인 모금 운동을 펼쳤습니다. 그러자 마리를 응원하는 미국 여성들이 열성적으로 모금에 참여했고 목표 금액 10만 달러를 달성했습니다. 이 기쁜 소식을 들은 마리는 1921년에 두 딸과 함께 미국으로 향했습니다.

마리는 백악관에서 당시 미국의 대통령이던 워런 G. 하딩Warren G. Harding으로부터 라듐을 선물 받았습니다. 미국에서 이 같은 호응을 얻자 그동안 마리를 소홀히 대했던 프랑스의 분위기도 달라지기 시작했습니다. 1923년에 소르본 대학에서 치러진 한 행사에서 마리는 수많은 과학자와 정치인, 기자들이 모인 가운데 프랑스 대통령 알렉상드르 밀랑Alexandre Millerand에게서 종신 연금을 받았습니다. 같은 해에는 프랑스 의학 아카데미의 회원이 되기도 하는데, 과거 과학 아카데미에 입회했을 때 격렬한 반대에 부딪혔던 것과 달리 이번에는 회원들이 마리를 환영했습니다. 마리의 입후보 소식을 들은 다른 후보자들이 자발적으로 사퇴하면서 경쟁자 없이 입회할 수 있었습니다.

비로소 과학자로 인정받고 충분한 연구비까지 마련했지만, 안타깝게도 마리는 이즈음부터 건강이 악화되었습니다. 방사능 물질을 연구하면서 자신도 모르는 사이 방사능에 오랜 시간 노출되었던 것입니다. 마리는 젊은 시절부터 방사능 물질을 연구하면서 아무런 보호장구를 쓰지 않았습니다. 게다가 라듐을 추출하는 과정 중에는 1급 발암물질인 라돈 가스를 흡입하기도 했죠. 누구보다 방사능 물질을 가까이했기에 피해는 클 수밖에 없었습니다. 결국 전신이 쇠약해진 마리는 귀에서는 이명이 들렸고, 백내장이 심각해지면서 서서히 눈이 보이지 않게 됐습니다.

퀴리 가문의 노벨상 행진- 첫째 딸과 사위

하지만 퀴리 연구소에서는 연구가 계속됐습니다. 큰딸 이렌이 마리를 대신해 열정적으로 연구를 이어간 것입니다. 스무 살에 소르본 대학에서 물리학과 화학, 수학 공부를 마친 이렌은 엄마의 연구실에서 폴로늄 연구를 하며 박사 학위를 딴 과학 유망주였습니다.

마리는 이렌이 중학교에 갈 나이가 되자, 소르본 대학의 교수 몇 명과 그 아이들 10여 명을 모아서 일종의 교육협동조합을 만들었습니다. 그리고 부모인 교수들이 자신의 전문 영역을 아이들에게 직접 가르치기로 했죠. 수학 교수의 집에서 수학을, 역사학자의 집에서 역사를 배우는 식이었습니다. 이때 마리는 매주 목요일마다 과학 수업을 했는데, 아이들의 눈높이에서 과학에 대한 호기심을 불러일으키는 방식으로 가르쳤다고 합니다. 예를 들어 온도를 배울 때는 온도의 개념을 설명하기보다 아이들이 직접 온도계를 만들어 보고 그 원리를 이해하도록 가르친 것입니다. 어린 시절 아버지로부터 직접 배운 과학 실험과 원리 수업이 대를 이어 전해진 것이라고 볼 수 있죠.

이 특별한 홈스쿨링은 2년간 이어졌고, 이렌이 과학에 관심을 가지는 데 중요한 영향을 미쳤습니다. 이후 이렌은 제1차 세계대전에서 리틀 퀴리를 타고 다니며 엄마의 조수로 든든히 제 몫을 해내기도 했습니다. 어린 시절부터 자연스럽게 과학을 접하는 동안 이렌은 과학자로 성장할 밑거름을 다졌고 동료인 장 프레데리크 졸리오Jean Frédéric Joliot와 결혼하며 그녀의 연구는 날개를 달았습니다.

이렌 퀴리 부부는 열정적으로 방사능 연구에 매진했습니다. 이때 마리의 방사능 연구에서 한 걸음 더 나아갔습니다. 마리가 자연에 존재하는 방사성 물질을 찾아냈다면, 이렌은 인공적으로 방사성 물질을 만드는 데 성공한 것입니다. 이는 매우 획기적인 연구였습니다. 인공방사능이 지금 우리가 사용하는 방사선 항암치료를 가능하게 해주었기 때문입니다. 이렌의 연구로 인류는 그동안 취급하기 어려웠던 방사능 물질 대신 인공적으로 방사능 원소를 빠르고 쉽게, 대량으로 얻을 수 있게 되었습니다. 인공방사성 물질을 만드는 데 성공한 이렌 부부는 전 세계적으로 인정받았습니다. 그리고 1935년에 부부가 함께 노벨 화학상을 수상하는 영예를 얻었죠.

이로써 퀴리 가문은 총 5개의 노벨상을 거머쥐게 되었습니다. 마리의 노벨 화

노벨 화학상을 받은 이렌 퀴리 부부

학상과 노벨 물리학상, 남편 피에르의 노벨 물리학상, 그리고 큰딸 이렌과 사위 졸리오의 노벨 화학상까지. 전 세계적인 노벨상 명문가로 이름을 떨치게 된 것입니다.

퀴리 가문의 노벨상 행진– 둘째 사위

퀴리 가문의 노벨상은 아직 끝나지 않았습니다. 둘째 딸인 이브 퀴리의 남편이자 마리의 사위인 헨리 라부이스 주니어Henry Labouisse Jr.도 노벨상을 수상한 것입니다. 이브는 국제기구 활동 중 미국 외교관인 라부이스를 만나 결혼했습니다. 그리고 1965년에 퀴리 가문의 둘째 사위인 라부이스가 유니세프의 대표로 노벨 평화상을 수상했죠. 이렇게 퀴리 가문의 6번째 노벨상 수상자가 탄생했습니다.

마리의 둘째 딸 이브는 과학보다는 음악과 예술에 큰 재능을 보였고 훗날 피아니스트로 성장했습니다. 그녀는 당시 프랑스에서 가장 아름다운 여성이라는 찬사를 받을 정도로 미모가 뛰어난 것으로도 유명했다고 합니다. "아버지, 어머니, 언니, 형부, 남편까지 모두 노벨상을 받았는데 나만 타지 못했다"라면서 자신을 집안의 수치라고 농담하곤 했던 이브 역시 가족 못지않은 업적을 남겼습니다. 엄마의 전기를 펴내 전

헨리 라부이스 주니어

미 도서상과 폴란드 훈장을 받은 것입니다. 또한 평생에 걸친 유니세프 활동으로 프랑스 최고 명예 훈장인 레지옹 도뇌르 훈장을 받기도 했습니다.

하지만 안타깝게도 마리는 딸과 사위들의 노벨상 수상 장면을 보지 못하고 66세에 죽음을 맞이했습니다. 공식 병명은 재생불량성 빈혈이지만 방사능이 피폭돼 사망한 것으로 추정합니다. 이후 마리는 남편과 함께 프랑스 위인들의 국립묘지인 팡테옹으로 이장됐습니다. 하지만 마리의 시신에서 방사능이 방출되며 이들의 관에는 특별한 처리를 해야 했죠. 사진은 마리와 피에르의 관으로 방사능을 막기 위해 내부에 두꺼운 납을 둘렀다고 합니다.

심지어 마리가 썼던 연구 노트는 지금도 방사능을 내뿜고 있어서 열람하려면 방호 장비를 갖춰 입어야 합니다. 라듐의 반감기는 약 1600년이니, 이 노트는 앞으로 1500년 동안은 계속 방사능을 내뿜을 것입니다. 연구 노트 외에도 생전에 마리의 손길이 닿았던 요리책까지도 방사능이 나올 정도

팡테옹의 퀴리 부부 관

로 마리는 방사능 속에서 살았다고 해도 과언이 아니었습니다. 방사능의 악영향을 받은 것은 딸 이렌도 마찬가지였습니다. 그녀는 평생에 걸친 방사능 연구로 백혈병으로 얻었고 59세라는 이른 나이에 사망했습니다. 하지만 퀴리 가문은 이들의 죽음 후에도 대를 이어 과학 연구를 계속했고 핵물리학자, 생물물리학자, 뇌과학자 등을 배출하며 오늘날까지 프랑스의 과학 명문가로 이름을 이어가고 있습니다.

마리는 여자를 열등하다고 보는 시대에 태어나 '여자'라서 안된다는 이야기를 수없이 들어왔지만, 단 한 번도 그 말에 꺾인 적이 없었습니다. 갖은 희생을 치르고 무시와 비난을 받으면서도 자신이 원하는 과학의 꿈을 평생 꿋꿋하게 밀어붙였죠. 마리가 세운 그 모든 '최초의 기록'은 이렇게 세워졌습니다. 그리고 우리는 그렇게 세상을 바꾼 마리의 엄청난 발견과 연구 업적 위에 살아가고 있습니다.

마리의 연구 노트

벌거벗은 로버트 오펜하이머

죽음의 신이 된 원자폭탄의 아버지

홍성욱

● 과학의 발전이 낳은 인류 최악의 발명품은 무엇일까요? 이것은 세계사의 판도를 완전히 뒤집어놓았을 뿐 아니라 오늘날까지도 전 세계가 첨예하게 대립하는 원인이기도 합니다. 현재까지 개발된 무기 중 가장 강력한 파괴력을 가진 '핵무기'입니다. 전 세계에서 핵을 가진 나라는 미국, 러시아, 영국, 북한 등 9개국뿐입니다. 하지만 스톡홀름 국제평화연구소에 따르면 2022년 기준 이들 나라가 소유한 핵무기의 개수는 무려 1만 2,705기에 이른다고 합니다. 북한은 2022년 약 7,500억 원을 들여 핵무기 개발에 박차를 가했고, 중국도 핵무기를 추가 확보했습니다. 핵무기 하나가 작은 도시 전체를 무너뜨릴 수 있는 위력을 가졌으니 인류는 언제든 멸망할 수 있는 위험 속에 사는 것과 같습니다. 게다가 러시아의 우크라이나 침공 등 세계정세가 복잡해지면서 핵무기를 둘러싼 긴장감은 나날이 높아지고 있습니다.

전 세계가 핵무기를 주시하기 시작한 것은 언제였을까요? 천재 물리학자 로버트 오펜하이머Robert Oppenheimer는 이 질문에 답이 될 만한 인물입니다. 그는 뛰어난 두뇌와 리더십으로 미국의 핵무기 개발 연구인 맨해튼 프로젝트를 이끌며 3년 만에 세상에 없던 신무기인 원자폭탄 개발에 성공했습니다. 맨해튼 프로젝트에 참여한 수많은 과학자 가운데 오펜하이머만이 '원자폭탄의 아버지'라 불리는 것도 이러한 이유 때문입니다. 원자폭탄 덕분에 제2차 세계대전에서 승리한 미국은 오펜하이머를 과학 영웅으로 치켜세웠습니다. 하지만 그는 스스로를 '죽음의 신, 세상의 파괴자'라고 평가했죠.

그런데 1950년대에 들어서면서 오펜하이머를

오펜하이머

둘러싼 의문이 제기되기 시작했습니다. 그가 공산주의자이자 소련의 스파이라는 것입니다. 이로 인해 오펜하이머는 FBI의 타깃이 되는가 하면, 청문회에서 사생활이 낱낱이 파헤쳐지는 등 과학자로서 일생일대의 위기에 몰리게 되었습니다. 그는 왜 한순간에 과학 영웅에서 조국을 속인 배신자로 낙인찍힌 것일까요? 그리고 그를 둘러싼 의심은 모두 사실이었을까요? 지금부터 원자폭탄의 아버지 오펜하이머의 파란만장한 일생을 들여다보며 현대 과학사는 물론 미국사까지 벌거벗겨 보겠습니다.

천재를 넘어선 만재 소년

오펜하이머는 1904년 4월 22일 미국 맨해튼에서 직물 사업을 하던 아버지와 화가인 어머니 사이에서 2남 중 장남으로 태어났습니다. 그의 아버지는 독일 출신의 유대인으로 막강한 재력가였죠. 덕분에 맨해튼의 고급 아파트에 살면서 여름에는 호화 별장에서 요트와 승마를 즐기는 등 풍족한 어린 시절을 보냈습니다. 하지만 선천적으로 허약했던 탓에 어머니의 과보호 속에서 지내야 했습니다. 세균에 감염될 위험 때문에 길거리 음식을 사 먹거나 이발소에 가는 것이 금지되었고, 다른 아이들과 어울릴 수도 없었습니다. 이렇게 할 수 있는 것이 많지 않았던 어린 오펜하이머는 자

어린 오펜하이머

연스럽게 서재에 있던 수많은 책에 빠져들었습니다.

그러면서 점차 타고난 천재의 면모를 드러내기 시작했습니다. 사람들을 놀라게 한 오펜하이머의 첫 번째 재능은 언어였습니다. 9세 무렵 성인들도 어려워하는 라틴어와 그리스어를 뗐고 이후에는 프랑스어와 독일어, 네덜란드어까지 익혔습니다. 그가 새로운 언어를 배우는 데는 몇 개월이면 충분했다고 합니다. 오펜하이머의 두 번째 재능은 과학입니다. 과학에 푹 빠진 그는 8세에는 실험실에서 과학 실험을 했고, 10세 무렵에는 물리학과 화학을 공부하기 시작했습니다. 과학을 향한 어린 오펜하이머의 열정은 미국 과학 교육의 산실이라 할 수 있는 자연사 박물관의 연구자에게 개인 과외를 받을 정도로 컸습니다.

그러던 어느 날 많은 사람들이 오펜하이머의 과학적 재능을 인정할 수밖에 없는 사건이 일어났습니다. 오펜하이머는 7세 때 할아버지에게서 암석 수집 세트를 선물 받았는데, 이때부터 열심히 암석을 공부하며 수집도 했습니다. 그러다가 집 근처의 센트럴파크에서 암석층을 발견하면서 뉴욕의 유명한 지질학자들과 이 암석층에 관한 편지를 주고받았습니다. 이때 오펜하이머의 전문성에 놀란 한 지질학자가 그를 '뉴욕 광물학 클럽'의 회원으로 추천하더니 얼마 후에는 세미나에서 강연해 달라는 요청까지 한 것입니다. 이 제안을 수락한 오펜하이머는 뉴욕 광물학 클럽의 세미나에 참석했습니다.

오펜하이머의 나이를 몰랐던 전문가들은 강단에 선 꼬마를 보고 깜짝 놀랄 수밖에 없었습니다. 12세의 오펜하이머는 세미나에서 준비한 성인용 교탁 앞에 섰습니다. 그러자 머리카락밖에 보이지 않았죠. 결국 나무상자를 구해와 올라선 뒤에야 강연을 시작할 수 있었습니다. 해프닝 끝에 오펜하이머는 준비한 강연을 마쳤고, 전문가들은 꼬마에게 열렬한 박수를 보냈다고 합니다.

오펜하이머는 학창 시절 내내 우수한 성적을 기록했습니다. 특히 고등학교에서는 대부분의 수업에서 A 학점을 받으며 17세에 수석으로 조기 졸업했습니다. 그리고 1년 뒤인 1922년에 장학금을 받고 하버드 대학교 화학과에 들어갔습니다. 원래는 졸업 후 바로 대학에 가려 했으나 이질에 걸려 건강이 나빠지는 바람에 1년을 쉴 수밖에 없었죠.

대학생이 된 오펜하이머는 얼마 후 화학을 전공으로 선택한 것을 후회했습니다. 자신이 좋아하는 분야가 화학이 아닌 물리학에 더 가깝다는 사실을 알게 되었기 때문입니다. 하지만 전공을 바꾸는 일은 불가능했고, 고민 끝에 오펜하이머는 대학원의 물리학과 수업을 들을 수 있게 해달라며 청원서를 냈습니다. 학교는 남들보다 더 많은 수업을 들으며 학업에 열정을 보이는 오펜하이머의 요청을 받아들였습니다.

그런데 화학과 물리의 뿌리는 과학이지만 기초 원리와 배우는 분야는 완전히 다릅니다. 게다가 오펜하이머는 기초 물리학 수업조차 들은 적이 없었죠. 세계 최고의 명문인 하버드 대학에서 화학과 물리학 수업을 동시에 공부한 오펜하이머는 3년 만에 최우수 성적으로 조기 졸업했습니다.

천재에서 문제아로 추락하다

화학 전공으로 졸업한 것에 만족할 수 없었던 오펜하이머는 물리학을 심도 있게 배우기 위해 영국으로 향했습니다. 20세기 초 미국의 물리학은 유럽에 비교하면 매우 기초적인 수준에 불과했습니다. 그래서 물리학의 성지라 불리는 영국 케임브리지 대학교에 입학한 것입니다. 그동안 거칠 것 없이 살아온 천재 오펜하이머는 이곳에서 생애 첫 시련을 겪었습니다. 무자비하게 실험을 시키기로 유명한 패트릭 블래킷Patrick Blackett을 지도교수로 만난 것입니다.

블래킷은 훗날 노벨 물리학상을 수상할 정도로 실력이 출중한 실험 물리학자였습니다. 물리학에는 자연의 현상을 설명하고 예측하기 위한 공부를 하는 '이론 물리학' 분야와 이론이 제안하는 예측을 검증하거나 새로운 현상을 발견하기 위해 실제로 실험을 하는 '실험 물리학' 분야가 있습니다. 당시 영국에서 물리학이라고 하면 주로 실험 물리학을 의미했습니다. 그리고 블래킷은 학생들에게 혹독한 실험을 시키기로 유명했던 교수였습니다.

그런데 하버드 대학교에서 주로 이론 공부를 했던 오펜하이머는 실험기구를 조작하는 일이 익숙하지 않았습니다. 그래서 실험기구를 망가뜨리거나 원하는 실험 결과를 도출하지 못했습니다. 때문에 블래킷 교수는 실험실에서 일하는 시간을 늘려야 한다며 끈질기게 괴롭혔고, 오펜하이머는 그런 교수의 눈총을 받으며 실험실에 혼자 남아서 재실험하는 날이 많았습니다. 당시 오펜하이머는 괴로운 심정을 표현하곤 했습니다.

"사실은 별로 재미가 없어. 실험실에

패트릭 블래킷

서의 일은 무지하게 지루하고, 나는 너무 서툴러서 아무것도 배우는 것이 없는 것 같아. 강의들은 끔찍할 정도야."

천재로 태어나 1등만 하던 오펜하이머는 블래킷 교수와의 수업에서 처음으로 무력감과 부족함을 느꼈습니다. 첫 실패의 충격이 컸는지 이 시기의 오펜하이머는 실험실에서 기절할 정도로 상태가 좋지 않았다고 합니다. 너무 비참하고 불행해서 끙끙대면서 아파트 바닥을 구를 때도 있었죠. 가족들은 심각한 우울증에 시달리는 오펜하이머를 걱정했습니다. 블래킷 교수로부터 인정받지 못한다는 심리적 불안이 나날이 커져가던 어느 날, 오펜하이머는 황당한 사고를 저질렀습니다. 블래킷 교수의 책상에 올려둘 사과에 실험실에서 구한 화학 약품을 주입한 것입니다. 일종의 독이 든 사과를 만든 셈이었죠. 다행히 이상함을 감지한 교수가 사과를 먹지 않아 목숨을 구할 수 있었습니다.

하지만 학교는 이 사건을 그냥 넘어가려 하지 않았습니다. 오펜하이머의 아버지가 막대한 재력을 이용해서 로비를 벌인 끝에 사건은 정학 정도로 마무리되었습니다. 지도교수 살해 시도에도 오펜하이머가 솜방망이 처벌을 받았던 이유는 그의 불안한 정신상태가 인정됐기 때문입니다. 당시 오펜하이머를 괴롭혔던 것은 학업 스트레스만이 아니었습니다. 타지에서 지내던 그는 친구들의 결혼 소식을 들으며 큰 외로움을 느꼈습니다. 그래서 결혼을 앞둔 친구의 목을 조를 만큼 불안정한 정신상태를 보이기도 했습니다. 이런 일련의 사건들로 정신적 결함을 인정받았고, 정신과 치료를 꾸준히 받는다는 조건으로 형사처분을 면하게 된 것입니다.

이후 오펜하이머는 여러 정신 분석가들을 만났으나 심리치료에서 별다른 효과를 보지 못했습니다. 대신 프랑스 코르시카섬으로 떠난 여행에서 안정을 찾았다고 합니다. 그를 괴롭힌 것은 천재라는 타이틀을 놓치지 않으려는 강박관념이었는데, 섬에서 지내는 동안 이를 내려놓고 휴식을 취하며 회복한 것입니다.

과학계의 스타, 금의환향하다

독사과 사건 이후 오펜하이머는 고민 끝에 재능이 없는 실험 물리학을 포기했습니다. 그리고 계산과 추론으로 물리학을 연구하는 이론 물리학에 관심을 돌리기 시작했습니다. 다시 과학에 흥미를 붙이며 물리학에 푹 빠져 있던 이때 그에게 일생일대의 기회가 찾아왔습니다. 케임브리지 대학을 찾은 독일의 이론 물리학자 막스 보른Max Born이 오펜하이머에게 독일에서 함께 연구하자는 파격적인 제안을 한 것입니다.

보른은 훗날 양자역학 심층 연구로 노벨 물리학상을 수상하며 과학계에 한 획을 긋는 인물입니다. 그는 왜 별다른 성과도 없는 오펜하이머에게 공동 연구를 제안했을까요? 보른은 과학의 불모지나 다름없던 미국에서 온 청년이 이론 물리학에 관심과 열정을 쏟는 모습이 흥미로웠습니다. 게다가 그의 지식에도 감탄했죠. 이후 첫눈에 오펜하이머가 대단한 재능을 타고났음을 알아봤다고도 했습니다. 다음은 오펜하이머의 선

막스 보른

택을 알 수 있는 그의 말입니다.

"실험실로 돌아가지 않아도 된다고 생각하니 커다란 해방감을 느꼈습니다. 나는 실험에 별로 재능이 없었고, 남들에게 도움을 주지도 못했지요. 무엇보다 실험을 하는 과정에서 아무런 재미도 느낄 수 없었습니다. 하지만 이제 나는 꼭 해보고 싶은 일을 찾았습니다."

오펜하이머는 케임브리지 대학교에서 공부를 시작한 지 약 1년 만인 1926년에 독일로 떠났습니다. 이론 물리학의 본산인 괴팅겐 대학교에서 보른을 비롯해 과학계에서 내로라하는 훌륭한 스승, 동료들과 교류하며 최고의 첨단 지식을 얻기 시작했습니다. 특히 이 시기 함께 연구한 베르너 하이젠베르크Werner Heisenberg는 30대에 불확정성의 원리를 발견해 노벨 물리학상을 받은 천재였죠. 덕분에 오펜하이머의 학교생활은 어느 때보다 안정적이었습니다. 계산이 뛰어났던 오펜하이머는 부진했던 실험실에서와 달리 물 만난 물고기처럼 빠르게 학문의 즐거움을 되찾았습니다.

이 시기 오펜하이머는 독일을 중심으로 막 태동하기 시작한 신학문인 양자역학에 관심을 가졌습니다. 양자는 더 이상 쪼갤 수 없는 가장 작은 불연속적인 에너지이며, 역학은 물체가 어떻게 움직이는지 연구하는 학문입니다. 즉 양자역학은 원자의 움직임을 설명하는 현대 물리학의 기초 이론으로, 이는 원자폭탄 개발의 기본 원리이기도 합니다. 세계적으로 유명한 물리학자 리처드 파인만Richard Feynman조차 "양자역학을 제대로 이해하는 사람은 없다"라고 할 만큼 양자역학은 어려운 학문입니다.

천재성이 살아난 오펜하이머는 괴팅겐 대학에서 양자역학 이론을 빠르게 습득했습니다. 이후 1년간 무려 17편 이상의 논문을 작성했습니다. 놀라운 것은 논문의 완성도가 매우 훌륭했다는 사실입니다. 특히 지도교수

인 보른과 함께 쓴 「보른-오펜하이머 근사」라는 논문에서는 이제까지의 양
자 이론에 문제가 있다는 것을 최초로 증명해내기도 했습니다. 괴팅겐 대
학에서 다시 학업에 흥미를 붙인 오펜하이머는 1년 만인 1927년에 23세의
나이로 박사학위를 취득했습니다. 그리고 물리학의 성지인 유럽에서 최신
이론인 양자역학을 배운 젊은 물리학자라는 타이틀을 거머쥐며 고향인 미
국으로 돌아갔습니다.

하버드 대학에서 화학을 전공한 학생이 2년 만에 세계적인 물리학자들
과 어깨를 나란히 하자 미국 과학계는 오펜하이머를 젊고 실력 있는 물리
학자로 평가했습니다. 그리고 2년 후인 1929년에 오펜하이머는 최신 물리
학 이론을 공부하고 온 성과를 인정받아 버클리 대학교와 미국 최고 공과
대학 중 하나인 칼텍(캘리포니아 공과대학교)의 물리학 교수로 동시에 임명됐
습니다.

교수가 된 오펜하이머는 너무 빠른 진도와 이해하기 어려운 내용으로 학

강의하는 오펜하이머

생들의 불만을 샀습니다. 하지만 점차 능숙하게 강의를 진행하며 그의 수업을 듣는 학생들도 많아졌습니다. 수업은 여전히 어려웠지만 미국에서 새로운 물리학 강의를 들을 수 있는 곳이 거의 없었기 때문에 학생들은 한 번 이상씩 수강 신청을 하기도 했는데, 그는 자신의 수업을 끝까지 버티는 학생에게는 개인적으로 시간을 내서 가르쳐줄 만큼 가르침에 열성적이었다고 합니다. 명성만큼이나 훌륭한 수업을 보여주는 오펜하이머를 따르는 학생도 많았죠.

미국은 왜 원자폭탄을 만들었나?

교수로서 안정적인 생활을 해나가던 오펜하이머의 일상은 미국이 핵무기 개발 실험에 나서면서 완전히 뒤바뀌었습니다. 미국이 역대급 규모의 인력과 자금을 투입해 세계 최초의 핵무기 개발에 앞장선 첫 번째 이유는 세계 최악의 독재자 아돌프 히틀러였습니다.

독일 정권을 장악한 히틀러와 나치가 유럽 정복에 대한 야심을 드러내자 유럽에는 전운이 감돌았습니다. 게다가 독일인의 자긍심과 결속력을 높인다는 이유로 유대인 탄압 정책까지 시행했죠. 이때 독일의 저명한 유대인 학자들이 잇따라 망명을 떠났는데 이들 가운데는 세계적인 물리학자인 알베르트 아인슈타인도 있었습니다.

뉴턴 이후 최고의 물리학자로 손꼽히는 아인슈타인이 1933년에 미국으로 망명하자, 그의 뒤를 이어 여러 과학자가 미국으로 건너왔습니다. 히틀러와 나치가 활개 치는 시국에 유대인들에게 문을 열어주는 대표적인 국가는 미국과 영국이었습니다. 이때 영국이 나치 스파이가 아니라는 사상 검증을 위해 몇 달 동안 과학자들을 섬에 가두고 감시한 데 반해 미국은 좀 더 자유롭게 과학자들의 망명을 허락했습니다. 미국으로서는 유럽에 비해 과학적으로 뒤처진 상황에서 세계적 석학의 망명을 마다할 이유가 없었기 때문이죠.

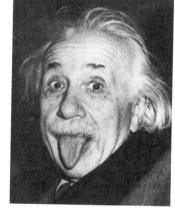

이론 물리학자 아인슈타인

유럽에서 히틀러와 나치의 횡포가 심해지던 1938년, 독일은 유럽뿐 아니라 전 세계가 주목할 만한 과학적 발견을 이뤘습니다. 이는 미국이 원자폭탄 개발에 앞장 선 두 번째 이유이기도 합니다. 독일이 핵분열에 성공한 것입니다. 이 소식을 들은 오펜하이머를 비롯한 물리학자들은 긴장했습니다. 당시 핵분열이 뜨거운 이슈로 떠오른 것은 핵이 분열할 때 발생하는 엄청난 에너지 때문이었습니다.

세상의 모든 물질은 원자로 구성되어 있습니다. 원자는 중앙에 있는 핵과 그 핵을 이루는 양성자와 중성자, 그리고 전자로 이루어져 있죠. 이때까지만 해도 원자는 가장 작은 단위이며 쪼개질 수 없다고 알려져 있었습니다. 그런데 1938년에 독일의 과학자들이 실험을 통해 특정한 핵이 반으로 쪼개진다는 사실을 알아낸 것입니다. 게다가 이 핵이 분열하면서 굉장한 에너지가 생성된다는 사실도 발견했습니다. 이들이 쪼갠 핵의 정체는 원자폭탄의 원료가 되는 우라늄 핵이었습니다.

그렇다면 핵분열의 발견은 원자폭탄 개발에 어떤 영향을 주었을까요? 우라늄에는 '우라늄 235'와 '우라늄 238'이라는 두 가지 종류가 있습니다. 둘의 차이점은 질량입니다. 두 개 중 반으로 쪼개져 에너지를 내는 것, 즉 원자폭탄의 재료가 되는 것은 우라늄 235입니다. 우라늄 235가 쪼개지려면 원자핵 내부에 있는 입자 중 하나인 중성자가 이 안으로 들어가야 합니다. 그러면 우라늄 235가 반으로 쪼개지면서 에너지가 발생하는 것이죠. 하나의 핵이 쪼개지면 같은 무게의 석탄이나 석유가 탈 때보다 200만~300만 배 많은 에너지가 발생한다고 합니다. 더욱 놀라운 사실은 중성자 한 개로 우라늄을 쪼개면 중성자 두세 개가 더 발생한다는 것입니다.

그렇다면 우라늄 235 여러 개를 한곳에 두고 하나의 중성자를 이용해 쪼개면 어떤 일이 벌어질까요? 연쇄적으로 반응을 일으키면서 핵이 수십만 개, 수백 만개로 쪼개질 수 있습니다. 이때 나오는 에너지를 이용해서 무기를 만들면 엄청난 파급력을 가진 살상 무기가 탄생하는데, 이를 개발한 것이 원자폭탄입니다. 다만 당시 독일은 이론만 확인했을 뿐 핵분열로 원자폭탄을 만들기 위해서는 연구가 더 필요했습니다.

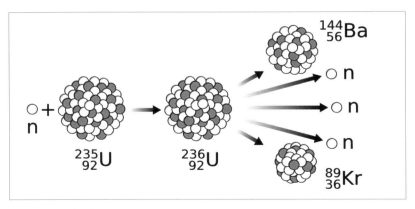

우라늄 235의 핵분열

그래서 독일은 1939년 4월에 '우라늄 클럽'이라는 나치의 핵무기 개발 비밀 프로젝트를 시작했습니다. 이 프로젝트를 이끈 인물은 괴팅겐 대학에서 오펜하이머와 함께 공부한 천재 물리학자 베르너 하이젠베르크였습니다. 핵분열이 가능하다는 소식이 알려진 후 미국과 독일의 과학자들은 서로 '저쪽이 먼저 원자폭탄을 만드는 거 아닐까?'라고 생각하며 신경전을 벌이기도 했습니다. 함께 공부했던 동료 과학자들이 미국과 독일로 갈려 서로를 적으로 여기기 시작했고, 상대의 개발을 막을 방법을 찾기도 한 것입니다.

이때 히틀러를 피해 미국으로 망명 온 과학자들은 히틀러가 원자폭탄을 만들면 전 세계가 나치 독일에 점령당할 것이라며 우려했습니다. 이들은 고민 끝에 미국의 프랭클린 루스벨트Franklin Roosevelt 대통령에게 당시 세계에서 가장 유명한 물리학자였던 아인슈타인의 서명이 담긴 편지를 보냈습니다. 다음은 그 편지 내용의 일부입니다.

> "대규모 우라늄을 이용한 핵 연쇄 반응이 가능하게 되고, 이로써 막대한 에너지를 얻을 수 있을 것입니다. 이러한 우라늄 연쇄 반응이 폭탄 개발로 이어지면 가공할 만한 파괴력을 지닌 폭탄 제조가 가능하게 될 것입니다. 폭탄 하나만 배에 싣고 터트려도 항구 전체는 물론이고 그 주변 지역 일부까지 폐허로 만들어 버릴 것입니다."

과학자들은 루스벨트 대통령에게 독일이 엄청난 파괴력을 가진 원자폭탄 개발을 시도할 수 있다고 경고했습니다. 그리고 미국이 독일보다 먼저

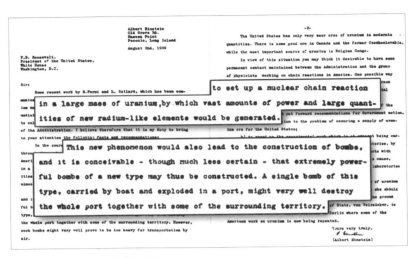

아인슈타인의 서명이 담긴 핵 경고 편지

핵무기를 만들어야 한다고 비밀리에 건의했죠. 이 편지는 미국의 핵무기 개발 추진의 실마리라고 볼 수 있습니다.

사실 과학자들이 아인슈타인을 찾아간 이유는 편지 때문이 아니었습니다. 과학자들은 독일의 원자폭탄 개발을 막을 궁리를 하던 중 벨기에의 식민지에 우라늄 광산이 많다는 정보를 얻었습니다. 그래서 벨기에 여왕과 친분이 있는 아인슈타인을 찾아가 여왕에게 독일에 우라늄을 주지 말라고 전해달라는 부탁을 한 것입니다. 하지만 여왕과 직접 만나기를 원치 않던 아인슈타인은 고민 끝에 루스벨트 대통령에게 편지를 썼습니다.

과학자들이 편지를 보낸 지 한 달이 지난 1939년 9월 1일, 독일이 폴란드를 침공하며 마침내 제2차 세계대전이 발발했습니다. 이에 루스벨트 대통령은 그해 10월에 핵물리학자들을 모아서 원자폭탄 개발 가능성을 확인했습니다. 그리고 우라늄 위원회를 창설해서 비밀리에 자체적으로 연구하는 것을 승인했습니다. 전쟁이 진행될수록 원자폭탄을 둘러싼 세계정세는 더욱 첨예하게 격돌했습니다. 그러던 중 미국이 원자폭탄 개발에 본격적으로 뛰어드는 결정적인 사건이 발생했습니다. 세력을 키운 독일이 원자폭탄 재료들을 확보한 것입니다.

이때 독일은 전쟁을 통해 본격적으로 원자폭탄 개발의 발판을 마련했습니다. 독일이 합병한 오스트리아에는 고품질의 우라늄을 생산하는 요아힘스탈 광산이 있었고, 1940년에는 벨기에를 지배하면서 그 식민지인 콩고 자이르에 있는 세계 최대 규모의 우라늄 광산까지 차지한 것입니다. 덕분에 독일은 약 2,000톤 이상의 천연 우라늄을 확보했습니다. 이는 당시 기준으로도 원자폭탄 한두 발을 즉시 제작할 정도로 엄청난 양이었습니다. 이후 노르웨이까지 점령하면서 핵분열 실험에 필수적인 중수 공장마저 손에 넣었습니다. 핵분열 시 연쇄 반응으로 큰 에너지를 얻으려면 핵이 쪼개지는 속도를 유지하는 게 중요합니다. 중수는 이때 중성자의 속도를 감소시키는 역할을 합니다.

독일이 원자폭탄 개발에 나섰다는 첩보를 가장 먼저 입수한 나라는 영국이었습니다. 당시 영국의 총리였던 처칠은 곧바로 원자폭탄 개발을 시작했지만 이내 실패했습니다. 1940년 9월에 히틀러의 명령으로 독일 공군기가 밤낮을 가리지 않고 런던을 폭격하면서 쑥대밭이 된 것입니다. 런던 대공습으로 물리적으로도 경제적으로도 심각한 타격을 입은 영국은 끝내 원자폭탄 개발을 포기했습니다.

다만 이대로 포기할 수 없었던 처칠은 히틀러에 대항할 방법을 고민했습니다. 런던 대공습으로부터 1년이 지났을 무렵 처칠은 미국에 사절단을 보냈습니다. 그는 영국의 물리학자들이 만든 원자폭탄의 기본설계와 작동에 관한 극비 보고서는 물론 독일이 중수 생산량을 100kg으로 늘렸다는 소식을 함께 전했습니다. 이 소식을 들은 미국의 루스벨트 대통령은 1941년 10월 9일에 원자폭탄 개발을 위한 프로그램을 승인했습니다. 이로부터 얼마 후 오펜하이머가 원자폭탄 개발 회의에 본격적으로 참석했습니다. 이때부터 오펜하이머는 원자폭탄을 만드는 데 필요한 우라늄 235의 양을 계산한 결과와 우라늄 문제에 대한 주요 해결책들을 내놓으며 회의 참가자들에게 좋은 인상을 남겼습니다.

그런데 과학자들이 루스벨트 대통령에게 편지를 보낸 시기는 제2차 세계대전이 일어나기 전인데 오펜하이머가 프로젝트에 투입된 것은 전쟁이 시작된 지 2년이 지나서입니다. 왜 이렇게 개발이 더뎠던 것일까요? 이는 루스벨트가 대통령 선거에서 유권자들의 자녀를 전쟁에 내보내지 않겠다고 공약했기 때문입니다. 하지만 아인슈타인과 과학자들, 그리고 영국 총리인 처칠까지 나서서 루스벨트를 설득하자 그제야 마음을 돌려 원자폭탄을 개발하기로 한 것입니다.

사실 이때까지만 해도 미국은 원자폭탄 개발에 그다지 의욕적이지 않았습니다. 그런데 1941년 12월 7일에 일본이 미국 태평양 함대 기지가 있는 진주만을 공습했습니다. 이때 18여 척의 군함과 188여 대의 항공기가 파괴되고 3,600여 명의 사상자가 발생하며 미국은 속수무책으로 무너졌습니다. 공습 다음 날 루스벨트 대통령은 일본과 독일에 전면전을 선포했습니다. 제2차 세계대전에 발을 들이게 된 미국은 본격적으로 원자폭탄 개발에 속도를 내기 시작했습니다.

미국, 맨해튼 프로젝트를 시작하다

　루스벨트 대통령은 독일보다 먼저 원자폭탄을 개발해야 한다는 일념으로 1942년 8월 13일에 초대형 극비 원자폭탄 개발 계획인 '맨해튼 프로젝트'를 가동했습니다. 실제 암호명은 '맨해튼 엔지니어링 디스트릭트'로, 총 13만 명의 인원과 20억 달러를 투입한 초대형 프로젝트였죠. 현재 가치로 약 330억 달러, 우리 돈으로 환산하면 44조 3,000억 원이라는 넘는 엄청난 예산이 투입됐습니다. 2023년 우리나라의 국방 예산이 약 57조 원이었으니 전체 국방 예산의 78%를 하나의 무기를 만드는 데 투자한 셈입니다.

　원자폭탄 개발에 '맨해튼 프로젝트'라는 이름을 붙인 데는 두 가지 설이 있습니다. 하나는 프로젝트 초기에 맨해튼의 한 사무실에서 연구를 시작해서 맨해튼이라는 이름이 붙었다는 것입니다. 또 하나는 미국이 전쟁에 참전하기로 하면서 무기를 만들 연구원을 모집했는데 연구 시설의 상당수가 뉴욕 맨해튼의 컬럼비아 대학교에 있었기 때문에 맨해튼 프로젝트라고 이름 붙였다는 것입니다.

　나치에 대항할 강력한 무기인 원자폭탄을 만드는 이 프로젝트에는 리처드 파인만과 존 폰 노이만John von Neumann, 엔리코 페르미Enrico Fermi, 닐스 보어Niels Bohr, 한스 베테Hans Bethe 등 세계적인 물리학자들이 대거 동참했습니다. 그리고 이들을 이끌며 프로젝트를 지휘할 연구소장에는 38세의 물리학자 오펜하이머가 임명되었습니다. 수많은 과학자 중 젊은 오펜하이머가 낙점된 데는 미국 공병대 소속이자 맨해튼 프로젝트의 총괄 사령관인 레슬리 그로브스Leslie Groves 장군의 역할이 컸습니다.

　그로브스는 미국 육군사관학교를 4등으로 졸업한 인재로, 국방부 청사

인 펜타곤 건설을 16개월 만에 성공적으로 끝내
며 육군의 신임을 받았습니다. 그런 그에게 원자
폭탄 개발이라는 극비 프로젝트의 수장 자리가
주어진 것입니다. 그로브스가 오펜하이머를 연
구소장으로 점찍은 데는 몇 가지 이유가 있었습
니다. 먼저 어떤 이야기를 들어도 핵심을 빠르게
파악해 문제점까지 정리하는 점이 마음에 들었
습니다. 그리고 똑똑하지만 소심한 다른 과학자
들과 달리 어학 능력과 언변도 뛰어났죠. 또 프
로젝트를 이끄는 리더는 전체를 바라보면서 적재

맨해튼 프로젝트의 수장 레슬리 그로브스

적소에 인재를 배치하고 문제점을 짚어줄 수 있어야 하는데 오펜하이머가
이런 자질을 가졌다고 판단한 것입니다. 게다가 미국 출생에 유럽에서 공부
하고 온 엘리트라는 점도 큰 장점이었죠.

맨해튼 프로젝트의 성공 이유, 비밀 엄수

개인적인 연구와 강의에만 몰두했던 오펜하이머는 맨해튼 프로젝트의
연구소장직을 맡으며 과학자로서 제2의 인생을 시작했습니다. 그는 원자폭
탄 개발 성공을 위해 무엇보다 '비밀 엄수'를 중시했습니다. 그로브스 장군
과 오펜하이머는 먼저 프로젝트를 진행할 극비의 공간인 연구소 부지를 물
색했습니다. 고민 끝에 결정한 곳은 뉴멕시코주의 황량한 사막 지대인 로
스앨러모스였습니다.

맨해튼 프로젝트는 보안을 위해 로스앨러모스 외에도 미국 전역의 30여 개 시설에서 진행됐습니다. 오크리지에는 원자폭탄의 주요 재료인 우라늄을 농축하는 시설이 있었고, 핸포드에는 핵연료를 재처리하는 시설이 위치했죠. 로스앨러모스를 제외한 대부분의 시설은 대학교나 이 두 곳처럼 인구수가 적은 소도시에 자리했습니다.

과학자들과 기술자들은 맨해튼 프로젝트의 핵심 거점인 로스앨러모스에서 비밀리에 실험을 진행했습니다. 삼엄한 경비를 서는 군인들과 프로젝트 참가자의 가족을 포함해 약 3,500명이 이곳에 모여들었습니다. 수많은 사람이 비밀리에 지내기에는 황량한 사막만큼 적합한 곳이 없었죠.

그런데 아무리 허허벌판 사막에 연구소를 짓는다고 해도 3,000명이 넘는 사람이 모였는데 어떻게 극비리에 프로젝트를 진행할 수 있었을까요? 로스앨러모스 연구소는 출입 절차가 매우 엄격했습니다. 384쪽의 사진은 로스앨러모스로 들어가는 유일한 통로인 오토위 다리입니다. 연구소에 들

맨해튼 프로젝트의 주요 거점

로스앨러모스로 들어가는 유일한 통로

어가기 위해서는 시내의 정해진 장소에 모인 후 관계자의 인솔에 따라야만 이 다리를 건널 수 있었습니다. 그다음에 자동차로 40여 분을 더 들어가면 로스앨러모스 연구소의 정문이 나타났습니다. 여기서 출입증을 제시해야 연구소로 들어갈 수 있었습니다. 오펜하이머나 그로브스 장군도 예외는 아니었죠.

　연구소에는 과학자와 군인뿐 아니라 청소와 음식 등을 담당하는 사람도 많았는데 처음 출입하는 사람은 절차가 더욱 까다로웠습니다. 반드시 FBI의 신원조회를 통해 범죄기록이나 사상을 검증받은 사람에게만 출입 허가가 떨어진 것입니다. 예비 직원의 경우 허가받는 데만 몇 개월이 걸리기도 했죠. 이렇게까지 보안이 엄격했던 것은 루스벨트 대통령의 엄명이 있었기 때

신분을 확인하는 군인들과 연구소 출입증

문입니다. 다음은 대통령이 오펜하이머에게 보낸 편지의 일부입니다.

"이 프로그램은 다른 고도로 비밀스러운 전쟁 개발과 비교하여 더욱 강력하게 보호되어야 할 필요가 있습니다. 따라서 프로젝트의 보안을 보장하기 위해 모든 주의를 기울일 것임을 지시했으며, 관리 담당자들이 이러한 지시를 철저히 이행할 것이라 믿습니다."

　루스벨트 대통령은 무슨 일이 있어도 미국이 독일보다 먼저 원자폭탄을 개발해야 한다고 생각했습니다. 그러기 위해서는 개발도 중요하지만, 독일에 기밀이 새어나가지 않도록 조심하는 일도 매우 중요하다고 판단했죠. 때문에 부통령이었던 해리 트루먼Harry Truman조차 모르게 맨해튼 프로젝트를 기획했고, 오펜하이머에게는 보안을 최우선으로 요청했던 것입니다.

대통령의 특명에 오펜하이머는 이중 보안도 신경 썼습니다. 원자폭탄 개발에 직접 참여하는 일부 과학자들을 제외하고는 자신들이 무슨 업무를 하는지 제대로 알 수 없도록 한 것입니다. 예를 들면 개발에 필요한 수식들을 아무 설명도 없이 던져놓고 계산만 하라고 지시했습니다. 또한 연구소에 들어오기 전에 프로젝트가 끝나도 향후 몇 년은 비밀을 누설하지 않겠다는 서약서에도 서명하도록 했죠. 이는 고위급 연구원부터 청소부까지 연구소 인력 모두에게 해당하는 사항이었습니다. 이 외에 보안을 공유하는 사이가 아니고서는 서로의 실명을 부르거나 직업을 공유하는 것도 금지했습니다. 대신 각자 부여받은 번호로 서로를 불렀습니다. 그래서 로스앨러모스의 한 여성 과학자는 테니스 파트너로 지내던 사람이 훗날 노벨상 수상자인 엔리코 페르미라는 사실을 알고 깜짝 놀랐다고 합니다.

이렇게 철통 보안을 유지한 로스앨러모스에는 실험실과 관리본부 사무실뿐 아니라 상점, 병원, 막사, 기술 창고 등 연구와 생활을 위한 수백 채의

로스앨러모스 연구소 내부 배치도

건물이 들어섰습니다. 그 모습은 마치 사막 위에 세워진 작은 마을 같았습니다. 출입증에는 사진과 직위, 보안 인가 수준이 표시돼 있는데 허가 수준에 따라 배지의 색상이 달랐다고 합니다. 오펜하이머는 모든 기밀은 물론 연구소 대부분의 건물에 출입할 수 있다는 의미의 흰색 배지를 착용했습니다. 로스앨러모스에서는 배지의 색 외에도 욕조의 유무를 통해 등급을 확인할 수 있었습니다. 몇 개월 만에 급하게 세운 건물은 도시의 주택처럼 정교하지 못했습니다. 그래서 등급이 높은 일부 직원만 욕조가 있는 집에서 지낼 수 있었다고 합니다.

훗날 세계적인 물리학자로 명성을 떨친 리처드 파인만은 평소 장난기가 많았습니다. 하루는 검문소 벽의 개구멍을 발견한 파인만이 퇴근하면서 군인에게 인사하고 검문소를 나간 다음 개구멍을 통해 다시 연구소로 들어갔습니다. 그러고는 다시 군인들에게 인사하며 검문소를 빠져나갔습니다. 이런 장난을 세 번쯤 하자 이상한 검문소 군인들이 이상한 낌새를 눈치챘고 하마터면 군부에 끌려갈 뻔했다고 합니다.

맨해튼 프로젝트의 성공 이유, 오펜하이머의 리더십

본격적으로 원자폭탄 개발을 시작한 연구소에서는 긴장을 놓을 수 없는 실험들이 이어졌습니다. 게다가 이 시기 연합국인 영국이 독일의 손에 넘어간 노르웨이의 중수 공장을 중단시키면서 맨해튼 프로젝트 성공의 압박감은 더욱 커졌습니다. 하지만 핵분열 이론이 알려진 지 얼마 되지 않은 시점에서 이를 무기로 상용화한다는 것은 쉬운 일이 아니었습니다. 프로젝트의 리더로서 부담감을 느꼈던 오펜하이머는 키가 183cm였음에도 스트레스로 체중이 50kg대까지 떨어졌다고 합니다.

그런데 연구에 난항을 겪던 오펜하이머와 로스앨러모스의 과학자들이 더 큰 심리적 부담을 느끼는 사건이 벌어졌습니다. 그림은 과학자들이 생각한 초기 원자폭탄의 계획도입니다. 당시 과학자들은 내파 방식이라는 이론을 만들어냈으나 이를 실제 폭탄으로 만들 기술이 부족했습니다. 그리하여 결국 일렬 방식을 선택했습니다. 원자폭탄의 재료는 우라늄 235로 결정했죠. 일렬 방식은 원자폭탄의 재료인 우라늄 발사체가 화약이 터지는 순간 앞으로 발사하도록 설계한 것입니다. 발사 후 끝에 있는 막대 모양의 우라늄과 충돌하면서 핵분열 반응이 시작되는 원리였죠. 이때 농축이 제대로 되지 않은 우라늄은 핵분열을 제대로 일으키지 못하므로 순도 높은 고농축 우라늄 235만이 필요했습니다.

우라늄 광석에는 우라늄 235와 우라늄 238이 섞여 있는데 이 둘은 무게가 극미하게 달랐습니다. 이를 이용해 최대한 우라늄 235만 뽑아내야 했죠. 비유적으로 말하자면 먼저 우라늄 광석을 가루로 만든 후 불면 무거운 238은 남고 상대적으로 가벼운 235는 멀리 날아가게 됩니다. 이렇게 날아간 235를 모으는 것이 우라늄을 농축하는 과정입니다. 문제는 자연 상태의 우라늄 광석에서 우라늄 235는 0.7%뿐이고 나머지 99.3%는 우라늄 238이라는 것입니다. 게다가 원자폭탄을 만들기 위해서는 90% 이상의 순도를 가진 우라늄 235가 필요했습니다. 그런데 아무리 노력해도 고농축 우라늄 생산이 어려웠습니다. 전쟁을 치르는 동안 원자폭탄을 하나 만들 수 있을까 말까 한 양밖에 없었죠. 그래서 과학자들은 좀 더 구하기 쉬운 플루토

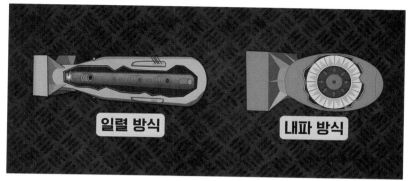

원자폭탄 초기 계획도

늄에 집중했습니다.

플루토늄은 자연 상태의 우라늄 광석에 다량 함유된 우라늄 238에 중성자 하나를 추가한 것입니다. 그런데 플루토늄에는 불순물이 많아서 일렬 방식으로는 폭탄 제조가 불가능했습니다. 우라늄과 플루토늄을 이용한 원자폭탄 개발이 난관에 봉착한 상황에서 연구소장인 오펜하이머는 리더로서 선택을 해야 했습니다. 과연 어떤 결정을 내렸을까요?

사실 오펜하이머는 이미 '플루토늄 내파 폭탄'이라는 플랜 B를 준비해 두었습니다. 이는 앞서 기술 부족으로 포기했던 내파 방식에 플루토늄을 사용하는 것입니다. 다만 여기에도 한 가지 넘어서야 할 난관이 있었습니다. 플루토늄 내파 방식이라는 이론을 실제 폭탄으로 만들어내야 했던 것입니다. 내파 폭탄은 폭발을 시켜서 에너지를 안으로 모으는 방식입니다. 그래서 폭발물이 플루토늄을 감싸고 있습니다. 폭발물이 터지면 충격파가 안쪽으로 모이면서 분산되어 있던 플루토늄이 압축되고 핵분열이 시작되는 것입니다.

플루토늄 원자폭탄 '가제트'

　　오펜하이머는 문제 해결을 목표로 삼고 이론 물리학자와 실험 물리학자, 엔지니어들을 모아 난제를 하나씩 해결해 나가기 시작했습니다. 그 결과 폭탄을 축구공 같은 32면체 구조로 만들면 정확히 한 점에서 플루토늄을 압축할 수 있다는 것을 발견했습니다. 그렇게 완성된 세계 최초의 플루토늄 원자탄이 완성되었습니다. 오펜하이머의 리더십과 로스앨러모스 과학자들의 투지로 단 10개월 만에 만들어낸 성과였죠. 세계 최초의 플루토늄 원자폭탄은 가제트라고 불렀습니다. 비밀을 우선으로 하는 연구소 내에서 플루토늄 원자폭탄이라고 부르면 기밀이 새어나갈 수 있기에 단순히 '기계'라는 뜻의 '가제트'라는 이름이 붙은 것입니다.

히틀러의 죽음과 원폭 실험

이제 플루토늄 원자폭탄의 테스트만 남겨둔 상황에서 맨해튼 프로젝트에 중대한 위기가 닥쳤습니다. 프로젝트를 승인했던 루스벨트 대통령이 1945년 4월 12일에 뇌출혈로 갑작스럽게 사망한 것입니다. 게다가 며칠 뒤인 4월 30일에는 히틀러가 자살하고 독일이 항복하면서 맨해튼 프로젝트의 모든 작업이 잠시 중단되었습니다. 히틀러의 나치 독일보다 먼저 원자폭탄을 개발해 전쟁을 막겠다며 시작한 프로젝트가 목적을 잃게 된 것입니다. 당시 과학자들은 '우리 연구가 너무 늦었다'라고 생각했습니다.

이때 연구를 이끌던 오펜하이머는 원자폭탄 개발을 계속하고 직접 투하해서 원자폭탄의 위험성을 널리 알려야 한다고 주장했습니다. 전 세계가 원자폭탄의 위력을 확인하지 않으면 또다시 전쟁을 쉽게 일으킬 수 있다는 우려 때문이었습니다. 게다가 유럽의 전쟁은 마무리되었을지 몰라도 미국과 일본의 태평양 전쟁이 절정을 이루고 있었습니다. 하지만 개발을 완전히 중단하자거나 겁만 주자는 의견도 분분했죠. 논의 끝에 맨해튼 프로젝트가 재가동되었습니다.

그리고 1945년 7월 16일, 인류 최초의 원자폭탄 실험인 '트리니티 테스트'를 실시하기로 했습니다. 이때 실험 4일 전에 실험장소로 기폭장치를 운반하던 차량이 과속으로 경찰에 붙잡히면서 비밀리에 진행하던 맨해튼 프로젝트가 탄로 날 위험에 처하기도 했습니다. 다행히 경찰이 트렁크를 수색하지 않아 원자폭탄의 정체를 들키지 않을 수 있었죠.

트리니티 테스트는 시야를 확보하고 기밀을 지키기 위해 아무도 없는 뉴멕시코주의 사막에서 이뤄졌습니다. 오펜하이머는 가까운 천막에 기지를 만들어 놓고 대기했습니다. 모두가 숨죽인 새벽 5시 29분, 드디어 폭탄이 점화됐고 약 12km 높이의 버섯구름이 솟구치며 폭발에 성공했습니다. 핵무기의 시대가 도래한 것입니다. 이때 파인만은 원자폭탄의 폭발 장면을 멀리서 육안으로 직접 목격했다고 합니다. 다음은 파인만이 당시 상황에 관해 남긴 말입니다.

"매우 밝고 흰 섬광이 번쩍였고, 구름도 봤어요. 구름은 섬광으로부터 파동 형태로 퍼져 나왔어요. 섬광은 차츰 노랗게 바뀌더니 이어서 주황빛이 되었죠. (중략) 곧 검은 구름이 피어올랐는데 내부에는 주황빛이 번쩍이더니 차츰 우리가 아는 버섯구름으로 변했습니다. 얼마간 그러더니 마지막으로 귀를 찢는 소리가 들렸어요. 근처에서 대포를 쏘는 것처럼 말이죠."

이때 3km 밖에 있던 폐가는 산산조각이 났으며 약 16km 떨어진 본부에도 강렬한 열이 전해졌다고 합니다. 충격파는 160km 떨어진 사람에게도 느껴질 정도였죠. 실험 직후 탐사 결과 폭심지 부근에는 직경 340m에 이르는 구덩이 전체가 강렬한 열로 인해 모래가 녹아 옅은 녹색의 방사능 유리로 덮여 있는 것을 발견했습니다. 훗날 이 광석은 실험명을 따서 '트리니타이트'라고 불렀습니다.

이때만 해도 과학자들은 핵폭발의 모든 위험을 완전히 인지하지 못했습니다. 그럼에도 방사능에 대한 위험성을 예측하고 이를 막기 위해 몇 가지 노력을 했습니다. 당시 제작한 안전 가이드에는 핵이 폭발할 때 고글을 이용해 눈을 보호하라는 내

트리니타이트

용이 적혀 있었습니다. 맨해튼 프로젝트를 진행한 또 다른 지역이었던 오크리지에서 제작한 안전 가이드 역시 고글을 껴서 눈을 보호하자는 내용이 있었죠. 실제로 오펜하이머를 비롯한 과학자들은 현장에서 용접용 고글을 써서 자외선과 열로부터 눈을 보호했다고 합니다.

사진은 트리니티 실험 2주 후에 폭발 현장을 둘러보는 과학자들의 모습입니다. 중절모를 쓰고 가운데 서 있는 사람이 오펜하이머입니다. 사진을 자세히 보면 이들이 방사능에 대비해 종이 덧신을 신은 것을 알 수 있습니다. 과학자들은 오염물질이 직접 닿지 않으면 무사하다고 생각했을 뿐 공기 중에 피폭될 위험성까지는 미처 알지 못했습니다. 그래서 종이 덧신만 신고 용감하게 핵폭발 장소로 들어간 것입니다. 이 외에 자외선으로부터 피부를 보호하기 위해 자외선 차단제를 바르거나 눈이 멀지 않도록 폭발 후에 10초 동안 눈을 감기도 했습니다. 몇몇은 등을 돌린 채 바닥에 납작 엎

트리니티 실험 2주 후 현장을 둘러보는 과학자들

드리거나 폭발 빛을 피하려고 탱크 뒤에 숨어서 지켜봤다고도 합니다. 지금 들으면 너무도 허술한 대비책이었죠.

이렇게 원자폭탄을 손에 넣은 미국의 행보는 거침없었습니다. 먼저 1945년 8월 6일에 일본 히로시마에 우라늄 원자폭탄인 리틀 보이를 투하했습니다. 폭발 후 히로시마 중심가 7km 내 모든 것이 폐허로 변했죠. 그럼에도 일본이 항복하지 않자 3일 뒤에는 나가사키에 더 강력한 플루토늄 원자폭탄인 팻맨을 떨어뜨렸습니다. 이때 생성된 버섯구름의 높이는 약 13.7km였습니다. 두 번의 원자폭탄 투하로 히로시마에서 약 9만~16만 명, 나가사키에서 약 8만 명이 목숨을 잃었습니다.

오펜하이머는 첫 번째 원폭을 투하할 장소로 최대한 큰 피해를 줄 수 있는 곳을 원했습니다. 그런 의미에서 많은 사람이 살고 군수시설 공장까지 있는 히로시마라면 다른 곳보다 더 막강한 피해를 입을 것으로 생각해 그곳을 선택했다는 이야기가 있습니다.

두 개의 원자폭탄이 터지며 초토화된 일본은 무조건 항복을 선언했고 제2차 세계대전은 미국을 주축으로 한 연합군의 승리로 끝났습니다. 이후 맨해튼 프로젝트를 이끈 오펜하이머는 '원자폭탄의 아버지'라 불리며 미국의 영웅으로 추앙받았습니다. 그리고 1946년에 미국이 원자력위원회를 창립하자 자문위원회의 선봉에 섰습니다. 이때 오펜하이머는 〈라이프〉와 〈타임〉 등 유명 잡지의 표지모델로 등장하며 과학계뿐 아니라 대중에게도 눈도장을

잡지 표지를 장식한 오펜하이머

찍었습니다. 게다가 노벨 물리학상을 받은 과학자들까지 오펜하이머에게 존경을 표하면서 과학계에서 그의 입지는 더욱 탄탄해졌습니다.

훗날 밝혀진 바에 따르면 독일은 원자폭탄 제작에 완전히 실패했다고 합니다. 재료는 확보했으나 독일의 유능한 물리학자가 대부분 유대인이거나 유대인과 결혼했기 때문이었습니다. 독일의 유대인 탄압 정책에 따라 이들 물리학자의 활동 범위가 심각할 정도로 위축되면서 원자폭탄을 연구할 상황이 주어지지 않았던 것입니다. 베르너 하이젠베르크라는 독일 태생의 천재 물리학자가 있었으나 원자폭탄은 한 사람의 과학자가 만들 수 있는 것이 아니었죠. 결국 독일은 엄청난 자본과 인력을 투입한 미국보다 한참 뒤떨어질 수밖에 없었습니다.

미국은 왜 오펜하이머를 버렸나?

하지만 오펜하이머가 누린 영광은 그리 오래가지 못했습니다. 원자폭탄 개발에 성공한 지 9년 만에 미국이 오펜하이머를 공개적으로 심판하겠다고 나선 것입니다. 대체 무슨 일이 벌어진 것인지 알기 위해서는 당시 미국의 상황을 살펴봐야 합니다. 제2차 세계대전의 승전국이 된 미국은 원자폭탄을 보유한 유일한 국가라는 사실에 자부심을 느꼈습니다. 하지만 4년 뒤인 1949년에 소련이 원자폭탄 개발에 성공하면서 들떠 있던 분위기는 순식간에 가라앉았습니다. 미국은 소련의 핵 개발 성공을 추적한 결과 맨해튼 프로젝트 내부에 스파이가 있었다는 사실을 밝혀냈습니다. 클라우스 푹스 Klaus Fuchs라는 독일 출신의 영국 망명 과학자가 핵실험의 주요 정보를 소련에 넘겨준 것입니다. 그는 한 국가가 핵을 독점하는 것은 위험하다고 생각했습니다.

당시는 미국과 소련의 냉전이 시작되던 시기로 두 나라는 치열한 첩보전을 벌였습니다. 미국의 핵무기 설계도가 소련의 지도자인 이오시프 스탈린 Joseph Stalin의 책상에 올라갔다는 말이 있을 정도로 스파이도 많았죠. 그래서 미국의 트루먼 대통령은 소련이 원자폭탄을 개발한 지 반년도 되지 않은 1950년 1월 31일에 원자폭탄보다 더욱 강력한 무기인 수소폭탄을 만들겠다고 선언했습니다.

이때 트루먼 대통령은 오펜하이머를 백악관으로 불렀습니다. 그리고 "소련이 수소폭탄을 만들 수 있을까?"라고 물었습니다. 그러자 오펜하이머는 "각하, 제 손에는 너무 많은 피가 묻어있습니다"라고 대답하며 거절의 의미를 전달했습니다. 이때 트루먼 대통령이 "내 손엔 그보다 더 많은 피가 묻어 있네"라고 말하고는 손에 묻은 피를 닦으라며 손수건을 던져줬다는 이야기도 있습니다. 그리고 오펜하이머를 내쫓으며 "저 징징거리는 어린애를 다신 보고 싶지 않다"라며 역정을 냈다고 합니다. 수소폭탄을 강력하게 반대했던 오펜하이머는 이렇게 정치인의 눈 밖에 났고 수소폭탄 개발 계획에서도 배제되었습니다.

오펜하이머가 수소폭탄 개발에 반대한 데는 몇 가지 이유가 있습니다. 첫 번째는 수소폭탄은 오펜하이머가 고안한 게 아니라는 것입니다. 그는 원자폭탄 개발에 성공한 미국 사회의 영웅이었습니다. 그런데 수소폭탄은 헝가리 출신의 망명 과학자였던 에드워드 텔러 Edward Teller가 제안한 것이었죠. 한마디로 원자폭탄의 아버지 오펜하이머는 남의 자식인 수소폭탄에 정이 가지 않았던 것입니다. 두 번째 이유는 한 도시를 날려버릴 만큼 거대한 위력을 지닌 수소폭탄이 전술적으로 유용하지 않다고 평가한 것입니다. 수소폭탄의 위력은 히로시마에 떨어진 원자폭탄의 26배가 넘을 정도로 어마어마했습니다. 세 번째 이유는 당시만 해도 수소폭탄 기술은 완벽하지 않은 상태여서 해결해야 할 문제들이 많았습니다. 때문에 오펜하이머는 불가능한 기술이라고 생각했습니다. 하지만 그의 우려와 달리 미국은 2년 만인 1952년에 수소폭탄 개발에 성공했습니다.

1952년 11월 1일, 미국은 서태평양 마셜제도의 비키니 환초에서 세계 최초의 수소폭탄 '아이비 마이크' 실험에 성공했습니다. 원자폭탄 '리틀 보이'보다 약 693배 강력한 수소폭탄 제조에 성공한 미국은 전력에서 다시 우위를 차지하며 자신감을 되찾았습니다. 그런데 1년 뒤에 미국을 깜짝 놀라게 한 사건이 벌어졌습니다. 소련이 첫 번째 수소폭탄 'RDS-6' 실험에 성공한 것입니다. 그리고 2년 뒤, 소련은 더욱 강력한 수소폭탄 'RDS-37'을 만들어 냈습니다. 게다가 1961년에는 인류 역사상 가장 강력한 수소폭탄인 '차르

러시아의 수소폭탄 차르 봄바

봄바'가 등장했습니다. '아이비 마이크'의 5배에 달하는 위력에 버섯구름의 높이는 에베레스트산의 7배인 약 64km였죠.

원자폭탄 때와 비슷한 상황이 반복되자 다시금 스파이를 의심하는 여론이 형성됐습니다. 그리고 그 화살은 수소폭탄 개발을 반대한 오펜하이머에게 돌아갔습니다. 연방수사국인 FBI에 그에 관한 첩보가 극비리에 전달된 것입니다.

> "이 편지의 목적은 로버트 오펜하이머가 소련의 요원일 가능성이 높다는 기밀 증거에 대해 수년간의 연구를 바탕으로 철저하게 고려한 내 자신의 의견을 진술하는 것입니다. (중략) 1939년에서 1942년 중반 사이에 오펜하이머는 공산주의자였기 때문에 소련에 스파이 정보를 제공하거나 요청에 응했습니다. (중략) 아마도 그는 소련의 지시에 따라 미국 군사, 원자력, 정보 및 외교 정책에 영향을 미쳤을 것입니다."

이 편지는 원자력위원회의 위원인 루이스 스트라우스Louis Strauss의 보좌관이었던 윌리엄 보든William Borden이 작성한 것입니다. 그는 첩보를 통해 오펜하이머가 소련의 스파이인 이유를 상세히 전달했는데, 이 일은 곧 일파만파 퍼져나갔습니다. 그리고 오펜하이머는 공산주의자 스파이라는 혐의를 받고 영웅에서 배신자로 전락했습니다.

그런데 오펜하이머는 맨해튼 프로젝트에 투입된 시기부터 철저한 사상 검증을 수없이 받아왔습니다. 게다가 로스앨러모스에 있을 때는 연구소장인 그를 감시하기 위해 FBI가 늘 따라붙었고, 오펜하이머의 운전기사마저 미국 정부의 지령을 받은 군인이었습니다. 이렇게 누구보다 삼엄한 감시 속에서 살아온 오펜하이머가 기밀을 빼돌리기란 불가능에 가까운 일이었으며, 그가 소련의 스파이였다면 미국이 몰랐을 리 없습니다. 하지만 첩보가 들어온 이상 미국 정부는 사실을 확인해야만 했습니다. 당시 원자력위원회의 위원으로서 미국의 원자폭탄을 비롯해 핵무기 기밀을 열람할 수 있었던 오펜하이머를 그대로 방치할 수는 없었던 것입니다. 결국 원자력위원회는 1954년 4월에 청문회를 열었습니다. 청문회는 약 2개월간 19차례나 이어졌습니다. 그동안 오펜하이머는 자신이 소련의 스파이가 아님을 당당히 주장했습니다.

오펜하이머가 소련의 스파이라고 주장하는 첩보의 근거는 그가 공산주의자라는 것이었습니다. 오펜하이머가 한창 대학교수로 활동했던 1930년대 미국은 '붉은 시대'라고 할 정도로 지식인들을 중심으로 공산주의 운동

청문회에 참석한 오펜하이머

이 퍼져나가고 있었습니다. 특히 대공황을 거치면서 자본주의에 대한 회의가 들끓자 많은 지식인이 스탈린의 거짓 체제 선전을 보고 사회주의나 공산주의에 눈을 돌렸습니다. 오펜하이머도 그중 한 명이었습니다. 재력가인 부모님 밑에서 풍족하게 자란 오펜하이머는 대공황을 겪으며 생활비가 부족했던 제자가 고양이 사료로 끼니를 때우는 것을 보고 엄청난 충격을 받았습니다. 이후에 그는 부모님의 유산 일부와 월급을 공산당 후원에 썼다고 합니다.

오펜하이머가 공산주의자로 몰린 또 다른 원인은 주변 인물들이었습니다. 동생 프랭크 오펜하이머Frank Oppenheimer와 그의 부인이 공산당원이었고, 오펜하이머의 아내인 키티Kitty도 열렬한 공산당원이었죠. 키티는 오펜하이머가 맨해튼 프로젝트를 진행하기 전에 만나 결혼한 여인으로, 3번의 이혼 후 오펜하이머와 4번째 결혼을 했습니다. 그녀의 전남편 중에 공산당원이 있었고 그녀도 공산당에 빠지게 된 것입니다. 이런 이력 때문에 오펜하이머는 청문회에서 공산주의자로 몰렸습니다. 한때 오펜하이머가 공산주의 단체를 지원한 것은 사실이지만 공산당에 가입해서 회원으로 활동한 이력이 없었기 때문에 갖은 의혹에도 그는 청문회에서 당당할 수 있었죠.

이렇게 꼿꼿한 태도를 유지했던 오펜하이머가 한순간에 무너진 것은 맨해튼 프로젝트를 진행할 당시 벌인 불륜이 수

오펜하이머의 연인 진 태트록

면 위로 올라오면서였습니다. 오펜하이머는 맨해튼 프로젝트가 시작되기 전인 1940년에 키티와 결혼했습니다. 그런데 맨해튼 프로젝트를 진행하던 1943년에 정신과 의사이자 전 여자친구였던 진 태트록Jean Tatlock을 몰래 만나며 불륜을 저지른 것입니다.

오펜하이머는 지금의 아내와 결혼하기 전에 두 번이나 태트록에게 청혼할 정도로 그녀를 열렬히 사랑했습니다. 공산당에 기부한 것도 공산당원이었던 태트록의 영향이었죠. 오펜하이머의 불륜은 청문회에서 낱낱이 공개됐습니다.

> (의원) 오펜하이머 씨, 버클리에서 샌프란시스코로 가는 기차를 타셨죠? 역에 내려서 진 태트록을 만나 그녀에게 키스했네요. 사실입니까?
>
> (오펜하이머) 네, 맞습니다.
>
> (의원) 진 태트록과 만나서 멕시코 레스토랑에서 저녁 식사를 하면서 술을 드셨죠? 그다음에 근처의 아파트로 가셨네요? 11시 30분에 방에 불이 꺼졌는데, 불 꺼진 후 두 사람은 뭘 한 거죠? 잠자리를 가졌나요? 말해보세요. 왜 대답을 못 합니까.
>
> (오펜하이머) 네, 맞습니다.

의원들은 청문회의 취지에 상관없이 오펜하이머가 태트록을 몰래 만났다는 사실을 끈질기게 물고 늘어졌습니다. 게다가 청문회에서 언급된 내용은 공개하지 않는 것이 원칙임에도 언론은 앞다퉈 그의 불륜 사실을 보도했습니다. 어느새 대중은 오펜하이머가 소련의 스파이인지 아닌지에는 관심조차 없었습니다. 그저 공산주의자인 옛 애인과 불륜을 저지른 오펜하이머를 비난할 뿐이었죠. 오펜하이머는 두 명의 자녀를 둔 가장이었습니다. 청문회장에는 아내도 있었는데 불륜 사실이 공개됐으니 발가벗겨진 심정이었을 것입니다. 게다가 태트록은 맨해튼 프로젝트가 진행 중이던 때 극단적인 선택으로 생을 마감했기 때문에 고인이 된 옛 연인을 지켜주지 못했다는 자괴감도 컸다고 합니다.

여기에 동료 과학자이자 수소폭탄을 개발했던 에드워드 텔러가 청문회에 등장해 오펜하이머가 자신의 권력을 이용해 수소폭탄을 만들지 못하게 했다고 증언하면서 상황은 더욱 불리해졌습니다. 결국 청문회는 오펜하이머가 스파이라는 사실은 끝내 증명하지 못했으나 그가 국가 기밀을 다루기에는 문제가 있다는 판결을 내렸습니다. 동시에 오펜하이머는 보안 인가 자격과 원자력위원회의 자문위원직, 그 외 다른 공직을 모두 박탈당했습니다. 전쟁을 승리로 이끈 영웅이 한순간에 공산주의자와 불륜남으로 추락한 것입니다.

이후 오펜하이머는 교직에 머무르며 조용히 여생을 보내다가 1967년에 후두암으로 생을 마감했습니다. 시간이 흘러 2022년에 미국의 바이든 Biden 정부는 보안 인가 자격증을 박탈한 것이 부적절한 판단이었음을 인정했습니다. 68년 만에 명예를 회복한 것입니다. 그는 사망 2년 전 가진 인터뷰에서 힌두 경전 《바가바드 기타》의 한 구절인 "나는 이제 죽음이요, 세상의 파괴자가 되었다"라는 말을 남겼습니다. 오펜하이머는 원자폭탄을 만들어 영웅이 됐지만 결국 원자폭탄이 낳은 냉전이라는 시대의 희생양으로 남았습니다. 20세기 초 과학기술의 발전과 그에 따른 부작용을 한 몸에 보여주는 인물이라고 할 수 있죠.

이 같은 과학기술의 발전과 부작용은 지금도 반복되고 있습니다. 과학기술은 역사를 바꾸고, 그 역사에 의해 세상은 변화하며 발전합니다. 그 과정에서 과학기술자들은 뜻하지 않게 거센 소용돌이에 휘말리기도 합니다. 원자폭탄은 수십만 명의 목숨을 앗아갔을 뿐 아니라 이를 소유한 나라와 그렇지 못한 나라 사이에 엄청난 힘의 차이를 낳으면서 20세기 후반기 이후 세계의 권력관계를 재편했습니다. 그 영향은 지금도 이어지고 있습니다. 그리고 새로운 기술이 나올 때마다 같은 진통을 겪을 것입니다. 오펜하이머의 일생을 통해 우리가 어떻게 지금에 이르렀는지, 그리고 우리 앞에 산재해 있는 문제들은 무엇인지 고민해 보기 바랍니다.

이미지 출처

1. 벌거벗은 공룡의 비밀
옥스퍼드 대학교 자연사 박물관(www.artuk.org), DinoAnimals.com(www.dinoanimals.com), Dinopedia(www.dinopedia.fandom.com), Science Bulletin(www.sciencedirect.com), 카네기 자연사 박물관(www.carnegiemnh.org), 영국 자연사 박물관(www.nhm.ac.uk), The Fossil Forum(www.thefossilforum.com)

2. 벌거벗은 화산 폭발
내셔널 지오그래픽(www.nationalgeographic.com), BBC(www.bbc.co.uk)

3. 벌거벗은 세균 전쟁
BBC(www.bbc.co.uk), MEDICINA ONLINE(www.medicinaonline.co), 더 가디언(www.theguardian.com)

4. 벌거벗은 갈릴레오 갈릴레이
교육부 공식 블로그(www.if-blog.tistory.com), NASA(www.science.nasa.gov)

5. 벌거벗은 찰스 다윈과 우생학
Cracked.com(www.cracked.com), 케임브리지 대학교 동물학 박물관(www.museums.cam.ac.uk), 영국 자연사 박물관(www.nhm.ac.uk), 보스턴 대학교(www.bu.edu), 미국 국립인간게놈연구소(www.genome.gov)

6. 벌거벗은 알프레드 노벨
All Nobel Prizes(www.nobelprize.org)

7. 벌거벗은 토머스 에디슨
구글 아트 앤 컬쳐(www.artsandculture.google.com), The Marginalian(www.themarginalian.org), 런던 과학 박물관(www.sciencemuseum.org.uk), 더 뉴요커(www.newyorker.com)

8. 벌거벗은 바다 오염
The Ocean Cleanup(www.heoceancleanup.com), Seafood Watch(www.seafoodwatch.org), Earth Touch News Network(www.earthtouchnews.com), New Scientist(www.newscientist.com), NASA(www.science.nasa.gov), 더 가디언(www.theguardian.com), BBC(www.bbc.co.uk), 내셔널 지오그래픽(www.nationalgeographic.com)

9. 벌거벗은 마리 퀴리
All Nobel Prizes(www.nobelprize.org)

10. 벌거벗은 로버트 오펜하이머
Department of Energy(www.energy.gov), National Park Service(www.nps.gov)